白语的体范畴研究
——共时描写及历时溯源

李 煊 著

图书在版编目（CIP）数据

白语的体范畴研究：共时描写及历时溯源 / 李煊著. -- 北京：北京大学出版社，2025.4. --ISBN 978-7-301-36085-9

Ⅰ.H252

中国国家版本馆 CIP 数据核字第 20258KP541 号

书　　　名	白语的体范畴研究——共时描写及历时溯源
	BAIYU DE TIFANCHOU YANJIU: GONGSHI MIAOXIE JI LISHI SUYUAN
著作责任者	李　煊　著
责任编辑	宋思佳
标准书号	ISBN 978-7-301-36085-9
出版发行	北京大学出版社
地　　　址	北京市海淀区成府路 205 号　100871
网　　　址	http://www.pup.cn　　新浪微博：@北京大学出版社
电子邮箱	zpup@pup.cn
电　　　话	邮购部 010-62752015　发行部 010-62750672
	编辑部 010-62753027
印　刷　者	北京溢漾印刷有限公司
经　销　者	新华书店
	720 毫米 × 1020 毫米　16 开本　14.75 印张　280 千字
	2025 年 4 月第 1 版　2025 年 4 月第 1 次印刷
定　　　价	66.00 元

未经许可，不得以任何方式复制或抄袭本书之部分或全部内容。
版权所有，侵权必究
举报电话：010-62752024　电子邮箱：fd@pup.cn
图书如有印装质量问题，请与出版部联系，电话：010-62756370

国家社科基金后期资助项目
出版说明

  后期资助项目是国家社科基金设立的一类重要项目,旨在鼓励广大社科研究者潜心治学,支持基础研究多出优秀成果。它是经过严格评审,从接近完成的科研成果中遴选立项的。为扩大后期资助项目的影响,更好地推动学术发展,促进成果转化,全国哲学社会科学工作办公室按照"统一设计、统一标识、统一版式、形成系列"的总体要求,组织出版国家社科基金后期资助项目成果。

全国哲学社会科学工作办公室

谨以此书献给我的祖母李如兴女士,她在世时用白语给我讲了无数生动的民间故事,让我识别善恶、热爱生活。

序一

  提起云南的白语，语言学家普遍的印象是：它跟汉语有超过两千年的接触历史，语言层次非常丰富，甚至有人指出"白语是语言界借用的冠军"。基于这个原因，白语吸引了不少汉语历史音韵和语言接触研究者的关注，而我一直都对这两个范畴很感兴趣。2002年秋，我在台湾"中研院"语言研究所认识了前来访问的汪锋兄。汪兄当时在香港城市大学跟随王士元教授读博士，从事白语历史层次离析的研究。我和汪兄年纪相仿，治学方向又相近，彼此有不少共同的话题。我依然清楚记得他组织了一个"语言层次工作坊"，向大家介绍了自己研究白语的种种成果。后来汪兄把博士论文改订成书出版。我拜读以后，心想：白语真有意思！将来有机会一定要好好研究一下。为此，我还写了一篇不短的书评，刊登在 *Journal of Chinese Linguistics* 上，见 Kwok（2008）。

  很遗憾，除了那篇书评外，我对白语的研究从来没认真开展过，但却得到了一个与白族人直接交流的机缘。那是2017年，汪锋兄向我推荐他北大的硕士生李煊到香港中文大学来读博，并让我当导师。李煊是白族人，母语是美坝白语，在北大读书时做白语的语音学研究，有相当扎实的根底。李煊来港后，我以为她会继续钻研语音学，但她坚持改换方向，一心想探索白语的语法。我们都同意白语的确受过汉语很深的影响。如果从语言接触的角度出发，体系也许是一个适合的切入点。我以前留意过广东西部的粤语，发现它们不少体标记都是从周边的客语迁移过去的。迁移的过程涉及"接触引发的语法化"，这是近年来颇受学界关注的热点。白语的体标记是否也有不同时期汉语的影子？带着这个疑问，李煊开始了她三年读博的旅程。在那段时间里，她一方面要修读课程、阅读大量文献、参加学术研讨会（包括2019年6月在澳大利亚举行的"第52届国际汉藏语言暨语言学会议"）、由同学组织的读书会，另一方面又要进行田野调查、搜集语料。尽管工作排程如此紧密，但李煊从来没表现出很不适应或者疲累的样子（她唯一不适应的，可能是香港夏天刮台风、冬天又冷又湿的天气），总是乐观地面对各种挑战。我充分感受到她对语言学和白语的热爱。2020年年中，她准时提交了博士论文，并在一致好评下顺利通过答辩。这篇博士论文，就是各位手上这本著作的初稿。

对白语语法的描写虽不及历史层次多，但也不是完全没有。然而，李煊此书仍有两个值得注意的突破点。首先是本书兼顾了共时和历时的分析。共时方面，她以美坝白语为对象，分出阶段体、透视体和动量体三个大类，而每个大类下又分若干小类，如我们熟悉的完结体、结果体、持续体、起始体都可归到阶段体之中，而经历体和展望体则属于透视体名下。每个小类都列出动词的配搭和环境分布。我常常觉得语言学研究除了讲求分析准确外，也要把分析以最合理、最清晰的方法呈现在读者面前，不作无谓的修饰。作者已经充分做到这一点了。在共时的基础上，本书展开了对白语体标记的历时考察。这方面，李煊的历史语言学知识终于大派用场。通过深入考察，她认为白语体标记的来源一共有七种，包括"汉白同源""早期汉语借入白语""晚近从当地汉语借入白语"等。她特别讨论了完结体标记、起始体标记和进行体标记的来源，并重构了语法化路径。令人稍感意外的是，汉语对白语体系统的影响似乎没有想象中直接、明显。李煊实事求是，没有强为之说。这种和预期偏离的情况其实在语言分析中非常常见。本书的学术价值，没有因此而有丝毫减损。李煊这本著作的另一特点是拥有清晰的方法论。作者切入问题时，主要采用功能—类型学框架，但同时酌量吸收了生成句法的精神，例如对不合语法的例句进行测试。这和李煊在香港中文大学修过的课程脱不了关系。

2022年秋，李煊好不容易申请到访问母校香港中文大学的机会。其间李煊旁听了我的课、在中国文化研究所做了一次学术演讲，当然我们也有多次交流的机会。就在那时候，李煊告诉我有把博士论文改成书的计划。时间一晃，现在已经看到书样了。这本书不单对体研究有贡献，对语言类型学有贡献，也反映了作者对自己母语的热爱！我诚意向各位读者推荐。是为序。

郭必之
二〇二四年五月于香港中文大学中文系

序二

白语在汉藏语中的地位非常引人注目,一方面是跟汉语共享大量关系词(有语音对应支持),另一方面是其SVO的语序也与汉语一致,这种状态是源自语言接触还是同源分化,争论了上百年。

20多年前,我到香港城市大学师从王士元先生攻读博士学位,在选题的时候,王先生说,白语好像很有意思,这么多有名的学者都在发表意见,或许可以仔细看看,把问题搞明白。为了搞清楚白语的亲缘地位,我非常认同前辈学者闻宥(1940)的看法:最好在白语方言基础上重建原始白语之后,再讨论其系属。之后,我对白语的研究工作主要集中在调查白语方言,然后重构了原始的音系和词汇,并讨论了少数词句法的演变,如人称代词系统、否定结构等,但对于处于语法系统核心地位的时体系统等并未涉及。而严格来说,"只有在所有的语言子系统——词汇、音系、词法和句法上都有系统性的对应时,方才可以假定众语言源自共同母语的亲缘关系"(Thomason & Kaufman 1988: 8)。

虽然白语在汉藏语中的系属地位是一个重要的目标,但经过这些年的研究,我们对问题的复杂性以及语言演变研究的意义有了更深入的认识,白语方言之间也蕴藏着丰富的变异,其发展变化与其他语言的接触(尤其是汉语的强势影响)密切相关,但更重要的是其自身各个子系统表现出来的整合演化机制,这对理解语言作为一个复杂系统的演化机制有重要的参考价值。目前词汇和语音是白语研究的主要方面,但相比而言,语法系统的研究,尤其是其演化研究相对薄弱。李煊的这部著作集中探讨体貌系统的现状以及历史渊源,可以为全面了解白语的面貌及演化提供重要的参考,更能为探讨受语言接触影响下的语言演化机制提供宝贵的材料。

之前对白语语法的研究,很多受汉语语法研究框架的影响,白语的特点有意无意之中就被掩盖了。李煊博士选择的类型学框架就能避免这方面的问题。体貌系统的类型学研究在学界有丰富的文献,也有很好的基础,当然也有不同的理论取向,从文献综述和方法梳理部分来看,李煊的思路清楚,选择综合参照 Smith(1997)、Comrie(1976)和 Dahl(1985)等作为观察研究的出发点,来分析白语方言中的体貌系统语料,显示出开阔的视野和良好的判断力。

在具体的白语体貌范畴界定中，这部著作特别值得一提的是坚持从形式上找到依据，而不是在概念上打转转，论文从体标记和情状类型、宾语、时间成分等的搭配，以及体标记和语气词的互动等可操作可观察的角度来确定其中具体的体范畴，不仅清晰地揭示了这些体范畴的共时表现，还为之后的历史源流分析提供了扎实的基础。

白语与汉语的接触是公认的事实，但我们现在也支持白语与汉语是同源的姐妹语言（Wang 2006；汪锋 2012），也就是说，白语的演化其实涉及同源语言分化再接触的复杂情形，李煊的研究在这个方向也有推进，例如，白语方言中趋向词"起"和汉语的"起"是同源的，二者相似的功能（包括起始体标记）属于祖语遗传，而白语方言中与汉语不同的功能却又涉及白语早期内部的发展或个别方言晚近的创新；白语没有固有的进行体范畴，不同白语方言中的进行体标记都是较晚才从附近的汉语方言中借来的。这样详细的剖析结合了共时和历时，结论也更能令人信服。

我认识李煊已经十多年了。应该是2013年秋季的某一天，我在三教上"理论语言学"，李煊进来自我介绍说自己是白族，在北京语言大学读本科，想考我们的研究生。之后，我再见到她就是在硕士生面试的时候了。李煊是美坝白语方言的母语人，具有语感的先天优势。在指导她读硕士期间，我的学术兴趣在发声类型的变异上，就让她做了美坝白语的发声变异研究，她很创新地提出了声调策略等想法。

李煊硕士毕业后，有幸跟随香港中文大学郭必之教授攻读博士学位，选择研究白语的体貌系统，就从语音研究的领域迈向了语法的领域，这无疑是大大拓宽了她的学术视野。在其博士学位论文的基础上，经过修订完善，形成了这部著作。从论文的初稿开始，我就一直在关注，我注意到她在完成论文答辩后，并没有止步，而是不断调整自己的分析，力图使之更为完善，这实在是值得赞叹的。

从2002年调查白语开始，我曾发愿研究一个白语方言的语法系统，不想在历史比较的"坑"里出不来。现在有李煊这样的青年才俊替我完成这个心愿，我感到很欣慰。我相信，李煊的白语语法研究一定能给学界展示一个崭新的面貌，带来更多启迪。

是为序。

汪锋
二〇二四年六月五日于京西肖家河

缩写表

1	first person 第一人称
2	second person 第二人称
3	third person 第三人称
ACC	accusative marker 宾格标记
CLF	classifier 量词
CON	continuity marker 持续标记
COM	comitative marker 伴随标记
COMP	completive marker 完结体标记
CONJ	conjunction 连词
CONT	continuous aspect 持续体标记
DELIM	delimitative marker 短时体标记
DIR	directional 趋向词
DISP	disposal marker 处置标记
EXCL	exclusive 排除式
EXP	experiential marker 经历体标记
GEN	genitive 属格标记
GM	goal marker 终点标记
HON	honorific 敬称
IMM	imperative mood marker 祈使标记
INCH	inchoative marker 起始体标记
INCL	inclusive 包括式
LOC	locative marker 处所标记
N/A	not applicable 不适用的
NEG	negative 否定标记
NF	non-future 非将来时标记
O	object 宾语
PASS	passive marker 被动标记
PFCT	perfect marker 完成体标记
PFV	perfective marker 完整体标记

PROG	progressive marker	进行体标记
PROSP	prospective marker	展望体标记
PL	plural	复数
PRT	particle	小品词
Q	question marker	疑问标记
RES	resultative	结果体
RESC	resultative complement	结果补语
REL	relative marker	关系化标记
SG	singular	单数
V	verb	动词
Ø	zero form	零形式
*		不合法例句
#		有条件的合法例句

目　录

第一章　绪　论 …………………………………………………… 1
　1.1　选题缘起 ……………………………………………………… 1
　1.2　研究问题 ……………………………………………………… 3
　1.3　文献综述 ……………………………………………………… 5
　1.4　研究思路 ……………………………………………………… 18
　1.5　白语概况 ……………………………………………………… 22
　1.6　美坝白语的音系 ……………………………………………… 24
　1.7　白语语法的五个特点 ………………………………………… 27

第二章　类型学视野下的白语体系统 …………………………… 32
　2.1　美坝白语的情状类型 ………………………………………… 35
　2.2　美坝白语的阶段体 …………………………………………… 39
　2.3　美坝白语的透视体 …………………………………………… 53
　2.4　美坝白语的动量体 …………………………………………… 57
　2.5　体标记的连用规律 …………………………………………… 60
　2.6　美坝白语的体系统 …………………………………………… 62

第三章　美坝白语中时间、情态和体的关系 …………………… 64
　3.1　时间副词和体标记的搭配规律 ……………………………… 64
　3.2　情态助词和体标记的搭配规律 ……………………………… 72
　3.3　语气词和体标记的关系 ……………………………………… 79

第四章　白语语法的历时研究方法 ……………………………… 88
　4.1　功能词的多功能性分析 ……………………………………… 89
　4.2　系统比较法 …………………………………………………… 91
　4.3　语音关系分析 ………………………………………………… 94
　4.4　语法演变机制 ………………………………………………… 94
　4.5　语言比较材料简介 …………………………………………… 96

4.6　体标记来源及演变的分析步骤 …………………………… 112
　　4.7　白语体标记来源的七种可能 ……………………………… 115

第五章　白语体标记的历时分析 …………………………………… 117
　　5.1　完结体标记的来源及演变 ………………………………… 117
　　5.2　起始体标记的来源及演变 ………………………………… 140
　　5.3　进行体标记的来源 ………………………………………… 164
　　5.4　白语体标记的来源及演变机制 …………………………… 179

第六章　白语体标记语义演变的类型学意义 ……………………… 182
　　6.1　完整体和非完整体的语义演变路径 ……………………… 182
　　6.2　白语体范畴类型学比较思路 ……………………………… 185
　　6.3　汉语和白语趋向词"下"的语义演变异同 ……………… 188
　　6.4　汉语和白语趋向词"起"的语义演变异同 ……………… 196
　　6.5　"趋向词 > 体标记"的类型学意义 ……………………… 198

第七章　结　论 ……………………………………………………… 201
　　7.1　研究发现及理论意义 ……………………………………… 201
　　7.2　回顾与展望 ………………………………………………… 203

参考文献 ……………………………………………………………… 206

后　记 ………………………………………………………………… 220

第一章 绪 论

体（aspect），是动词最重要的语法范畴之一。语言学不同学派、不同领域都讨论过体范畴，相关研究广泛而深入。单个语言点的描写材料非常多，跨语言的比较研究也不少。在白语中，有专门的语音形式来表达跨语言界定的核心体意义，即存在体范畴。但是，迄今没有文献专门讨论过白语的体系统，尚未关注到白语的材料对"体"这一语法范畴的意义。本书尝试以美坝白语为主描写白语的体系统，并探讨相关问题，以丰富我们对"体"的认识。

1.1 选题缘起

白语是一个典型的孤立语（isolating language），通常一个词就是一个语素，因此语法意义也由独立的功能词来表达，而不是通过形态曲折附着在词干上，不同的体意义通过不同的功能词来表达。

美坝白语：

(1) $\eta\mathfrak{o}^{31}$　　$iɯ^{44}$　　$x\varepsilon^{55} z\gamma^{31}$　　　　ko^{33}　　ke^{42}.
　　1SG　　吃　　米饭　　　　两　　**CLF**①
　　我吃两碗米饭。

(2) $\eta\mathfrak{o}^{31}$　　$iɯ^{44}$　　**$xɯ^{55}$**　　$x\varepsilon^{55} z\gamma^{31}$　　ko^{33}　　ke^{42}.
　　1SG　　吃　　**$xɯ^{55}$**　　米饭　　两　　**CLF**②
　　我吃了两碗米饭。

(3) $\eta\mathfrak{o}^{31}$　　$m\varepsilon^{42}$　　**$tɯ^{44}$**　　me^{33}　　　　ko^{33}　　nu^{21}.
　　1SG　　买　　**$tɯ^{44}$**　　米　　　　两　　**CLF**
　　我买到了两袋米。

---

① 本书使用的标注符号采用莱比锡标注系统 Leipzig glossing rules (https://www.eva.mpg.de/lingua/resources/glossing-rules.php，访问时间 2024-11-25)，详见缩写表。
② 意义不明确的功能词本书都以其国际音标正体的形式来标注。

(4) ŋɔ³¹   iɯ⁴⁴   **xɯ⁵⁵**   xɛ⁵⁵ zɿ³¹   ko³³   ke⁴²   **kʰɔ⁴²**.
1SG   吃   xɯ⁵⁵   米饭   两   CLF   PROSP
我快吃了两碗米饭。

上述美坝白语例句的差别只在于是否在动词后加了功能词以及加了哪一个功能词,从而表达了不同的语义,这种语义差别即体的差别(关于"体"的定义本章1.3节详细介绍)。这些表达了句子体意义的功能词就被称为"体标记"(aspect markers)。

例(1)动词后没有加体标记,表达的是一种惯常属性;例(2)和(3)所使用的体标记分别是xɯ⁵⁵和tɯ⁴⁴,都可以表达事件在说话时间之前已经发生,却不能相互替换;例(4)用了两个体标记,当kʰɔ⁴²和动宾结构搭配时,要放在宾语后,而且动词和宾语之间必须要加xɯ⁵⁵。 xɯ⁵⁵和tɯ⁴⁴的差别是什么? xɯ⁵⁵和kʰɔ⁴²又有什么联系? 可见,虽然不同语言都可以表达相同的体意义,但每一种语言对体意义的范畴化方式不尽相同,具体表现为相同语法范畴在不同语言中的分布规律不会完全相同。**白语可以表达类型学界定的体意义,但体标记的分布交错重叠、规律不清晰,这是白语体系统复杂性的第一个表现。**

美坝白语:

(5) tsʮ³⁵   pe²¹   tua⁵³   xɯ⁵⁵   lɔ⁴² (>xɔ⁵⁵).
杯子   CLF   掉   xɯ⁵⁵   PRT
杯子掉了。

(6) A: tsʰʮ⁴⁴   a³³ le²¹   sɿ³³ ʮ³³.
出   什么   事情
发生了什么事情?

B: tsʮ³⁵   pe²¹   tua⁵³   xɔ⁵⁵/*xɯ⁵⁵   lɔ⁴².
杯子   CLF   掉   xɯ⁵⁵:PRT/*xɯ⁵⁵   PRT
杯子掉了。

例(5)中体标记xɯ⁵⁵后有语气词lɔ⁴²,二者共现时可以合音,即:xɯ⁵⁵ lɔ⁴² > xɔ⁵⁵,合音与否都表达谓语所指的事件已经发生,都是合法的表达形式。但是在例(6)中,用于回答问句时,只能用合音形式xɔ⁵⁵,而不能用xɯ⁵⁵ lɔ⁴²,为什么? 语气词lɔ⁴²的功能是什么,它为什么和体标记共现,为什么和体标记合音前后功能有变化? **这是白语体系统复杂性的第二个表现,**

即语气词会影响体标记的共时分布并介入它的演变。

美坝白语：

(7) xɯ⁵⁵ pɔ³¹ pe⁴⁴ ɕi⁴⁴ ŋɔ²¹.①
xɯ⁵⁵ 3SG 走 出 去:PRT
然后他出去了。

(8) tsʮ³⁵ pe²¹ i³⁵ tsɤ³⁵ tɕia⁵⁵ xɯ⁵⁵ tʰa⁵⁵ u⁴⁴ xɯ³¹.
杯子 CLF 一直 放 xɯ⁵⁵ 堂屋 LOC
杯子一直放在客厅里。

例（7）中的xɯ⁵⁵用于句首，好像用作连词；例（8）中xɯ⁵⁵和静态动词搭配，表达的是状态。这些例句中的xɯ⁵⁵和体标记的xɯ⁵⁵是什么关系？**用作体标记的语言形式还可以表达其他的语法语义，不同语义之间的关系不清楚，这是白语体范畴复杂性的第三个表现。**

最后，除了以上三点，语言接触也增加了白语体系统的复杂性。白语深受语言接触的影响，而Arkadiev（2014），Kwok（2016），齐卡佳、王德和（2017）等很多研究表明体是一个容易受语言接触影响的语法范畴。因此，白语的体系统实际上是一个内部演变和外部接触共同作用的结果，这两种作用在语法分析中很难区分。

如上所述，白语体系统具有相当的复杂性，且"体"这一语法范畴在语言系统中具有绝对的重要性，因此白语的体值得研究。

1.2 研究问题

上一节所讨论的白语体系统的复杂性既涉及共时分布也涉及历时演变。白语一共有多少体标记，它们的性质如何，不同体标记的分布规律如何，它们和语气词之间是什么关系，体标记还有哪些其他功能？这主要是白语体范畴共时的复杂性，只要充分观察和分析共时语料，就能很大程度上解决上述问题。不过，共时观察到的体范畴实际上都不是一些孤立的个体，而是处在一个连续的历时演变链中。我们的研究还想了解白语体范畴的共时分布是怎样形成的，它为什么是现在这个面貌，又可能有什么样的新发展，即探讨白语体范畴的历时演变。历时演变一方面可以解释共

---

① 白语的第三人称代词不区分性别，例句中的汉语翻译根据语境记为"她/他/它"。

时分布,另一方面也可以帮助我们更精炼地归纳共时分布规律。

白语体标记的历时研究也具有重要的理论意义。由于缺乏对早期白语的记录,白语语法历时研究无法像汉语或英语的研究一样,可以通过查阅文献记录来分析语法范畴的历史演变过程。此外,白语还深受语言接触的影响,势必带来很多"非常规"的演变,使得白语语法的历时研究难上加难。不过,正因为研究有难点,如果我们能找到"破解之法",不仅可以促进白语语法的研究,也有助于语法历时研究方法的建设。汉藏语系语言种类繁多,文化经济交融频繁,语言接触非常常见,但除了汉语、藏语等语言外,很多语言没有文献记录,历时研究难以开展,与白语相似的历时研究的困境在整个汉藏语领域内都很常见。Lee & Sagart(2008)把白语称为"借用冠军"(champion of borrowing),白语在语言接触上具有典型性,如果我们能提出分析白语体标记历时演变的方法,一定也适用于所有白语功能词/结构的历时分析,并能为其他文献缺乏但深受接触影响的语言的语法历时研究提供重要的参考。

基于此,本书将从共时和历时两个角度分析白语的体范畴,不仅力图详细地介绍白语体范畴的共时分布规律,也尝试厘清体标记的历时演变,并形成一个有效的共时和历时相结合的白语语法分析框架。

全书将围绕以下几个问题逐一展开讨论:

(1)美坝白语一共有多少体标记,体标记的分布规律如何,表达了什么样的语义?(第二章)

(2)美坝白语的体范畴跟时制(tense)、情态(modality)之间是什么样的关系?(第三章)

(3)如何探求体标记的来源及其演变路径?(第四章)

(4)美坝白语的体标记经历了怎样的演变过程?(第五章)

(5)白语体标记语义演变路径有何特点,其类型学研究价值为何?(第六章)

全书除了绪论和结论,第二章、第三章只介绍美坝白语的情况,详细讨论美坝白语的体系统。第四章提出白语语法历时研究方法。该方法结合了共时分析和语言比较,并运用语言接触理论,多角度探究语法范畴的来源及演变,不仅适用于本书的体研究,也适用于其他与白语相似的语言的历时分析。第五章运用第四章提出的方法分析白语体标记的来源,厘清体标记及其不同功能的来源及形成机制。第六章将白语体标记的语义演变路径和汉语相比,从中揭示体标记语义演变的几个细则。

1.3 文献综述

和体关系最密切的另一个语法范畴是"时制"(tense),"时制"和"体"是两个不同的语法概念,但都是动词的语法范畴,且都关乎动作在时间流中的状态,所以常常被放在一起讨论。时体研究由来已久,文献浩如烟海,据Binnick(2001)统计,至2001年,相关文献共有6600篇,2004年新增900篇,此后又迅速增至9000篇。[①]可见,时体问题早已引起各国语言学学者的重视,并且还源源不断吸引年轻学者的关注。不单是语言学学者,甚至是叙事学、哲学等其他学科的学者也在研究时体问题。语言学内部,除了语音学(phonetics)和音系学(phonology),几乎所有的子领域都有相应的时体研究方法(Binnick 2002:7),即不同方向的语言学研究都有时体问题的相关论述。

"时制"和"体"都关乎动作在时间流中的表现,有些语言中时制范畴比较发达,比如Yagua可以区分五种不同的时态(Payne 1997:236-237),有些语言则缺乏严格的时制系统,相对来说,"体"的表达比较发达,比如白语。

现有体研究中,就研究对象的多寡来说,可分为两类,一是单一语言的描写研究,主要是介绍新的语言材料;二是跨语言的比较研究,以理论构建为主。第二类的研究又根据不同研究视角分为不同子类:

(1)以体范畴的跨语言比较和类型学考察为目的,如Comrie(1976)、Dahl(1985,2000)、Bybee et al.(1994);

(2)从形式语言学的角度定义不同层级的体及构建体系统,如Smith(1997)、Binnick(1991)、Olsen(1997);

(3)从功能主义的角度描写体标记产生和使用的动因,如Hopper & Thompson(1980)、Hopper(1982);

(4)从认知语言学的角度解释体意义的形成,完善体分析方法,如Croft(2012);

(5)从语言习得的角度反思词汇体和语法体的互动,如Shirai(1991)、Li & Shirai(2000)。

不论是单一语言的描写,还是理论研究,相关文献都非常多,而且还在不断增加。Sasse(2002)仅仅查看了2002年之前六年内的文献,其中就

---

① 据陈前瑞(2008:14),该目录至2006年8月21日就增加到了9000条。

有20部体相关的专著,他认为体研究理论的快速发展,势必会带来材料描写和理论研究的脱节,因为只想用一个章节来描写某一语言体系统的年轻学者一定没有时间和精力看完大部分的体理论研究文献。在意识到Sasse(2002)所指问题的基础上,我们尽可能全面地梳理现有体理论研究的进展,以此为背景考察白语。这样既能对白语的体系统作出更全面的描写,又能检验相关理论的解释力。

参考跨语言的体研究成果,不仅能找到合适的白语体描写方法,同时也有助于挖掘白语在跨语言体研究中的价值。因此,下面我们以跨语言的体研究为主来综述体描写方法的进展,并说明本书的取向。

1.3.1 体研究方法综述

虽然"体"这一语义概念古已有之,但"体"对应的英文术语"aspect"直到十九世纪才出现。作为语言学术语的aspect是俄语*vid*"看"的英文翻译,aspect的词根"spect"就是"看"的意思(英语中同系列的词还有prospect"展望"、inspect"查看"、spectacle"景观"等),*vid*"看"指的是俄语中动词的体(Binnick 1991:136)。

"体"在俄语中有明确的形态标记手段。俄语中所有的动词都有完整体(perfective)和非完整体(imperfective)两种形式。一般来说,动词的无标记形式表达的是非完整体,表示一般性的动作,其相关用例如果翻译成英语,有的用动词原形表达,有的用动词ing形式表达;在非完整体形式上加上词缀(比较多的是前缀,比如na-、o-、po-、pro-、raz-、s-等),就变成了动词的完整体,表达一个达到其内在界限的动作事件,其核心语义为:行为达到事件内在界限、表达具体事件、保留结果、受事量确定、行为时间界限确定(金立鑫等 2020)。另外,俄语中体和时制是两个独立的、区分得很清楚的语法范畴。俄语中有时制范畴,不论动词的完整体还是非完整体形式都可以用于不同时态,完整体可以用于过去时(past)和非过去时(non-past),非完整体可以用于过去时、非过去时和将来时(future)。

当印欧语学者注意到俄语中有一个通过形态手段明确标记的"体"范畴之后,就把它和早期在印欧语中发现的一些语言现象联系了起来,比如:早期语法学家就注意到希腊语中aorist"不定过去时"和imperfect"未完成体"这两个语法范畴不只是"时制"的区别。学者们把印欧语中和时制有关系,但又不是时制的语法范畴也称为"体",将其和俄语的"体"相对应。

不过，与俄语的体系统不同，印欧语很多语言中并没有有形态标记的完整体和非完整体的对立，有时候只能界定出一个完整体，有时候只有一个非完整体，或只能明确有些语法范畴不是时制而应该被归为体。因此，虽然研究由来已久、文献丰富，但就研究范畴的界定、研究范围等很多方面来说，体的相关研究中有很多糊涂甚至混乱的现象。

第一部专门讨论体范畴的专著出现在二十世纪七十年代，即 Comrie（1976）。他把"体"（aspect）定义为"观察情状内部时间结构的不同方式"[①]，此后的体研究都基本沿用此定义。内部时间结构指的是动作事件的持续、终结等特点，观察时间结构的方式指的是说话人讨论某个动作事件时将其视角着眼于何处。说话人观察动作事件的视角是主观的，可以发生在现在、过去或将来，不受外部时间的制约。

虽然引用的是同一个定义，但不同学者对其理解不同，导致体研究内容和范围在不同研究中千差万别。

1.3.1.1 "体"的内容和范围

（一）完整体和非完整体

基于定义，Comrie（1976：16-40）把体先分为完整体和非完整体，即俄语等斯拉夫语言中典型的两个体范畴，前者指在外部观察动作事件，而后者则是在内部观察动作事件。非完整体再分为惯常体（habitual）和持续体（continuous），持续体又分为进行体（progressive）和非进行体（non-progressive），这种划分主要是基于俄语中用"非完整体"表达的动作事件在英语等其他语言中有时候被翻译为惯常体、有时候被翻译为进行体，即俄语非完整体所表达的内容对应于其他语言中包括惯常体和进行体等多个语法范畴所表达的内容。

Comrie（1976：16）对完整体和非完整体的描述是：完整体把情状看作一个整体，不区分其内在不同阶段，而非完整体则重点关注情状的内部结构。[②] Dahl（1985：74-79）指出完整体和非完整体的区别不在完整性（totality），而在于有界性（boundedness），有界性指的是动作事件有终

---

① 原文如下：Aspects are different ways of viewing the internal temporal constituency of a situation. (Comrie 1976:3)

② 原文如下：Perfectivity indicates the view of a situation as a single whole, without distinction of the various separate phases that make up that situation, while imperfective pays essential attention to the internal structure of the situation. (Comrie 1976:16)

点或停止点。①后来Smith(1997)、Bybee et al.(1994)等大多数研究都把动作事件有终止点看作完整体的判断特征,即说话人把动作看作一个有终止点的、独立的事件;与之相反,非完整体则表示说话人看到的是一个没有终止点的动作事件,事件可能正在进行或恒常存在。

Dahl(1985)调查了大量的样本,从类型学的视角验证了完整体和非完整体的存在。Dahl(1985)先假设可以跨语言归纳出一些时、体、态相关的典型范畴类型(category type),而后考察这些范畴在64种语言中的分布情况,并参考"相倚系数"(contingency coefficient, C)和"命中率"(hit rate, HR)两个参数(参数定义及计算方法参考原文第52–62页)对分布情况作统计分析,结果表明"体"这一语法范畴普遍存在于世界上不同语言中,而且存在一些核心的子范畴:完整体、非完整体和进行体。

Dahl(1985)的材料主要来自调查问卷,这可以保证材料的跨语言可比性,但也存在一定的局限性。Dahl(1985: 47–48)提到问卷调查主要有两个问题:一是无法调查一些有价值的复杂结构,因为这些结构涉及很多参数,如果要通过多次组合不同参数来设计调查例句,那么例句的数量将会太大;二是问卷调查时,发音人主要通过用母语翻译例句来提供材料,但是很多因素都可能会使得发音人无法准确翻译例句,比如被调查的语法范畴在该语言中的分布条件比较特殊、例句内容难理解、调查者和被调查人沟通不顺等。不过,上述问题并没有影响到其研究结果的可靠性。Dahl(2007, 2014)用平行语料库(parallel corpus)的材料做了补充研究,语料库的分析结果与Dahl(1985)一致,即跨语言来看,核心体范畴有一些共同的语义特征,可以在语言比较中被识别出来。也就是说,Dahl(1985, 2007, 2014)所说的跨语言普遍存在的体范畴,实际上是语义范畴,是指核心的体意义在不同语言中都会通过某种形式手段表达出来。

---

① "有界性"这个概念和下文提到的情状类型分类中的终结性(telicity)是两个容易混淆的概念,Garey(1957)讨论法语的体貌时,首次使用了"终结"(telic)和"未终结"(atelic)这对术语,"终结"指"趋向某个目标"的动作事件,"未终结"指的是一旦发生就能实现的动作,无须达成某个目标。Dahl(1974)则根据和时间副词的搭配能力将谓语区分为"有界"(bounded)和"无界"(unbounded)。Dahl(1981)、Declerck(1989, 1991)、Depraetere(1995a, 1995b)都讨论过"终结性"和"有界性"的区别,"终结性"指的是动作事件或者情状的"潜在终点",而"有界性"指的是事件的"实际终点"。不过,就具体语言的分析来看,二者很难被清楚地界定和区分开。

此后的研究也都将完整体和非完整体当作体研究的核心内容,但凡研究体范畴,首先要从完整和非完整对立的角度去界定相应的体范畴。

(二)完成体及相关体范畴

除了完整体和非完整体,Comrie(1976)还单独讨论了完成体(perfect),他指出完成体和情状内部的时间结构毫无关系,而是表达现在状态和前序事件之间的联系。但是由于传统语法都把完成体当成体研究的一部分,所以也加以介绍,不过它与其他体范畴的内涵并不相同。Dahl(1985)及此后的学者大多都是相似的研究思路。大家都明确指出完成体和完整体、非完整体不同,但也都把它纳入体研究的范围。

完成体强调参考时间之前发生的事情和参考时间内的某个事件有关联,默认的参考时间为说话时间,其界定性语义特征是"现时相关性"(current relevance)。体表达的是说话人对情状内部时间结构的观察方式,所以完成体并非"体",但是,完成体也非"时",因为时制表达的是事件时间和说话时间的关系,且只表达这种时间先后关系,无关不同时间的相关性。完成体不纯粹是时制范畴也不纯粹是体范畴,而是介于二者之间。国内有的学者在意识到上述问题的基础上,将perfect翻译为"完成式",比如熊仲儒(2005),并把英语的完成式归为时制的一个次范畴。

现有研究对"完成体"的定义主要是从语义上来说,比如Comrie(1976:52)的说法是"一般而言,完成体表达的是过去发生的情状的现时相关性"。①但迄今很多研究都表明所谓的"现时相关性"是一个很难界定的概念。因为,很多已经发生的事情都对现在有影响,而且在语篇或交际中,事件和当下相关才会被提及,因此,只凭语义很难划分哪些句子具有现时相关性、哪些没有。不过,从表达现时相关性这一特点也可以推衍出完成体的一些界定特征。比如,完成体表达的动作事件和现在有关联,所以它不会表达一个独立的动作事件,即不会把事件完全放置在过去,在句法上表现为不能和表过去具体时间点的时间副词搭配(Bybee et al. 1994:61—62)。时间到底多具体就不能带完成体则因语言而异。Dahl(1985:137)指出英语中时间副词yesterday"昨天"就因为所指时间太具体,而不能和完成体共现,*I have met your brother yesterday。

Comrie(1976:54—61)把完成体分为四类:结果性完成体(perfect of

---

① 原文如下:More generally, the perfect indicates the continuing present relevance of a past situation. (Comrie 1976:52) result)、经历体(experiential)、持久状态完成体(perfect of persistent result)、最近过去完成体(perfect of recent past)。划分的主要依据是英语中完成体(have done)所表达的语义还可以被细分为动作结果、经历、持久状态、最近过去完成等不同语义。

完成体表达的是已然事件的现时相关性,是一种回望(retrospective),与此相对的是未然事件的现时相关性,即展望体(prospective)。展望体表达从某个参考时间点来看动作事件即将发生,体现了参考时间和未然事件之间的联系。展望体表达动作事件在参考时间之后发生,也表达了一定的将来时意义,它和将来时的主要区别在于:将来时表达说话人认为在未来一定会发生的事件,而展望体表达的是从目前来看,未来可能发生某一事件,但事件实际上可能不发生。Comrie(1976:64-65)指出如果我们知道某件事情一定不能发生,就不能用将来时,但是可以用展望体,比如:如果Bill事实上会被阻止从悬崖上跳下去,即我们知道他将来一定不会从悬崖上跳下去,那么在英语中就一定不能用将来时"Bill will throw himself off the cliff"[Bill将(一定)从悬崖上跳下去],但却可以用展望体,说"Bill is going to throw himself off the cliff"[Bill将(可能)从悬崖上跳下去]。此外,Klein(1994)指出展望体和将来时的诊断性特征是展望体可以用于过去时,但也仍然能表达事件发生在话题时间(即参考时间)之后,而将来时则不可以。

Dik(1997)把完成体和展望体这一类联系动作事件和参考时间的体范畴统称为"透视体"(perspectival aspect),表达从参考时间看到的动作事件的进展状态。Comrie(1976)之后的大多数体研究中,都会专门讨论透视体,即这类范畴也成为体研究中不可或缺的内容。

(三)情状类型

Comrie(1976)和Dahl(1985)讨论体的时候,都提到体的分布和动词本身的持续性、终结性等语义特征密切相关,但他们没有集中梳理具有这些特征的谓语和不同体范畴之间的搭配情况,也没有就此系统讨论谓语或动词的类型。对动词的持续性、终结性等特征的系统讨论最早来自Vendler(1957)。Vendler(1957)把动词所具有的与持续性、终结性有关的不同语义类型称为"时间结构"(time schemata),英语的动词一共有四类时间结构:活动(activity)、成就(accomplishment)、达成(achievement)、状态(state),动词的不同用法/分布都能从其时间结构类型上得到解释。值得注意的是,虽然Vendler(1957)在行文中说具有"时间结构"的单位是动词(verbs),但是在说明"成就"类时间结构时,他用的例子是动词短语,比如"run a mile"(跑一英里)。因此,实际上,Vendler(1957)的分类并不完全是动词的分类,他所划分出来的是可能存在的和动词有关的不同"时间结构"类型。而"时间结构"不仅可以就动词来分析,也可以就动词短语或句子等不同语言单位来分析。换句话说,不同层级的语言单位都可能会影响事件的时间结构。

Dowty(1979)进一步从语义对立和逻辑学的角度区分上述四类时间结构,并将其称为"动词的体分类"(aspectual classification of verbs),指出这种分类只有和动词的句法分布联系起来,才具有说服力。Dowty(1979)在区分动词时间结构类型的同时,开始联系这种分类和英语时体分布的关系,指出动词时间结构分类和时体研究之间密切相关。

Smith(1997)首次系统性地把Vendler(1957)所说的时间结构纳入体研究的范围。在她的体系中,由语法手段标记出来的体称为"视点体"(viewpoint aspect),而由词汇手段表现出来的体,即谓语本身的时间结构,被称为情状类型(situation type),也是一层独立的体单位。划分不同情状类型参照的是动作事件的状态性(stativity)、持续性(duration)和终结性(telicity),这三个性质被表述为三组二元对立的语义特征:动态/静态(dynamic/stative)、持续/瞬时(durative/instantaneous)、终结/未终结(telic/atelic),借此就可以划分出五类情状类型:活动、成就、达成、状态、一次性(semelfactive),在Vendler(1957)的基础上新增了一次性情状(见表1)。

表1 Smith的情状类型分类方案(整理自Smith 1997:22–32)

情状类型	状态性	持续性	终结性	英语例证
活动	动态	持续	未终结	laugh "笑"
成就	动态	持续	终结	build a bridge "建一座桥"
一次性	动态	瞬时	未终结	hiccup "打嗝"
达成	动态	瞬时	终结	reach the top "登上顶峰"
状态	静态	持续	N/A[①]	be tall "高"

Smith(1997)进一步完善了情状类型分类,并对每一类都做了详细的讨论。此外,她也结合篇章表征理论(Discourse Representation Theory,

---

① Smith(1997)认为状态类情状无所谓终点,因为它表达的状态只有外力的作用才能终止,而终点或起点则都不是状态的一部分。

DRT)讨论了视点体和情状类型的语义实现,并用所提出的理论框架分析了英语、法语、俄语、汉语普通话和纳瓦霍语(Navajo)的体系统。整体来看,Smith(1997)是一部相当详细的体研究著作,首次将情状类型纳入体研究的范围,并区分开视点体和情状类型,是一种接受度较广的体研究范式。对Smith(1997)的详细评述可参考Tenny(1993)和Sasse(2002)。

Smith(1997)着重区分视点体和情状类型,并证明二者相互独立,是作用于不同句子层面的体单位。有些学者则强调视点体和情状类型之间的互动关系,Bickel(1997)提出了选择理论(selection theory),即视点体和情状类型之间是选择关系,视点体会选择与之匹配的情状类型进入句子,构成句子的体语义。

在不同学者的探索下,学界逐步达成一个共识:在体研究中,必须考虑到谓语的情状类型,并讨论它和视点体的搭配规律。

(四)阶段体和动量体

由于情状的发展过程可以暂停,也可以重复,而暂停在哪个阶段或是否重复都会影响动作发生或持续的时间,所以有的体研究还划分出阶段体(phasal aspect)和动量体(quantificational aspect),前者指的是动作事件发展中的不同阶段,后者表达动作事件发生的不同的量。

Binnick(1991: 197–207)详细梳理了阶段体的相关文献,"阶段体"最初用于描述情状类型。Guillaume(1965)首次以"阶段(phase)"为单位对事件(event)进行了详细阐述,Woisetschlaeger(1977)则基于对情状不同阶段的考虑,最早尝试用逻辑时间结构明确定义了不同的体。阶段体指的动作事件发展中的不同阶段,不过不同学者所划分的阶段并不完全一致,基本的阶段包括:起始(inchoative)、延续(continuative)、终止(terminative)(Plungian 1999)。此外,Trager & Smith(1951)还把完成体(perfect)也看作情状发展的阶段,陈前瑞(2008)则把动量体(比如:短时体、反复体)也归为阶段体的一个小类。阶段体在汉语(陈前瑞2008)以及不少藏缅语中都很常见,比如:印度的曼尼普尔语(Manipuri)中有区分不同阶段的动词词根和词缀(Bhat & Ningomba 1997)。从陈前瑞(2008)的研究来看,阶段体是一类语法化程度相对较低的体范畴。

"动量体"表达的是事件发生时在量上的不同形式(Dik 1997),常见的有一次性体(semelfactive)、重复体(iterative)、惯常体(habitual)等。此外,在不同语言中可能还有很多涉量的体范畴,比如汉语普通话及其方言中大多有短时体(delimitative),印地语有反复体(frequentative)。

反复体和重复体的差别在于前者指动作事件重复在一个连续时间段内重复发生,后者则指动作事件在不连续的时间段内反复发生(Bhat 1999:53)等。

总的来看,目前相关研究中对阶段体和动量体的论述比较少,部分原因是以往体研究的对象主要是印欧语,而印欧语中完整体和非完整体更常见。完整体和非完整体是经典的体范畴,指不同的动作事件的宏观观察视角,而阶段体和动量体则是对动作事件进程中具体阶段或特点的观察。据Comrie(1976)对体的定义,阶段体和动量体的语义不是最典型的体意义,严格来说并不是表达对动作事件的不同观察方式,而是关注动作事件在时间流中的不同的进展状态。宽泛一点来说,也可以认为对动作事件发展阶段和量的关注也是不同的视角,即阶段体和动量体表达的也是对动作事件内在时间结构的观察方式。

结合已有文献的考察范围,以及避免误解,本书采用Bhat(1999:43)对体的界定:体表达事件的时间结构,即事件在时间流中发生的方式,比如正在进行、结束、开始、继续、重复或一次性等。时间结构有不同的划分方式,时间结构的差别可能体现在词汇上(比如:谓语情状类型的差别),也可能被语法化。有的语言的时间结构被语法化为完整体和非完整体两种,有的语言则被语法化为起始、进行、结果等不同阶段,还有的语言的事件结构被语法化为重复、惯常、反复等的差别。Bhat(1999:43)的界定更适用于不同语言材料中体范畴的描写与研究。

总的来看,随着研究的拓展和深入,体研究的对象实际上已经不再是某个单一的语法范畴,而是一个由多个相互关联的语言现象共同构成的系统,其中主要包括五方面的内容:完整和非完整的对立、完成体及同类体标记、情状类型、阶段体、动量体。[①]不同学者根据不同的语言材料及理论框架,将上述不同内容构建成不同的系统。

1.3.1.2 "体"的系统

陈前瑞(2008:15-24)详细介绍了从Comrie(1976)迄今的不同体系统方案,包括:双部理论(Smith 1997)、三部理论(Binnick 1991;Michaelis 1998)、五部理论(Dik 1997)、单部理论(Langacker 1987)、

---

① Bhat(1999)还提到了体副词(aspectual adverbials),在有的语言中完整体和非完整体以及情状类型的语义概念由一些体副词来表达,比如坎纳达语(Kannada),不过迄今没有太多相关研究。

各个系统的详细介绍参考陈前瑞（2008：15-24）。其中，Dik（1997）系统最为细致，把体所包含的五方面的内容分为五类体：事态的类型（the type of state of affairs，大致等于情状类型）、完整体和非完整体、阶段体（phasal aspectuality）、动量体（quantificational aspectuality）、透视体（perspectival aspectuality，表示事态和参考时间之间的关联，比如：展望体、完成体）①。陈前瑞（2008）则为汉语普通话构建了一个四层的体系统，包括：情状体、阶段体、边缘视点体、核心视点体，其中阶段体包括Dik（1997）所说的阶段体和动量体，而边缘视点体主要指完成体这一类语法化程度不高的体，核心视点体则指完整体和非完整体。

不同学者因分析目的不同、主要依赖的语言材料不同，对体的界定宽窄不一、体系统分层数量不同。不过，不论定义和分层如何，重点都在于明确界定每一层级的体，并清晰阐明不同层级之间的相互关系。

上述不同方面的体类别在语义上跨语言普遍存在，但形式上则在不同语言中表现不同。不论是完整体和非完整体，还是完成体、阶段体和动量体，都未必在所有语言中都会有专门的语言形式来表达，即并非所有语言都有所有体范畴。在本书中，我们不去分析白语如何表达上述不同类别体范畴，即不套用任何现有的体系统框架分析白语，而是梳理白语中有专门语言形式表达的体概念，结合形式的具体表现，讨论体范畴的性质，然后再来构建白语的体系统。

1.3.1.3 "体"意义的解释

体研究中另一个重要的内容是解释体意义形成的动因及意义产生机制。Hopper & Thompson（1980）、Hopper（1982）等功能学派学者认为体本质上不是一个语义概念，而是一个"话语—语用"概念，不能只从形态和句法的角度来解释，于是，他们把体范畴的描写放入更大的语言单位——话语（discourse）——中来考察，从话语功能的角度解释体的分布。Li & Thompson（1989）介绍汉语普通话的体标记时也实践了这种思想，即不只是在句子层面理解体，还联系话语篇章结构来解释体的分布规律。功能学派的研究能揭示体意义的产生过程及其动因，不过Sasse（2002）指出这类研究也存在两个问题：一是没有解释为什么不同话语结构会带来不同的体意义的解读，二是研究多限于叙述性的文本，文本类型

---

① Dik（1997）认为"aspect"这个词在不同研究中所指的对象不一样，所以用aspectuality一词统称体。

比较单一。

　　Binnick(1991)则用形式语义的理论框架来解释体的意义。在详细综述了已有研究对体的定义和层级划分的争论后，他指出如果没有一个客观的语义理论，那么体的争论永远都是无意义的（原文还讨论了时制），于是他提出用指称理论(the referential framework)来解释体的分布。此外，由于很多语言中的体和副词、形容词等其他句子成分有关，因此体的解释还需要考虑语用因素，于是Binnick(1991)也把体放到了话语和语篇中去考察。Binnick(1991)从形式语义的角度来解释体意义的形成机制，同时间的另一部专著Smith(1997)（第一版出版于1991年）也是相似的思路，以及Olsen(1997)通过分解和组构语义特征来解释体，虽然三位作者的具体做法不同，但视角相近，他们都是从形式主义的角度来解释体意义的生成机制。

　　Bybee et al.(1994)认为比起功能、形式等共时因素，从历时角度出发，才能全面解释体的分布特征，同时揭示语言演变的共性。他们考察了76种语言的体范畴（还考察了时制和情态范畴），归纳出一组普遍的体标记语法化路径，每个共时存在的体标记都处于其语法化的历史链条上，它们的分布规律、与时制范畴的互动，都可以从其语法化路径上得到解释。而且，语法化过程中语言形式和意义共同演变(coevolution)，即当语义虚化的时候，相应的形式也会有所减损(reduction)，虚化程度越高，形式的独立性越弱，体标记在共时层面上的语义虚化可以在其形式上找到证据。此外，很多体范畴的分布限制都可以追溯到其词汇来源上，因为词汇的语义会滞留在其语法化后的形式上，限制其分布，即所谓的"来源决定假说"(Hypothesis of Source Determination)。Bybee et al.(1994)的研究揭示了时体语法化的路径及相关的演变规律，不仅能充分解释不同语言中时体共时分布的特征，而且也是类型学和语法化研究的代表之作（陈前瑞、孙朝奋 2012），为此后的体研究开拓了一个重要的新维度。

　　Croft(2012)则不区分语法体和词汇体，认为二者都会影响句子的情状意义，所以着力于分析句子情状意义的识解，并将其图式化(diagramatic)，方法上偏向于认知语言学。他认为每一个谓语的情状意义都会随着语境的变化而变化，很难被简单归入某一个情状类型中，即使经修正后的Vendler(1957)的分类方案也无法解决上述问题。因此，他提出了"二维阶段分析法"(a two-dimensional phasal analysis of aspectual types)，区分于目前常见的符号化和阶段性的分析(symbolic and phasal analyses)。① "二维"指的是性质状态(qualitative state)和时间(time)两个维度,在示意图中,纵轴表示性质状态,主要取决于谓语本身的时间结构,横轴则表示的是动作事件在时间维度的变化,会受到时体等语法范畴的影响,两个维度共同决定谓语的情状意义。体通过"二维几何表征"(two-dimensional geometric representation)呈现在几何图上,例如下图表示英语动词see "看"的体。

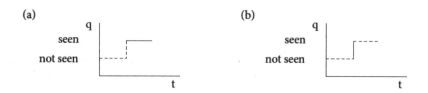

(a) I see Mount Tamalpais.
(b) I reached the crest of the hill and saw Mount Tamalpais.

图1 英语动词 see 的体（Croft 2012: 54–55）

图中虚线和实线共同组成的轮廓是该动作发生前后在性质状态和时间两个维度的变化总况,实线是被侧显(profiled)的部分,为当下语境中动词的体意义/情状意义。(a)中的实线部分在时间上可延续,即此时see所强调的是动作的结果"看到",该结果可以持续存在,但其性质状态一直无变化,所以整体表达的是状态情状;(b)中的实线部分则在时间轴上不可延续,但在纵轴上发生了变化,即此时see所强调的是"没看到→看到"这个动态变化过程,该动作过程所占据的时间很短,被看作不可延续,却带来了动作性质状态的变化,整体表达的是达成情状。在此基础上,Croft(2012)对Vendler(1957)的四类情状类型进一步细分,并提出同一个谓语在不同语境下产生不同的体识解的心理机制,比如:选择(selection)、格式塔(gestalt)、标量调整(scalar adjustment)。总的来看,Croft(2012)的方法不仅能结合性质状态和时间两个维度准确描写谓语的情状意义,同时也很好地说明了情状意义的生成机制,尤其能解释为何同一动词在不同语境下有不同的情状意义。

总的来看,Bybee et al.(1994)的做法适合跨语言比较,可以揭示普遍的体意义演变机制,而认知、功能及形式也都是不可或缺的解释角度。

---

① 所谓符号化和阶段性的分析,指的是用静态/动态,持续/瞬时等符号性的特征来描述情状的研究方法。

1.3.2 白语体研究的现状

从现有研究来看，白语中存在体范畴，有专门的语音形式来表达体意义。不过早期研究把相关语法形式称为动词前/后加成分或助词。比如，徐琳、赵衍荪（1984：32）介绍了剑川金华白语的动词情貌表达手段："动词可以用添加前加成分、后加成分（跟重叠式结合）、时态助词或重叠词根等手段，表示动作的各种不同的情貌。"随着类型学研究的普及，学者们把附加成分和动态助词体现的动词语义变化和体的研究联系起来，并将影响动词体意义的成分统称为体标记。赵燕珍（2012）和赵金灿（2010）分别调查了大理市①赵庄村和鹤庆县康福村的体标记，如表2所列。

表2 赵庄和康福白语的体标记

体标记	赵庄白语（赵燕珍2012）	康福白语（赵金灿2010）
实现体	V-xɯ⁵⁵	V-xʰɯ⁵⁵
结果体	V-tɯ⁴⁴	V-tɯ̠⁴⁴ ②
进行体	V-tɕɛ³³/nɯ⁵⁵	(tsɔ̃r⁴²) kua⁵⁵-V
持续体	V-tɕɔ³³	V-kʰɯ³³
经历体	V-kuo⁴⁴	V-ku⁴²
将行体	ŋo⁴⁴-V	jãu⁴⁴-V
即行体	V-xɔ⁴⁴	/
起始体	V- kʰɯ³⁵(<kʰɯ⁴⁴ɣɯ³⁵)	V-kæ³⁵ na³³(nɯ³³)
尝试体	ka⁴⁴-V/VV-tsɿ⁴⁴	kɯ³³/ka³³-V
中断体	/	V-(nɯ³³) tsi⁵⁵ tɕʰi⁴⁴ tɕʰi⁴⁴ 或 V-(nɯ³³) tsi⁵⁵ tɕʰi⁴⁴ tɕʰi⁴⁴ tsi⁵⁵-V

赵金灿（2010）举例介绍了康福白语中的体标记；赵燕珍（2012）介绍了赵庄白语的体标记，并对最为常见的体标记（实现体标记xɯ⁵⁵和结果体标记tɯ⁴⁴）的分布规律做了详细的说明。此外，杨晓霞（2014）描写白石白语语法概况时也提到其体系统，举例介绍了实现体标记xɯ⁵⁵、结果体标记tɯ⁵⁵、进行体标记kua⁴⁴、经历体标记kuo⁴²、起始体标记kʰɯ⁴⁴和尝试体标记qa⁵⁵或V+V+tsi⁴⁴。李蕾、陈前瑞（2018，2022）结合语料，从类型

---
① 大理市是大理白族自治州下辖的县级市。后文均以"大理市"称之。
② 元音下标短横，表示该音节声调为紧调。

学的视角,描写了大理(古城)白语的体标记xɯ⁵⁵,分离出xɯ⁵⁵的完结体、完成体、完整体等多个功能,并构拟了这些功能之间的演变路径。李雪巧(2019)参考陈前瑞(2008)把阳和庄的白语体系统分为视点体、阶段体和情状体,并分别介绍了不同体范畴的分布特点。可见,虽然相关著作不多,但白语体标记的研究在往细化、深化的方向发展。

虽然现有研究报告了不同白语方言的体系统,或者对其中某个体范畴做了详细的分析,但都是套用汉语体研究的框架分析白语,没有就白语来构建白语的体系统,没有细致讨论每一个体标记的用法及来源,无法凸显白语的材料在时体类型学研究中的意义。本书将以美坝白语为例,立足白语,描写体标记的分布规律及语义,基于此构建白语体系统,并进一步讨论体标记的历时演变路径。

1.4 研究思路

就研究的对象来看,现有的体貌理论构建主要基于印欧语,汉藏语系作为世界上的主要语系之一,内部有400多种语言,应是体貌理论研究不可忽视的材料。Comrie(1976)、Dahl(1985)、Smith(1997)等都不同程度提到汉藏语的材料,但多限于汉语普通话。汉藏语的体貌研究也不是没有,但大多数只是就个别语言论个别语言,没有把语言材料和理论研究结合起来。本书尝试以现有类型学研究成果为背景来描写和讨论白语的"体"。

1.4.1 类型学视野下的白语体范畴研究

陈前瑞(2008)是近几年来系统结合国外时体理论研究考察汉语体范畴的代表之作,他主要参考Bybee et al.(1994)研究成果,从类型学的角度分析汉语普通话和北京话中体标记的共时分布特点和历时演变路径,进而构建了一个四层级的汉语体貌系统——情状体、阶段体、边缘视点体、核心视点体,并分析了不同层级体貌单位之间的关系,体貌共时分级与其历史演变路径相照应。[①]陈前瑞(2008)从术语使用及分析思路上都着力将汉语体貌研究纳入类型学的理论框架,不仅将汉语体系统的语言材料跟跨语言的体研究联系了起来,也充分揭示了汉语体貌标记的共

---

① 汉藏语系语言的体貌研究中,以汉语的发展最快,相关的研究综述可参考万波(1996)、陈前瑞(2008:35–47)等。

时和历时句法语义特点。

本书借鉴陈前瑞（2008）的研究思路——把白语放入类型学的研究视野来考察。所谓"类型学视野"指的是参考类型学的理论框架、使用类型学的术语描写白语的体范畴，讨论白语体范畴在共时分布和历时演变上所反映的跨语言共性及类型特点。语言类型学发端于通过语言的内部结构给语言分类，后来发展为研究不同语言现象、不同语言单位的类型和共性。相较于其他研究方法，类型学的研究框架建立在大量的语言调查材料基础上，因此在该理论框架内的描写对语言材料的包容性更大，而该类研究所归纳的蕴含规律对新语言材料的解释力和预测力都更强。

不过，如果在类型学的框架下研究白语的体范畴，首先在描写上就"预设"了白语中存在类型学研究中归纳出的语法范畴，这样描写合理吗？不同语言之间是否真的有"相同"或"普遍"的语法范畴，我们是否可以用类型学定义的概念或范畴来描写不同语言的语法？

1.4.2 "比较概念"与"描写范畴"

当代语言类型学的研究始于Greenberg（1963），他考察了30种语言，对比其语序及不同语法结构，提出45条蕴含共性，比如第二条：使用前置词的语言中，所有格几乎总是后置于中心名词，而使用后置词的语言，所有格几乎总是前置于中心名词。[①]此后，沿着Greenberg（1963）的研究思路，出现了很多影响深远的类型学研究，具有代表性的有：Hawkins（1983）、Dryer（1992）、Comrie（1989）、Croft（2003）、Haspelmath et al.（2005）等。这些研究一方面扩大了调查的语言样本量，另一方面深化对语序之外的不同语法结构及其蕴含规律的考察，极大丰富了我们对语言类型和语言共性的了解。而上述类型学研究都是基于先确定一些普遍的语法范畴或结构再作跨语言比较，通过比较不同语言的同一语法范畴、语言结构，从而归纳出语言类型和语言共性，并揭示不同语法现象之间的蕴含规律。

但是，不同语言是否真的有"相同"的语法范畴？同一个语法范畴是否可以用来描述不同语言的语法现象？作为早期的结构语言学家，Boas（1911）认为语言只能用其独有的术语来描写，后来的学者如Dryer（1997）、Croft（2000，2001）也持相似的观点，因为有些语法范畴很难通过跨语言比较得出一个普遍的定义，比如"主语"（subject）、"形容

---

① 汉语翻译参考自陆丙甫、陆致极（1984）。

词"(adjective)等,更重要的是,从现有研究来看,人类语言的语法范畴或结构不是一个封闭的集合,而是每个新调查的语言中都可能出现新的语法范畴,比如Mina语中发现了此前没有看到的"处所谓语"(locative predicator)(Haspelmath 2007)。

出于上述质疑,Lehmann(1989)、Haspelmath(2007,2010)等提出应该要区分用于语言比较和语言描写的语法范畴。Haspelmath(2010)将用于语言比较的范畴称为"比较概念"(comparative concepts),之所以称为"概念"而非"范畴",是因为语言的共性多体现在语义上。而且这种语义共性并不存在于母语者的认知系统中,而是类型学家为了作语言比较而归纳出来的抽象概念,其定义都基于一些普遍的语义或形式概念,比如"与格"(dative case)这一比较概念的定义是:当受事和主题论元的编码方式不同时,与格是指具有标记物理性转移动词(比如英语的give "给"、lend "借(给)"、sell "卖"、hand "交给")受事论元的功能的形态标记。[①]在这个定义中,"受事""论元""物理性转移动词"等都是一些普遍的语义概念,建立在这些语义概念之上,"与格"就是一个"比较概念",可以用于类型学研究。不同的语言可能都有"与格",但它们之间只是在上述定义范围内相似,而非完全相同,类型学研究界定的所有语法范畴都如此,它们只适用于作语言比较,却未必能完全概括语法范畴在某种语言中的所有特点。与此相对, Haspelmath(2010)将用于语言描写的范畴称为"描写范畴"(descriptive categories),这类范畴专为单种语言而设计,能准确描述相关语法结构或语法现象在该语言中的所有特点,但它不能用于跨语言比较,因为这样的范畴没有跨语言可比性。

也就是说,本质上,类型学定义的语法范畴只适用于语言比较,用于分析跨语言存在的语义共性和差异,而无法用来准确描述单种语言的语法现象。不过,如果不以类型学的理论框架为参考,我们就无法定位白语语法范畴的特点所在;而且白语语法深受语言接触影响,在讨论其分布特点及历时演变中一定会涉及语言比较,而语言比较必须基于类型学定义的语法范畴。因此,本书采取一个折中的方案:我们承认类型学研究归纳出的语法范畴在语言描写中的局限性,但出于描写的方便,也为了作语言

---

① 原文如下: A dative case is a morphological marker that has among its functions the coding of the recipient argument of a physical transfer verb (such as 'give', 'land', 'sell', 'hand'), when this is coded differently from the theme argument. (Haspelmath 2010)

比较，我们仍然优先选用类型学界定的语法范畴来给白语的语法形式定性，不过在考察当中会注意对语言形式和意义的全面考察。实际上，就白语这样在语言类型上跟印欧语差别较大的语言，其语法和印欧语在比较概念上都很难进行直接比较，只有在语义特征上才有真正的可比性，尤其是就本书所研究的体范畴来说，不同语言的范畴化方式差异更大，范晓蕾（2024）在讨论汉语"了"的研究方法时也指出了这一点。因此，在本书对白语体标记的分析中，我们首先通过对比添加体标记前后句子的语义差别来确定其语义特征，然后再结合其分布规律讨论其语法化程度，最后再结合类型学的研究界定其性质。

1.4.3 语言共性的研究方法

类型学的研究是为了寻找语言共性和语言类型，但这不是研究语言共性的唯一方法，生成语法（generative grammar）的研究也致力于探索语言共性和语言差异。

生成学派的奠基之作Chomsky（1965）问世迄今，许多学者在此研究框架内不懈探索，为语言学作出了诸多革新性的研究。生成语法研究语言共性，即普遍语法（universal grammar, UG），而且也作跨语言考察，不过研究方法不同于类型学。具体来说，如果面对同一语言现象，生成学派的做法是分析完该现象后，先去考察该语言中与之相关的其他现象，然后寻求一个能统一解释所考察的所有合法及不合法语法现象的理论框架，在此基础上再作跨语言比较，考察另一种语言中相似及相关语法现象，分析这些现象是否证实或证伪了此前提出的理论假设，不论证实或证伪都可以借此完善已有的假设；相反，类型学的做法则是分析了某一语法现象后，紧接着就去考察不同的语言样本，分析该现象的跨语言共性和差异，类型学不事先假设一定存在某种语言共性，而是通过样本考察来找出可能的语言共性（Croft 2009）。不论是生成语法还是类型学，寻找语言共性时，都经历"考察语料→提出假设→考察新材料→完善假设→……"这样一个循环上升的过程，二者的差别主要在于最开始提出的假设是基于单一语言还是基于大量的语言材料，生成语法是前者，其理论假设主要通过演绎推理得出，而类型学是后者，其理论假设主要是归纳而来。

与其研究方法相对应，类型学研究认为跨语言比较只能找到普遍的语义范畴，但生成学派学者认为不仅有跨语言语义概念，也有跨语言的形式范畴（Newmeyer 2007）。

总的来说，生成语法的优势在于可以详细讨论单一语言的语法现象以及不同语法现象之间的联系，但提出的理论假设对单一语言的依赖性太强，在跨语言比较时，反例比较多；与之相反，类型学研究的缺点则在于对单一语言中语法现象的描写不充分，忽视被考察语法结构与其他语法结构之间的关联，以至于跨语言比较时，被比较的对象可能并不同质，从而也会削弱所归纳的蕴含规律的解释力和预测力。可见，如果要用生成语法的方法寻找语言共性，为了让假设更可靠，要多考察不同语言的材料，尽可能减少反例；反之，如果要采用类型学的方法，则在跨语言比较中，应对语法范畴作出严格而明确的界定，并描写清楚该范畴在不同语言中的分布规律。两种方法之间无绝对的优劣之分，只在于研究趣旨不同，理想状态下，二者可以相互补充、相辅相成。

本书采用类型学的方法研究白语的体范畴，在方法的运用过程中，我们尽可能扬长避短：一方面用类型学的术语描写白语的体，将白语与其他语言比较，充分展示白语的类型特点和语言共性；另一方面严格界定白语的体范畴，并详细描写其共时分布规律和历时演变路径，清楚地说明白语体范畴及相关语法现象之间的关系，尽可能对时体类型学的理论发展有所贡献。

白语是一个主要分布于我国滇西北的少数民族语言，其音系和语法都有别于我们熟悉的汉语。为了方便说明其体系统，我们先对其语言概况、音系和语法特点作一个简要的介绍。

1.5　白语概况

白语是白族人说的语言。白族人口为209万（2020），主要聚居于中国云南省大理白族自治州，此外，还有部分分布于云南的丽江、泸水、保山、南华、元江、昆明、安宁，贵州省的毕节、大方，以及四川凉山、湖南桑植等地。

迄今，白语的系属仍然有争议，主要原因在于白语和汉语等周边语言的接触比较深，在语音和词汇上表现出明显的"混合"（mixed）特征。除了早期学者把白语归为孟高棉语族之外（比如：Davies 1909），其他研究的争论都在于白语和汉语关系更近，还是和彝语更近。

20世纪40年代至90年代，学者们逐步意识到应该通过语音对应规律来判定白语的亲缘关系（汪锋 2012：§1.4.2）。虽然都基于语音对应规律，但不同学者得出的结果仍然不同：Greenberg（1953）、Benedict（1982）等认为白语和汉语同源；Li（1937）、Matisoff（2000）则认为白语和彝语的关系更近，白语和汉语的相似来自长时间的接触影响。90年代之后，更多学者通过建立语音对应规律来分析白语的亲缘关系，然而，由于各家都未提出严格的区分同源词和借词的方法，具体操作过程不同，因此，对于白语的系属仍然有不同的观点（汪锋 2012：§1.4.3）。

Wang（2004）、汪锋（2012，2013）基于9个白语方言点的材料，构拟出原始白语，建立原始白汉、白彝之间的早期语音对应关系，然后根据"不可释原则"（inexplicability principle）分析语音对应的性质——来自同源还是借用，最后再用陈保亚（1996）提出的词阶法（rank theory）来判断语源关系。结果表明白语和汉语具有同源关系，和彝语也有同源关系，相比而言，白语和汉语的关系比白语和彝语的关系更近。同时期的其他研究有：袁明军（2006）结合语音历史比较法和语义学比较法，证明白语和汉语有发生学关系；杨立权（2007）结合"三重证据法"（历史人类学、考古人类学和文化人类学）和"历史层次分析法"，证明白语发生学源头是藏缅语。这些研究都进一步深化了白语系属问题的探讨，不过，由于语义和人类学的证据在历史比较研究中的可靠性还有待验证，目前来看，汪锋（2012，2013）的研究是最扎实可靠的，即白语和汉语、彝语都有亲缘关系，但和汉语的关系更近。汪锋（2012，2013）的研究让我们对白语的语源问题有了更清晰的认识，不过，由于汉语和彝语本属于汉藏语系下不同的语族，白语和汉语的关系更近并不能明确其在汉藏语系谱系树上的具体位置。因此，本书在分析白语体范畴的来源时，不预设白语和汉语或彝语的同源关系，而是结合体标记的语义演变路径和语音关系来讨论其可能的语源，也希望这样的分析能为白语的系属提供辅证。

徐琳、赵衍荪（1984）根据共时语言差异将白语划分为南部（大理、祥云）、中部（剑川、鹤庆）、北部［泸水（原碧江）、兰坪］三个方言群，这种分法现仍广为白语研究学者接受，美坝白语属于南部方言。汪锋（2012）则从历时演变角度根据19项"独特共享创新特征"（unique shared innovation）将白语划分为东、西两支，西支以恩棋、金满、妥洛、俄嘎、共兴为代表，东支以金星、大石、周城、马者龙为代表。美坝白语近周城白语，属东支白语。

1.6 美坝白语的音系

不同白语方言的音系略有出入，有的方言声母有清浊对立、有卷舌塞音和小舌音、韵母有鼻化和非鼻化之分，有的方言则没有，白语是一个声调丰富的语言，但是不同方言的声调数也不同。这些系统性差异大多与白语语音的历史演变有关，具体演变规律可参考汪锋（2012）的研究。

由于下文描写以美坝白语为主，这里我们介绍美坝白语的音系。美坝白语是指美坝村白族人所说的语言。美坝村隶属于大理市喜洲镇永兴村委会，距离大理古城约17公里，距离大理最大的白族村——周城村——约3公里。美坝村周围都是白族村，村民之间通白语，是一个典型的白族村落。

美坝村白语名为o^{35}no^{35}so^{44}，这三个音节用于表村名时的原义不明。邻村下兴庄人称美坝村为"so^{44}nɔ^{44}"，nɔ^{44}为处所标记，一般用于处所名词后，可见美坝村村名中的so^{44}大概有处所义。

美坝白语一共有23个声母：

表 3　美坝白语声母及例词表

p 矮 pi^{33}	t 动 tʋ^{31}			k 硌 ka^{44}
p^h 瘪（谷粒）p^{h}i^{33}	t^h 桶 t^{h}ʋ^{31}			k^h 渴 k^{h}a^{44}
		ts 箸 tsʋ^{31}	tɕ 吮 tɕi^{44}	
		ts^h 盖（房）ts^{h}ʋ^{31}	tɕ^h 七 tɕ^{h}i^{44}	
m 毛 ma^{21}	n 南 na^{21}		ȵ 女 ȵʋ^{33}	ŋ 五 ŋʋ^{33}
f 罚 fa^{35}		s 绳 so^{44}	ɕ 新 ɕi^{35}	x 熟 xɯ^{33}
v 袜 va^{35}		z 绕 zo^{44}		ɣ 喝 ɣɯ^{33}
ø 鸭子 a^{44}	l 懒 la^{31}			

说明：

（1）浊擦音声母/v/多出现在汉语借词中，比如va^{35}"袜"、va^{55}"万"。

（2）浊擦音声母/ɣ/只和韵母/ɯ/相拼。

（3）零声母/ø/主要有三个变体：[ʔ]，在开口呼韵母前；[j]，在齐齿呼和撮口呼韵母前；[w]，在合口呼韵母前。

（4）舌面和舌尖的塞擦音和擦音并不对立，/tɕ/、/tɕ^h/、/ɕ/出现在韵母/i/或介音为/i/的韵母前,/ts/、/tsʰ/、/s/出现在其他韵母前,但它们在有的白语方言中有对立,因此也分别设为不同的音位。

(5)鼻音/ɲ/之后的元音都有/i/音色,/n/之后不搭配/i/或含/i/介音的元音,例词nʋ³³"竹筐",ɲʋ³³"女儿"的差别可以记为元音的对立,即nʋ³³"竹筐",niʋ³³"女儿",但复元音[iʋ]不和其他辅音搭配,其i介音与辅音关系更密切,因此也把/ɲ/设为一个独立的音位。①

美坝白语一共有21个开元音韵母,无鼻音韵母:

表 4　美坝白语韵母及例字表

ɿ 捡 tsɿ⁵³	i 侄 tɕi⁵³	u 桥 ku²¹	y 像 y²¹
e 齐 tse²¹	ie 追 tɕie⁵³	ue 捆 kʰue³¹	
a 蚕 tsa²¹	ia 闲 ɕia³⁵	ua 凉 kua²¹	
ɛ 城 tsɛ²¹	iɛ 腥 ɕiɛ³⁵	uɛ 横 kuɛ²¹	
ɔ 茶 tsɔ²¹	iɔ 页 iɔ²¹	uɔ 稻 kuɔ²¹	
ʋ 荞 kʋ²¹			
ɯ 骑 kɯ²¹	iɯ 油 iɯ²¹		
o 长 tso²¹	io 羊 io²¹		

说明:

(1)韵母/i/和/ɿ/呈互补分布:[ɿ]只出现于舌尖塞擦音、擦音之后,其他情况下都读为[i],二者理论上可以合并为同一个音位,但在有的白语方言中[i]和[ɿ]在舌尖塞擦音、擦音之后有对立,为了体现不同辅音之后元音音色的差异,本书将/i/和/ɿ/列为不同的音位。

(2)/ʋ/是一个唇齿近音,和辅音相拼时,舌位偏央,/ʋ/自成音节时则摩擦明显,实际音值为[v]。

(3)/ɯ/实际音值偏央,没有[ɯ]那么高和后。

---

① 国际音标表上不列舌面鼻音/ɲ/,白语也确实没有硬腭鼻音和舌面鼻音的对立。因此,如果为了只用国际音标表中的符号记音,白语的鼻音/ɲ/可记为/ɲ/,但是白语无硬腭擦音和塞擦音,以往文献都记为舌面鼻音/ɲ/以与同部位塞擦音、擦音相对。为了不引起误解,本研究也与已有文献保持一致,记为/ɲ/。

美坝白语一共有8个声调,根据五度标调法将听感上最高的音值标为5,最低的音值为1,依此可将8个声调分别记录为:/21/、/31/、/42/、/53/、/35/、/33/、/44/、/55/。

表 5　美坝白语声调及例字表

松紧	音高	例字
松	33	拉 tɕi^{33}、重 tsʋ^{33}
紧	53	侄 tɕi^{53}、浊 tsʋ^{53}
松	31	地 tɕi^{31}、箸 tsʋ^{31}
松	55	姐姐 tɕi^{55}、住（旅舍）tsʋ^{55}
松	35	多 tɕi^{35}、杯子 tsʋ^{35}
紧	44	吮 tɕi^{44}、竹子 tsʋ^{44}
紧	21	手镯 tɕi^{21}、虫 tsʋ^{21}
松	42	蚂蟥 tɕi^{42}、种 tsʋ^{42}

早期研究将白语的声调区分为松调和紧调,紧调发音短促、听感上音值略高(徐琳、赵衍荪 1984:6),美坝白语中与其他白语方言紧调对应的声调是/21/、/44/、/53/。所谓"松紧"是一种音系上的归纳,即两个能区别意义的音,但不同语言中紧音的声学性质未必相同。Maddieson & Ladefoged(1985)考察了哈尼语、彝语、景颇语中的"紧调",发现这些语言中的紧调都是带有特殊发声类型(phonation type)的声调,即其松紧对立实际上是一般和特殊发声类型之间的对立。

很多学者从不同角度分析了白语紧调的声学性质(李绍尼、艾杰瑞 1990;李绍尼 1992;杨晓霞、高天俊 2016;等等),研究都表明白语紧调的发声过程中存在特殊发声类型。不过,上述研究都只考察了单个发音人的声调发声状况,由于发声的个体差异很明显,从单个发音人的数据中归纳出的特点很可能反映的只是个体特征。为了对白语紧调的性质有一个全面的了解,李煊、汪锋(2016)、Li & Wang(2020)对美坝白语声调的发声现象做了量化研究——采集了28个不同年龄阶段发音人的数据,从中提取了基频(fundamental frequency)、开商(open quotient)和速度商(speed quotient)三个参数,详细对比分析了不同发音人不同松紧调组的参数异同。研究表明美坝白语中"松紧调"的对立同时体现在基频、开商和速度商三个参数上,后两个参数反映的是发声方式的差别,也就是说,美坝白语松紧调的对立既是基频的对立,也是发声方式的对立。同时,研究也表明，基频是区分所有发音人不同松紧调组的主要参数，但它不是声调区分的唯一参数，换句话说，基频是美坝白语声调区分的必要条件，但不是充分条件。

1.7 白语语法的五个特点

整体而言，目前的白语语法研究还不是很成熟，但出于语言比较的需要，越来越多学者关注白语，将其纳入跨语言研究的支流，同时，近二十年来涌现出一批白语母语研究者，他们对不同白语方言点的语法概况作出了更为详尽的描写，两方面的共同努力使白语语法研究得以不断深化和细化。

关于不同白语语法概况的描写，可参考徐琳、赵衍荪（1984），以及赵金灿（2010）、赵燕珍（2012）、龚希㚖等（2017）等的研究。这里我们只介绍几个典型的、能反映在下文描写中的白语语法的特点。

第一，白语的名量词很丰富，可直接用于名词之后，形成"名-量"结构。不少研究都讨论过量词在白语名词结构中的作用（王锋 2002，2005；赵燕珍 2005；赵金灿 2009）。白语的名量词具有范畴化功能（黄成龙 2013），通过对表类的光杆名词进行个体化，提高指称的显著度，不过它本身不表定指，因此并非所有"名-量"结构具有相同的有定或无定特征（程珊珊 2018，2023）。在下文所举的白语例句中，"名+量"结构十分常见，但有的"名+量"结构是有定的，而有的则无定。程珊珊（2018，2023）将白语的"名-量"结构分为两类：名-量$_1$是省略数词"一"的无定数量名结构，优先出现在动词后引入句子新信息；名-量$_2$则相当于表类指和定指的光杆名词，常用于动词前指称可识别的事物。

美坝白语：

(9)　se^{35}　　tɕiɛ^{53}　　tsu^{35}　　tu^{21} mɯ^{35}　　lɔ^{42}.
　　　庙　　　CLF　　　在　　　前面　　　　PRT
　　（那座）庙就在前面了。

(10)　tu^{21} mɯ^{35}　　tsɯ^{33}　　se^{35}　　tɕiɛ^{53}.
　　　前面　　　　有　　　庙　　　CLF
　　　前面有一座寺庙。

上述两个例句中都用了同一个名量结构 se^{35} tɕiɛ^{53}"庙-座"，但在例

（9）中它指的是一座特定的寺庙，听话人可识别，在例（10）中则指的是新出现的一座庙，对听话人来说是不可识别的。①

第二，白语的否定表达方式比较多样，否定标记一般放在谓语后，另外还存在否定变韵，即动词的否定形式通过变换肯定形式的韵母来实现。不同白语方言的否定表达形式不尽相同，呈现三分或四分的格局，很多方言中都有后置否定标记（龚希劼 2017；杨银梅 2023）。美坝白语中有三个否定表达形式：（1）mo³³，用来表达标准否定、已然否定和存在否定，都用于谓语后，如果谓语带了体标记，体标记紧跟谓语，mo³³用于体标记之后；（2）piɔ³³，表达系词否定，一般用于"系词+名词短语"结构之后；（3）ŋio⁴⁴（…sa⁴⁴），ŋio⁴⁴可以单独用于动词前表祈使否定，也可以同时在句末加sa⁴⁴。

美坝白语：

(11) pɔ³¹   iɯ⁴⁴   uɔ³⁵   kʰɔ⁴²   mo³³   na³⁵.
     3SG   吃   完   PROSP   NEG   PRT
     他还没快吃完。（注：表示"他快吃完"这件事情还没有出现。）

(12) ŋɔ³¹   tsɯ³³   pɯ⁵⁵   kɔ⁴⁴   piɔ³³.
     1SG   是   3SG:GEN 哥   NEG
     我不是她哥哥。

(13) nɔ³¹   ŋio⁴⁴   ka³⁵tɕio²¹   pɔ³¹   sa⁴⁴.
     1SG   NEG   骗   3SG   NEG
     你别骗他了！

汪锋、龚希劼（2016）详细讨论过不同白语方言中的否定变韵现象，将其生成模式归纳为：V（肯定）→uV（否定），-u-来源于后置否定词*mu³³，并且观察到白语的否定变韵主要表达情态否定，从方言分布来看，否定变韵是东支白语方言的创新特征。美坝白语中也有否定变韵，但是用例不多，比如：tɛ³³得 > tuɔ³³不得； ke⁴²见 > kue⁴²不见。

第三，白语中"连谓共宾"现象十分常见，这在美坝白语中也十分典型。所谓"连谓共宾"是指"V₁V₂O"的语法结构，其中宾语是前面两个动词的共同宾语，比如tsʅ³³ iɯ⁴⁴ ŋv³⁵"煮吃鱼"，表达的意思相当于汉语普

---

① 例（9）中的量词 tɕiɛ⁵³ 不可省略。

通话的"V₁OV₂",即"煮鱼吃"。在V₁V₂O结构中,第一个动词常表示动作的方式,第二个动词则是目的。因此,第一个动词大多具有制作义,比如:tsʮ³³"煮"、tsʰu³³"炒"、tse³⁵"炸"等,也可以是表示获取某物方式的动词,比如:mɛ⁴²"买"、ua⁵³"挖"、sɯ³⁵"采"、tʰu⁵⁵"讨"等,还可以是其他任何表示动作方式的动词。第二个动词大多具有"使用、消耗"义,比如:iɯ⁴⁴"吃"、ɣɯ³³"喝"、ie⁴²"穿"、zʮ³¹"用"等,但也可以是其他任何可作为动作目的的动词。连谓共宾短语在美坝白语中很常见,比如:ŋio⁴² iɯ⁴⁴ pɛ⁵³tɯ³¹"炖吃白芸豆"(炖白芸豆吃)、mɛ⁴² iɯ⁴⁴ me³³"买吃米"(买米吃)、tso⁴⁴ su⁵⁵ ɕi³⁵"砍烧柴"(砍柴烧)、sɯ³⁵ kɯ²¹ sɛ³¹"采卖蘑菇"(采蘑菇卖)等。连谓共宾结构中的宾语一般是光杆名词或者词汇化程度较高的名词短语,如果带名(数)量短语,结构的自然度会降低,比如:mɛ⁴² iɯ⁴⁴ me³³ ko³³ nu²¹"买吃米两袋"(买两袋米吃)、ua⁵³ kɯ²¹ ia⁵³ y⁵⁵ sa⁵⁵ tsʰɛ⁴⁴"挖卖洋芋三车"(挖三车土豆卖),这两个结构合语法,但不自然。如果连谓共宾结构带体标记,则体标记只能用于第二个动词后,比如mɛ⁴² iɯ⁴⁴ tɯ⁴⁴ me³³"买吃得米"(买了米吃)。

第四,白语中不少功能词具有多功能性。由于白语形态不发达,语法范畴的强制性较低,功能词的使用非常灵活,同一个功能词常常可以用于不同的句法位置、表达多种不同的语法意义,其功能和分布规律难以把握,是白语语法研究的重点和难点。比如:no⁴⁴,这是一个见于剑川、赵庄、康福等不同白语方言的功能词,具有方所标记、宾语标记、补语标记、属格标记等近十种功能,吴福祥(2015)对此做了详细的讨论。基于白语方言的材料及跨语言比较,吴文指出no⁴⁴的多数功能是内部演变的结果,但也有少数功能是语言接触的产物。美坝白语中也有这一功能词,形式是nɔ⁴⁴,能表达多种不同的语法语义。此外,美坝白语中的多功能词还有很多,比如:ka⁴⁴(尝试体标记、伴随标记、处置标记)、tsʮ⁵⁵(多种副词义:"才""就""确实"等)、mɯ⁵⁵(处所标记、宾语标记)等,本书讨论的体标记也可以表达其他的语法意义。

(14) *nɔ³¹   ka⁴⁴   tso²¹.*
 2SG   DELIM   尝
你尝尝看。

(15) *ka⁴⁴   pa⁵⁵   nɔ⁴⁴   ŋio⁴⁴   ɣɯ⁴⁴.*
 COM   1PL   ACC   NEG   吵
不要跟他们吵架。

(16) pa^{55}　　a^{33} xue^{35}　ka^{44}　$pɔ^{31}$　　$tɛ^{44}$ $ɕia^{44}$　　$xɯ^{55}$　$lɔ^{42}$.
　　　3SG　　一次　　　DISP　3SG　　打死　　　　COMP　PRT
　　　他们一次（就）把他打死了。

(17) ka^{44}　$pɔ^{31}$　mu^{21}　$xɯ^{55}$　tuo^{33}　$lɯ^{44}$.
　　　把,将　3SG　逃　　　PFV　　NEG　　IND
　　　不要让他跑了。（王锋 2016:237）①

(18) $xɯ^{55}$　　　　$pɯ^{55}$　　　$mɔ^{33}$　　pa^{55}　ka^{44}　$tsou^{35}$
　　　以后, 然后　 3SG:POSS　　母亲　　　3PL　　把,将　领
　　　$tɕhi^{44}$　$ŋe^{21}$　$lɔ^{32}$.
　　　OUTW　去　　了
　　　后来，他的妈妈他们就领着他出去了。（王锋 2016:234）

例 (14) 中 ka^{44} 用于动词前表达动作的尝试或短时持续义，例 (15) 中 ka^{44} 用于名词前，引出动作伴随对象，后面三个句子中 ka^{44} 都用作处置标记。白语 ka^{44} 用作处置标记时，不仅可以用于一般的处置句，如例 (16)，还可以用于致使义处置句，如例 (17)，此外，ka^{44} 用作处置标记时后面的宾语可以省略，即出现了"介词悬空"现象，如例 (18)。可见，白语功能词的多功能性复杂且值得研究，不仅是梳理白语语法分布规律的关键，也能丰富我们对人类语言的认识。

第五，白语深受语言接触的影响，这也反映在它的语法系统中。不少学者都注意到白语语法中有借自汉语的成分：傅京起（2008）指出汉语对白语句法上的影响在中古就已经开始，剑川白语的差比句、处置式和助动词都有汉语的"借贷"成分；王锋（2012）从语音、词汇、语法三方面都证明白汉接触对白语语言面貌的深刻影响；赵燕珍（2014）认为赵庄白语的被动标记 $tɕuo^{35}$ "着"是借自汉语西南官话；吴福祥（2015）结合白语方言内部比较和跨语言比较，证明白语助词 no^{33} 的有些功能是复制了汉语"的"的功能；田静（2017）的研究表明白语有些性别标记借自汉语，比如剑川白语的 ji^{33} "女儿"，$tsɿ^{33}$ "儿子"；龚希劼（2017）比较了十二个白语方言的否定表达，构拟出白语否定表达的历史演化路径，指出白语中部分以辅音 p- 为声母的否定词是借自汉语的"不"。从上述研究来看，白语语法

---

① 王锋（2016）转写美坝白语的语料时记音与本书稍有不同，不同之处只是音系处理方式不同，本书在引用王锋（2016）的例句时都遵从原文的记音和语法标注，语法标注符号的意义参看其原文，本书缩写表不再罗列。

系统深受汉语影响,但是,不同学者证明语言接触的方法不同,目前,仍然缺乏系统性的论述。

综上可见,白语语法系统具有一些典型的个性特征,其中后两个特点与本书相关。白语体标记既具有多功能性,又容易受语言接触的影响,通过本书研究,我们希望不仅能清楚描写白语体标记的不同功能,准确分析体标记的来源,也能借此形成一个有效的白语多功能词的分析框架,推进白语的语法研究。

第二章　类型学视野下的白语体系统

如第一章（§1.3.1.1）中所述，从现有研究来看，体研究的对象包括五方面的内容：完整和非完整的对立、完成体及相关体标记、情状类型、阶段体、动量体。参考Dik（1997）我们把完成体这一类表达现时相关性的体标记称为"透视体"（perspectival aspect）。

Comrie（1976）以来的体研究都把完整体和非完整体作为首要且必要的描写和分析对象，因为完整和非完整的对立出现在Dahl（1985）考察的45种语言中，而Olsen（1997）证明其实际分布更普遍。不过，完整体和非完整体只是在语义上跨语言普遍存在，而非在形式上也跨语言普遍存在。斯拉夫语言中所有动词都有完整体和非完整体之分，其他语言则并非如此。印欧语言研究中比较早引入了体及相关概念，但这些语言中是否有完整体和非完整体范畴仍有争议，比如Smith（1997）认为英语的-ing是非完整体，而Michaelis（1998）则认为它是阶段体。

在语法范畴的识别中，只有意义和形式都对应的语言成分才可以用相同的语法标签（LaPolla 2016）。形式对应是指都用形态手段而非词汇手段表达意义。Bybee et al.（1994）在跨语言比较时体范畴时，明确指出主要研究对象是不自由的屈折形式（bound inflectional grams），这些形式必须属于封闭的词类，数量有限，且其相对于动词的位置固定，能与不同类别的动词或同一类别的所有动词搭配，而其所表达的语义在大多数语境下是可预测的。

白语是一个孤立型的语言，体现为一个语素往往就是一个词，句子的语法意义也通过添加语法词/功能词来表达。因此，白语语言表达中没有词汇手段和形态手段的对立，只有词汇和语法化词汇的差别。如果要给白语中表达某个语法意义的形式标上某个类型学的标签，除了考虑Bybee et al.（1994：37-39）提到的判别标准，还需要确定该形式的语法化程度和类型学标签的跨语言表现相匹配。

Bybee et al.（1994：88-89）把完整体还进一步分为派生完整体（derivational perfective）和曲折完整体（inflectional perfective），二者语法化程度不同。派生完整体通常由趋向词或方位成分发展而来，和动词的搭配比较有限，可以看作是语法化程度稍高的完结体（completive）曲折完整体则一般由完成体演变而来，能和大多数动词搭配，往往只用于过去时。默认情况下，完整体指曲折完整体（陈前瑞、李纯泽 2023）。因此，跨语言比较研究中的完整体和非完整体，是两个高度语法化的语法范畴。Bybee et al.(1994)将完整体相关体范畴的语法化路径归纳为：词源>结果体（resultative）/完结体（completive）>完成体>完整体/过去时（past tense），将非完整体相关语法范畴的语法化路径归纳为：重复体（iterative）>继续体（continuative）>进行体（progressive）>非完整体，或：重复体>反复体（frequentative）>惯常体（habitual）>非完整体。完整体和非完整体的语法化程度分别是同类体范畴中最高的。

　　白语无抽象的非完整体范畴，也无完整体范畴。虽然从李煊（2021a）的研究来看，xɯ^{55}多跟具有终结性的谓语事件搭配，能表达完整体的语义，但其语法化程度并不高（详见下文），本书将其重新界定为完结体。

　　本书将完整体和非完整体看成两个高度语法化的范畴。不过，也有研究认为完整体或非完整体分别是一类体标记的总和。这些研究主要参考Comrie（1976）的体范畴分类方案，认为完整体和非完整体的语义可以被细分为不同小类，因此可以被细分为不同子范畴，只要能表达完整体或非完整体某一子类的语义，就可被认为是有这两个范畴。例如，杨之帆（2021）认为巴旺霍尔语的非完整体包括过去非完整体、前瞻相非完整体、起始相非完整体、完结相非完整体等七小类，完整体包括过去完整体、起始相完整体、完结相完整体等三小类。完整体或非完整体的不同小类用不同的形式表达，有的用前缀，有的用后缀，有的用一个构式，并没有一个适用于所有情况的完整体或非完整体标记。但是，在巴旺霍尔语中，完整体和非完整体在动词词干上有大的差别，完整体多搭配第二词干，非完整体则多搭配第一词干，词干的选择可以将体范畴先划分为完整体和非完整体两个大类。白语无异根交替等其他的语法范畴识别手段，判断其语法范畴的主要依据只有语法标记的语法化程度。

　　孤立型语言和曲折型语言中语言形式语法化程度的判断标准并不完全相同，在曲折型语言中，典型的语法化程度高的语法范畴具有绝对强制性，比如英语的时制范畴，且完全依附在词干上。在孤立型语言中，语法标记由单独的词来表达，分布也没有绝对强制性，其语法化程度的判断要借助对其语义和分布规律的详细考察。

　　对于孤立型语言中语法形式语法化程度的判断，我们可以参考汉语的相关研究。在汉语或白语这样的语言中，体标记出现在动词后，这也是动词补语常出现的位置。因此，判断体标记的语法化程度主要在于将其与补语区分开。吴福祥（1998）详细区分了汉语中结果补语、动相补语（phasal complement）和体助词之间的差别，这三类语言形式的语法化程度等级为：结果补语<动相补语<体助词（越往右语法化程度越高）。基于吴福祥（1998）的研究并结合白语的实际情况，我们可以将白语中的结果补语、动相补语和体助词的区别性特征归纳如下表，体助词即本书所说的语法化程度高的体标记。

表 6　白语不同动后成分的区别性特征

语义语法特征	结果补语	动相补语	体标记
①基本语义	动作结果	动作或状态的完成/实现	
②述谓功能	有	无	
③语义指向	施事、受事、动作	动作	
④用于动结式之后	不能	不能	能
⑤后接体标记	能	能	不能

上表中前三个特征区分开结果补语和动相补语，后两个则区分开动相补语和体标记，第四个特征仅适用于完成义的体标记。①本书所讨论的美坝白语的体标记都无实词义，用作体标记时无潜在的表述功能，语义指向都指向动词，即都不是结果补语。表完成义的体标记（完结体、结果体、经历体）都能用于动结式之后，有体标记的特点。

(19) $\eta\mathrm{ɔ}^{31}$　　$\mathrm{tsʅ}^{55}$　　$\mathrm{tsʰa}^{55}$　　$\mathrm{xɯ}^{55}$　　$\mathrm{tɔ}^{31}$　　lu^{44}　　ua^{55}　　$\mathrm{tɕia}^{21}$　　$\mathrm{lɔ}^{42}$.
　　1SG　　做　　错　　COMP　大　　PRT　　几　　次　　PRT
　　我做错了好几次了。

(20) $\mathrm{pɯ}^{55}$　　　$\mathrm{mɔ}^{33}$　　pe^{44}　　$\mathrm{tu}^{21}\mathrm{mu}^{35}$　　$\mathrm{tsʅ}^{55}$　　$\mathrm{tɕio}^{55}$　　tu^{44}
　　3SG:GEN 妈　　走　　之前　　做　　好　　RES
　　$\mathrm{kɯ}^{31}$　　pa^{55}　　$\mathrm{tsʰa}^{55}$　　tsue^{33}.
　　给　　3PL　　午饭　　顿
　　他妈走之前给他们做好了一顿午饭。

---

① 吴福祥（1998）还提到可以用能否插入情态词或否定词来测试动后成分的语法化程度，但由于白语的情态助词和否定词都置于整个谓语后，因此不适用于判断动后成分的语法化程度。

(21) pɔ³¹   ɣɯ³³   tsue⁴⁴   kuɔ⁴²   ua⁵⁵   tɕia²¹.
3SG   喝   醉   **EXP**   几   次
他喝醉过几次。

不同体标记后接其他体标记的可能性不同，具体见下文的分析，即白语不同体标记的语法化程度不同。

此外，范晓蕾（2021：347）指出汉语中语法化程度高表现为可接纳各种语义的实词，但又局限于某一类整体环境，即词汇义很少、语法义很多。范晓蕾（2021）从更宏观的角度指出判断语法形式语法化的依据，相关讨论也适用于白语，可以帮助我们很好地判断白语体标记的语法化程度。在下文的讨论中，我们会详细描述白语体标记和动词的搭配规律，及其在各种情况下的分布规律，以此来整体考察白语体标记的语法化程度，进而确定体标记的性质，并构建美坝白语的体系统。

2.1 美坝白语的情状类型

情状类型（situation type）指的是谓语所述事件的时间结构类型。谓语的时间结构主要取决于动词，但也受论元、副词等其他成分的影响，因此，在讨论情状类型时，不同学者着眼的语言单位不同，Vendler（1957）从动词层面讨论时间结构类型，不过他的例子中也包含动词的论元，比如：达成类情状 run a mile "跑一英里"。而有的学者，比如 Verkuyl（1972），只在句子层面分析情状类型。不同层级的语言单位确实都可能会影响动作事件的情状类型，但本书主要是为了阐明动词情状类型和体标记的互动关系，即不同体标记跟情状类型的搭配不同，同一个体标记跟不同情状类型搭配会产生不同的语义。因此，下面对白语情状类型的分析，主要着眼于动词（部分类型结合动词的论元）。

谓语情状类型在某种程度上具有不确定性，一是因为一个动词在不同语境下会有不同的情状解读，二是同一个语义概念在不同语言中也可以被编码为不同的情状类型。不过，就特定的语言来看，动词在大多数语境下的情状类型是固定的，不同解读往往和特定的语境有关。因此，我们可以先参考 Smith（1997）提到的三组二元对立特征 "动态/静态" "持续/瞬时" "终结/未终结" 划分出美坝白语的基本情状类型。

静态和动态是一组对立特征。静态的动作事件内部是均质的（homogeneous），且动作状态无须外力持续作用也能保持，比如 tsɯ³¹

"站",在这个动作存在的任何时间内去看,都是"站",而且无须外力持续作用,该动作也能保持。相反,动态动词的内部性质可能是不同的,比如pe⁴⁴"走",从不同时间看,看到的可能是迈左脚,也可能是迈右脚。有些动态动词内部是均质的,但是却必须靠外力作用才能保持均质状态,比如英语的emit"发射",这个动作持续的时间内,任何时刻都是"发射",但是持续"发射"的状态必须要靠外力来维持(Comrie 1976:49)。因此,静态和动态的区别在于是否能在无外力的作用下保持内部的均质状态。

持续或瞬时的特征只针对动态动词而言,静态动词无所谓持续或瞬时。有些动态动词所表示的动作发生时持续时间很短,没有延续段,比如tou⁴⁴"摔倒",这类动词具有瞬时性;反之,如果动词所表示的动作发生后可以延续一段时间,可能有明显的起点和终点,比如a³³"看",这类动词具有持续性。

终结与未终结指的是动作是否有终止点,具有[+终结]特征的动作并不一定已经"完结"(completed),而是中断或结束都可,动作有终止点往往伴随目标或结果的实现,或者状态的变化。瞬时的动态动词本身有自然的终结点,具有终结性。而对于本身可以持续的动词——静态动词或持续性的动态动词,他们是否完结取决于与之搭配的其他成分,比如tsɯ³¹"站"和se³³"洗"是未终结动词,但是tsɯ³¹ a³³ tsʰɛ³³ xɯ⁴⁴"站一上午"和 se³³ kua³⁵ ko³³ io³⁵"洗两条裤子"就有了终结特征。

基于上述三组特征,美坝白语中可划分出五类基本的情状类型。参考(Smith 1997),对五类基本情状类型简述如下:

状态情状(state situation type)指的是可以持续一段时间的稳定状态,具有静态、可持续的特点,无所谓是否终结。陈平(1988)在讨论汉语普通话的情状类型时,分出三类可以构成状态情状的动词,美坝白语的状态情状也可以由这三种动词构成:(1)表属性或关系的动词,比如tsɯ³³"是";(2)表示心理或生理状态的动词,比如ɕi³¹ xua³⁵"喜欢"、tsʰɿ³¹"恨";(3)表示处所位置的动词,包括姿势动词和位置动词,前者比如:kv̩⁴²"坐"、kv̩³¹"跪",后者如:ȵia⁴⁴"贴"、tɯ⁴²"戴"。① 其中,第(1)(2)类是典型的静态、可持续动词,但在美坝白语中比较难和体标记搭配。第(3)类动词所表示的动作从无到有的过程有一定的动态性,不是最典型的状态动词,但具有比较强的带体标记的能力,因此,下文在讨论体标记和情状类型的搭配时,如果提到某个体标记可以用于状态情状,

---

① 姿势动词和位置动词的说法来自戴耀晶(1997:13)。

那主要指的是和上述第(3)类动词搭配。

活动情状(activity situation type)一般指的是物理或心理活动的过程,具有动态、可持续、未终结的特点。常见的动态动词多属于活动情状,比如sɔ³¹"笑"、uɛ⁵³"写"、sua⁴⁴"说"、se³³"洗"等。还有一些带类指名词做宾语的动宾结构也是活动情状,比如tʋ⁴⁴ tɕi³¹"锄地"、iɯ⁴⁴ tɕiɛ⁴⁴"吃饭"、se³³ i³⁵ pe⁴²"洗衣服"。这些动词或动词短语所表达的动作事件的特点是具有动态性、持续性,而且无特定的终结点。

成就情状(accomplishment situation type)包括一个过程及相应的结果或状态的转变,过程和结果二者缺一不可,具有动态、可持续、终结的特点。典型的成就情状是带量化宾语的动词短语,宾语可以是数量、时量或动量,比如tsʰʋ³¹ xɔ³¹ fa³⁵"盖一栋房子"、pʰɔ³¹ sa⁴⁴ ko⁴⁴ li³¹"跑三公里"、pe⁴⁴ ko³³ tɔ⁴²"去两趟"等。

一次性情状(semelfactive situation type)是只发生一次,且没有结果的动作事件,具有动态、瞬时、未终结的特点。这一类事件发生得很快,虽然动作也占据一定的时间,但是人们几乎意识不到,都把它当作是瞬时的。这类情状往往和身体动作或面部表情有关,比如tɕʰiɛ⁴⁴"踢"、tsa⁴⁴"眨"等。这类情状所表示的动作本身无持续性,加上持续性时间副词后得到的是"事件反复发生"的语义,比如tsa⁴⁴ xɯ⁵⁵ lia³¹ fu⁴⁴ tso⁴⁴"眨了两分钟",意思不是说"眨(眼睛)"这个动作发生一次需要两分钟,而是说"眨"这个动作反复发生,持续了两分钟。

达成情状(achievement situation type)是指会产生状态变化的瞬时动作事件,具有动态、瞬时、终结的特点。美坝白语中典型能构成达成情状的是一些本身有结果的瞬间动作动词,比如ɕi³³"死"、u⁴⁴"灭"、tsue⁴⁴"断"等,还有一些表示瞬间变化的心理动词,比如pʰu³³ me²¹"忘记"、zɯ⁴⁴ tɕʰi⁴⁴"认出"等。此外,动词带补语可以实现为达成情状,比如tsʅ⁵⁵ tɕʰio⁵⁵"做好"、tso⁵³ mo⁴²"嚼碎";动词后加介宾短语也可以实现为达成情状,比如pe⁴⁴ ɕi³⁵ tʰa⁵⁵ xɯ³¹"走去学校",pe⁴⁴"走"本身只有过程没有结果,但加上"去学校"后,"走"这个过程就有了终点。这两类结构在汉语普通话中的情状归属一直有争议,因为从语义上来看,它们都含有一个过程,所以Smith(1997)将二者归为成就情状。但是,在白语中,这两类情状都不能和副词i³⁵ tsʅ³⁵"一直"搭配,其持续段不显著,也不能带进行体标记,因此,本书将其归为达成情状。

达成情状和一次性情状都是指动态、瞬时的事件,不同在于,一次性情状的事件发生后不会带来状态的变化或者出现某种结果,即不具有

"终结性",而达成类的事件一旦发生就会有相应的结果,所以一次性情状加表时间段的副词后会产生"动作反复发生"的语义,而达成类情状和表时间段的副词搭配无法表达动作反复发生,比如:tsue⁴⁴ xɯ⁵⁵ lia³¹ fɯ⁴⁴tso⁴⁴ "断xɯ⁵⁵两分钟"无法表达"断"这个动作反复发生了两分钟,非得这么说,只能表示"断"这个动作发生到现在已经有两分钟了。

综上所述,与Smith(1997)考察的其他语言的情况相似,美坝白语中有五类情状类型:状态情状、活动情状、成就情状、一次性情状、达成情状。

表7 美坝白语的情状类型

情状类型	动态	持续	终结	白语例证
状态	-	+	N/A	kʋ⁴² "坐"
活动	+	+	-	sua⁴⁴ "说"
成就	+	+	+	tsʰʋ³¹ xɔ³¹ fa³⁵ "盖一栋房子"
一次性	+	-	-	tɕʰiɛ⁴⁴ "踢"
达成	+	-	+	tsue⁴⁴ "断"、tso⁵³ mo⁴² "嚼碎"

需要说明的是,除了Smith(1997),不少学者修正过Vendler(1957)的情状分类方案,比如Carlson(1979)、Klein(1994)、Langacker(2008)等,Croft(2012:33-45)对此作过详细的综述。谓语的情状类型具有一定的不确定性,因此,为了说明为什么某类动词在不同语境下会得到不同的情状解读,学者们在Vendler(1957)的基础上对情状类型再加以细化,Croft(2012:44)将其归纳如下:

a. 状态情状可被分为四类:固有/永久状态(inherent/permanent states),获得性永久状态(acquired permanent states),短暂状态(transitory states),点状态(point states)

b. 活动情状可被分为两类:定向活动(directed activities)和非定向活动(undirected activities)

c. 达成情状可被分为两类:可逆性达成情状(reversible achievements)和不可逆性达成情状(irreversible achievements)

d. 成就情状(无细分)

e. 一次性情状(无细分)

f. 突变性达成情状(runup achievements)

---

① 状态情状无所谓是否终结。

不过，Croft（2012）指出上述修正不具有系统性，即没有说明每一个情状类型为什么这么细分，以及这些分类未必是穷尽性的，因此他提出了"二维阶段分析法"（§1.3.1.3），从性质状态和时间两个维度来分析所有动词的情状意义，并根据动作事件在这两个维度的变化将Vendler（1957）所划分的每一个情状类型再细分为二至四小类。这样的划分既能详尽地说明谓语的情状意义，也有助于更全面地考察词汇体和语法体的搭配规律。Peck et al.（2013）在Vendler（1957）基础上引入了 [±标量]（scale）这一新参数，对汉语普通话的情状分类作出了更详细的划分，也更能解释不同谓语的分布规律。我们相信，引入更多的参数，对白语情状类型作更详细的划分，必定会细化和深化白语情状类型和体标记的描写。不过，由于白语体范畴的很多方面迄今仍无详细的描写，本书先参考Smith（1997）划分白语中最基本情状类型及其与体标记的搭配规律，在今后的研究中，我们再加以完善。

需要说明的是，以下的讨论并不会先一一说明不同体标记和情状类型的搭配规律，而是从白语体标记出发，优先描写限制其与动词搭配的主要条件，然后再说明情状类型的影响。

2.2　美坝白语的阶段体

阶段体指的是动作过程中的各个阶段，比如起始、延续、终止，在很多语言中可能用词汇手段表达，也可能用虚化的语法成分表达。陈前瑞（2008）在讨论汉语普通话的体系统时指出阶段体区别于语法化程度比较高的体标记，是汉语体系统的一大特点。在白语中也如此，阶段体标记主要从补语发展而来，但本身语法化程度又不是很高，却又很常见，最能凸显白语体系统的特点。

美坝白语一共有4个阶段体标记：$xɯ^{55}$、$tɯ^{44}$、$tɕiɛ^{31}$、$kʰɯ^{44}/xɯ^{44}$，它们分别表达了动作事件的终止、持续和起始。除了$tɯ^{44}$，这几个体标记在美坝白语中都没有实词义，用于动词后时无潜在述谓功能，不是补语。但是，这些体标记和动词搭配时都深受动词语义的制约，分布环境则比较自由，语法化程度不高，因此，本书将其都归为阶段体。

2.2.1　完结体

完结体（completive）的界定性语义特征是"彻底完成"，形式上来看，完结体是一个语法化程度比较低的完成义体范畴（Bybee et al.

1994）。美坝白语的动词加了xɯ⁵⁵表现显著的结束语义，且该语义不能取消。

(22) *ŋɔ³¹   iɯ⁴⁴   xɯ⁵⁵   xɛ⁵⁵zʅ³¹   ke⁴²,   tse⁴⁴   iɯ⁴⁴   tsʅ⁴⁴tɕiɛ³¹.①
　　　 1SG   吃   COMP   饭   CLF   还   吃   PROG

(23) *tɯ³⁵   tsa³¹   u⁴⁴   xɯ⁵⁵   lɔ⁴²,   nɔ³¹   pi⁵⁵   pɔ³¹   ŋɛ²¹.
　　　 灯   CLF   灭   COMP   PRT   2SG   关   3SG   去

例（22）前半句的意思是"我吃了一碗饭"，后半句是"还在吃"，两个小句分别说都很自然，但放在一个句子里就有语义冲突；例（23）前半句是"灯灭了"，后半句是"你去关灯"，同样前后语义冲突，所以整个句子不能说。这两个例句不合法的原因都在于后半句否定了前半句所表达的结束语义，从而造成矛盾。可见，前半句动词后的xɯ⁵⁵主要表达的是动作事件的结束。虽然"结束"并不等同于"完结"，比如"我吃了一碗饭"未必意味着"吃饭"这个事件的完结，但就Bybee et al. (1994)提到的完成义体范畴里，xɯ⁵⁵的结束语义与完结体最为接近，所以本书将其称为"完结体"。

另外，xɯ⁵⁵表达"结束"语义时，常常与具有终结性的谓语搭配，也表达独立的、完整的事件，因此李煊（2021a），李蕾、陈前瑞（2018，2022）都认为xɯ⁵⁵有完整体的功能。但从上述例句来看，xɯ⁵⁵的核心功能是强调动作事件的结束，而不关注事件是否具有完整性。金立鑫等（2020）提到"读两篇文章"这个事件在俄语中用非完整体（加过去时）［原文例（3）］，表达的是读了两篇文章，但没有读懂（没有达到这个动作的内在界限），如果用完整体，则表达读了两本书且都读懂了（达到了动作的内在界限）。在美坝白语中，只要"读两篇文章"这件事情已经结束，不论是否读懂，都只能用xɯ⁵⁵来表达。

美坝白语xɯ⁵⁵表达动作事件的结束时，会让整个事件在时间轴上有一个边界，这点是完整体所表达的语义特征。如果我们把完整体看作是只靠"有界性"一个语义特征来界定的语法范畴，那白语的xɯ⁵⁵可以被称为完整体，李煊（2021a），李蕾、陈前瑞（2018，2022）属于这种思路。但就白语这样的语言来说，会有不同方式来表达动作事件在时间上有界，可以用语法手段表达，也可以用词汇手段表达。语法手段不仅加xɯ⁵⁵，也可以加tɯ⁴⁴或kuɔ⁴²，甚至加语气词，都能表达事件有时间界限，但这些表达

---

① 句子前加星号"*"表示该句子不合语法。

手段之间的差异远大于其共性。一个笼统的类型学标签表达无法描写清楚白语体标记的语法特点，所以本书不再将xɯ^{55}称为完整体标记。

本书梳理白语体标记的思路为：详细考察体标记的用法，包括其分布规律及语义，然后再以类型学的理论框架为坐标，看白语体标记在形式和意义上与哪个概念比较接近，再将其称为表达该概念的语法范畴。但在本书的论述中，每个章节的开头都先说明体标记的性质，以便读者阅读及对白语体系统有整体的认识，并非先定性再描写。下面从与动词的搭配规律及分布环境两方面进一步介绍xɯ^{55}的语法特点。

2.2.1.1 与动词的搭配规律

xɯ^{55}在美坝白语中的使用首先受到情状类型的制约，它只能用于具有终结性的谓语，因此能用于达成情状和成就情状。

(24) $tɯ^{35}$　　tsa^{31}　　u^{44}　　$xɯ^{55}$　　　　　$lɔ^{42}$.
　　　灯　　　CLF　　灭　　COMP　　　　PRT
　　　灯灭了。（达成情状）

(25) pa^{55}　$tsɿ^{21}$　$sɛ^{33}$　$ŋi^{44}ɕia^{44}$　$xɯ^{55}$　　$te^{53}ko^{33}$　$tɯ^{21}$.
　　　3PL　　昨天　　　杀　　COMP　　猪　两　　CLF
　　　他们昨天杀了两头猪。（成就情状）

除了本身具有终结点的动词，动补结构也可以表达达成情状，也能和xɯ^{55}搭配，如例(26)。

(26) io^{44}　ia^{33}　$tso^{53}mo^{42}$　$xɯ^{55}$　　mu^{55}　e^{53}　$t^hɯ^{55}$.
　　　药　　些　　嚼碎　　　COMP　　才　　　吞下
　　　药嚼碎了再吞下。

如果谓语表达的是状态情状或活动情状，则不能和xɯ^{55}搭配，如例(27)(28)。

(27) *$pɔ^{31}$　$kɣ^{42}$　$xɯ^{55}$　$mu^{55}pɔ^{55}$　$a^{33}la^{35}$　$tɯ^{21}$.
　　　3SG　　坐　　COMP　才　　抱　婴儿　　CLF
(28) *$ŋɔ^{31}$　$tsɿ^{21}sɛ^{33}ŋi^{44}$　se^{33}　$xɯ^{55}$　　$i^{35}pe^{42}$　$lɔ^{42}$.
　　　1SG　　昨天　　　　洗　　COMP　　衣服　　PRT

例(27)(28)的动词都没有内在的终结点，因此无法和xɯ^{55}一起使用，不能表达"我坐下了才抱婴儿"和"我昨天洗了衣服了"。xɯ^{55}倾向用于终结性谓语，但并非所有终结性谓语都能和xɯ⁵⁵搭配，它的使用还受到动词词汇义的限制。xɯ⁵⁵排斥"获得"义动词，比如：mɛ⁴²"买"、kɯ³⁵"盛（饭）"、kɛ⁴⁴"捉"、sɯ³⁵"收"、iɯ³⁵"赢"、kɯ⁴⁴"救"等，这些词表达的动作发生后会让主体获得某个客体，所以即使表达了终结性事件，也不能带xɯ⁵⁵。

（29）*ŋɔ³¹　mɛ⁴²　xɯ⁵⁵　kua³⁵ ko33　io³⁵.
　　　1SG　买　COMP 裤子 两　CLF

（30）*pɔ³¹　kɛ⁴⁴　xɯ⁵⁵　kɔ⁵⁵li⁴⁴　　tu²¹.
　　　3SG　捉　COMP 蝴蝶　　　CLF

上述两个例句中，谓语表达的都是成就情状（"买两条裤子"和"捉一只蝴蝶"），是典型的终结性谓语，但动词后都不能加xɯ⁵⁵。这种限制只有在动词后加了时量和动量宾语时才会被取消。

如果宾语是时量或动量短语，则不论动词语义如何、时间结构如何，都可以带完结体标记xɯ⁵⁵。

（31）pɔ³¹　kɛ⁴⁴　mɔ³⁵tsa⁴⁴　kɛ⁴⁴　xɯ⁵⁵　　a³³　tsʰɛ³³xɯ⁴⁴.
　　　3SG　捉　蚂蚱　　捉　COMP　一　上午
　　　她捉蚂蚱捉了一上午。

（32）pɔ³¹　tsɯ³¹　xɯ⁵⁵　　　　a³³tsʰɛ³³xɯ⁴⁴.
　　　3SG　站　COMP　　一上午
　　　他站了一上午。

（33）ŋɯ⁵⁵　　tɕʰi⁴⁴ ia³³ tsa⁴⁴, tɕʰiɛ⁴⁴ pɔ³¹　xɯ⁵⁵　ko³³　ko⁴⁴.
　　　1SG:GEN 气　些　胀　踢　3SG　COMP　两　脚
　　　我生气，踢了他两脚。

（34）ɕie⁵⁵　ŋiɯ⁴² tsue⁴⁴　xɯ⁵⁵　　ua⁵⁵　ŋi⁴⁴　lɔ⁴².
　　　线　CLF　断　COMP　几　CLF　PRT
　　　线断了几天了。

例(31)为"获得"义活动动词带时量短语宾语，例(32)为静态动词带时量短语宾语，例(33)为一次性动词带动量短语宾语，例(34)为达成动词加时量短语宾语。上述例句的动词本身时间结构不同、语义不同，但带上时量或动量宾语后，都能加xɯ⁵⁵，原因在于，加上动量或时量宾语后，谓语表达的是具有一定时量和动量的动作事件，属于成就情状，而不强调动作本身的语义和时间结构特点，这是情状类型影响xɯ⁵⁵的分布的进一步体现。

综上所述，我们似乎看到美坝白语的xɯ⁵⁵倾向用于终结性谓语，但如果进一步考察自然语料，我们会注意到与例(27)中的kv̩⁴²"坐"不同，有的静态动词后也可以加xɯ⁵⁵，如例(35)。

(35) ŋɔ³¹ ueˇ³³tua³³ ɔ³⁵ tuɔ³³ tsu³³ tsʰɛ³³ xɯ⁵⁵ lɔ⁴².
  1SG 困 PRT NEG 早 睡 COMP PRT
  我困得不行早睡了。

此外，活动动词的受事论元如果不出现在动词后，动词也能加xɯ⁵⁵，例(28)中活动动词后有受事论元，就不能加xɯ⁵⁵。受事论元可充当话题，如例(36)，也可由处置标记ka⁴⁴引介，构成处置句，如例(37)。

(36) tɕi³³uɛ³⁵ su³³ xɯ⁵⁵, i³⁵pe⁴² se³³ xɯ⁵⁵,
  地 扫 COMP 衣服 洗 COMP
  ŋɔ³¹ mu⁵⁵ tsʅ²¹ pe³³ ɕi⁴⁴ ɕia³⁵.
  1SG 才 走 出 闲
  地扫了、衣服洗了，我才出去玩。

(37) a⁵⁵ pʰo⁵³ ka⁴⁴ ke⁴² ŋɛ³³ se³³ xɯ⁵⁵ lɔ⁴².
  阿鹏 DISP 碗筷 洗 COMP PRT
  阿鹏把碗筷洗了。

总的来说，美坝白语的xɯ⁵⁵倾向用于终结性谓语，终结性谓语中只有"获得"义动词加数量宾语的时候不能用xɯ⁵⁵；此外，有些静态动词和活动动词后面如果没有宾语，也可以加xɯ⁵⁵。本书将用于上述环境的xɯ⁵⁵统称为完结体标记。

2.2.1.2 分布环境

完结体标记xɯ⁵⁵的分布非常自由，不仅能用于主句和从句，而且能用于现实性主从句及非现实性主从句。不过，用于非现实性主句或从句时，xɯ⁵⁵后面不能有宾语。如果是用于主句，则不论受事论元是单数还是复数，xɯ⁵⁵后面必须加第三人称代词pɔ³¹，来复指被提前的动词论元。

(38) na³¹ ŋe²¹pa⁵³ tu⁵⁵ ua⁵⁵ le²¹ nɔ⁴⁴ lio⁴⁴ xɯ⁵⁵ pɔ³¹.
  破鞋 这 几 CLF ACC 扔 COMP 3SG
  这几只破鞋，扔了它！(非现实性主句)

(39) tsʰa⁵⁵   iɯ⁴⁴   xɯ⁵⁵   mɯ⁵⁵ pe⁴⁴.
午饭 吃   COMP   才 走
吃了午饭再走！（非现实性从句）

完结体标记xɯ⁵⁵可以用于现实性主句（见上文例句），用于从属谓语，也可以用于各类现实性从句，包括定语从句、主语从句、宾语从句等。

(40) iɯ⁴⁴   xɯ⁵⁵   nɔ⁴⁴   xuɔ³³ ɕie⁴² pe⁴⁴.
吃   COMP   REL   伙   先 走
吃了的人先走。（定语从句）

(41) pɯ⁵⁵   tsʰa⁵⁵ iɯ⁴⁴ xɯ⁵⁵   sɯ⁴⁴   tɕʰio⁵⁵ lɔ⁴².
3SG: GEN 午饭 吃   COMP   就   好   PRT
他午饭吃了就好了。（主语从句）

(42) pɔ³¹   zɯ³¹pɯ³³tɯ⁴⁴ ŋɔ³¹ iɯ⁴⁴ xɯ⁵⁵   a³³   tue⁴² lɔ⁴².
3SG   不知道   1SG 吃   COMP   一   顿   PRT
他不知道我（已经）吃了一顿饭了。（宾语从句）

美坝白语完结体标记xɯ⁵⁵的句法分布环境相对自由，即语法义较少，语法化程度不高，但它也扩展出了完结体标记之外的功能，本书第五章再结合体标记的历时演变来介绍其多功能性[①]。

2.2.2 结果体

类型学研究中所说的结果体（resultative）指的是一个结果状态，且蕴含了存在一个造成该状态的动作事件，即状态具有现时相关性（Nedjalkov & Jaxontov 1988），比如英语的"be+动词过去分词"（例如：He is gone 他已经走了）。在Nedjalkov & Jaxontov（1988）及Bybee et al.（1994）的研究中，结果体有狭义和广义之分，狭义专指因前序动作的发生而带来的状态，广义就是指状态，即其最基本的语义是状态。

赵金灿（2010）、赵燕珍（2012）等以往的白语研究文献也把白语的tɯ⁴⁴称为结果体标记，但其所谓的结果体是指汉语传统语法研究中的"结果体"，即"表示动作结果或历程之有结果者"（高名凯 1986：194），比如汉语口语中的"著/着""住""得""到""中"等。动作事件有结果的语义引申既可以是产生了一个结果状态，即Nedjalkov & Jaxontov（1988）

[①] 如果要强调xɯ⁵⁵的语法化程度高于补语，也可称之为派生完整体，是一个语法化程度稍高的完结体，而非典型的完整体。

所定义的狭义的结果体,其引申义也可能是动作事件的完成和实现。也就是说,传统汉语或白语语法研究中所谓的结果体的语义包含类型学定义的结果体。

美坝白语的动词后加了tɯ⁴⁴表示动作事件有结果,既可强调结果状态,也可强调结果实现,本书将其称为结果体,属于高名凯(1986:194)所界定的结果体,但也包含类型学定义的结果体的语义。

2.2.2.1 与动词的搭配规律

tɯ⁴⁴的实词义是"得",是一个及物动词,比如tɯ⁴⁴ pɛ³¹ "得病"、tɯ⁴⁴ tsʰe⁵⁵ "得钱"。tɯ⁴⁴ "得"常出现的一些连动结构会发生词汇化,比如感官动词以及y⁴⁴ "遇"、sue⁴⁴ "算"等动词和tɯ⁴⁴ "得"搭配:zɯ⁴⁴tɯ⁴⁴ "认得(知道)"、tɕi⁴⁴tɯ⁴⁴ "记得"、mi³³tɯ⁴⁴ "想着"、tɕʰiɛ⁵⁵tɯ⁴⁴ "听到"、mo⁴⁴tɯ⁴⁴ "摸到"、a³³tɯ⁴⁴ "看到"、tɕia⁴⁴tɯ⁴⁴ "接到"、y⁴⁴tɯ⁴⁴ "遇到"、tɕʰiɛ³³tɯ⁴⁴ "请到"等。这些结构都有词汇化倾向,后面不仅可以带宾语,大多还可以带宾语从句。

(43) nɔ³¹   mo³³   tɯ⁴⁴   a³³ le²¹   sɯ³³ le²¹   xɯ⁴⁴ tɕʰy³⁵ tɕi³¹.
     2SG   摸   RES   什么   手   CLF 黑黢黢的
     你摸到了什么?手黑黢黢的。

(44) ŋɔ³¹   y⁴⁴   tɯ⁴⁴   pa⁵⁵   xɔ³¹tʋ³⁵   pa⁴²   kʰɛ⁴⁴.
     1SG   遇   RES   3PL   家   办   客
     我遇上了他们家请客。

受其词汇义的影响,tɯ⁴⁴用于动词后表示结果体时,排斥"去除"义动词,且后面必须跟宾语,与完结体标记xɯ⁵⁵对词义的要求截然不同(或者说是二者互补分布)。

结果体标记对宾语的要求具有强制性,实现为成就情状的动宾结构可以加结果体标记tɯ⁴⁴,表示动作结果的实现。

(45) ne⁴³⁵   pɔ³¹   tɕia³¹   tɯ⁴⁴   ŋiɣ³³   na³²   tsɿ⁴⁴   tɕia³³   kou³³
     PRT   3SG   抢   RES   女孩   这样   两,二
     ɲi²¹.
     个
     那它抢来的两个女孩子。①(王锋 2016:132)

---

① 根据前后文语境,这句话单独释义应是"那它抢到两个女孩子。"是一个主谓句,而非一个关系化结构。

实现为成就情状的动词中,有一类词比较特殊,即具有"制作"义的动词,比如:tɕʰiɛ⁴⁴"绣"、uɛ⁵³"写"、tse²¹"缝"、tsʰu³³"炒"等。这类动词所表示的动作一旦开始,结果就开始部分出现,且制作过程往往要持续一段时间,因此这类动词加了tɯ⁴⁴也有"动作进行"的解读。也就是说,制作义动词加tɯ⁴⁴后既可以表结果实现,也可以表动作正在进行,具体语义要结合语境才能确定。

(46) A: *pɔ³¹   tɕʰiɛ⁴⁴   tɯ⁴⁴   su³¹ tɕiu³⁵   pɯ³³*.
    3SG   绣   RES   手绢   CLF
    B: *tɕʰiɛ⁴⁴   uɔ³⁵   lɔ⁴²   mo⁴⁴*.
       绣   完   PRT   Q
    A: *tɕʰiɛ⁴⁴   uɔ³⁵   lɔ⁴²/mo³³ na³⁵*.
       绣   完   PRT/NEG PRT
    A:她绣了一条手绢/她正在绣一条手绢。
    B:绣完了吗?
    A:绣完了/还没绣完。

活动情状表达的是一个动态、持续且没有终结点的动作事件,有宾语的活动动词也可以带结果体标记tɯ⁴⁴,表示动作的进行。不过,这种用法在美坝白语中比较受限(动作的进行义主要由进行体标记tɕiɛ³¹来表达),主要适用于一些使用频率很高的活动动词,比如:iɯ⁴⁴"吃"、ɣɯ³³"喝"、se³³"洗"等。

(47) *pɔ³¹   se³³   tɯ⁴⁴   i³⁵pe⁴²*.
    3SG   洗   RES   衣服
    他洗着衣服。

此外,美坝白语的状态动词也能带宾语,可以和结果体标记搭配使用。状态动词中能带结果体标记tɯ⁴⁴的主要是位置动词和姿势动词,位置动词加tɯ⁴⁴,再加宾语,表示某处有某人/物的结果状态。

(48) *me²¹ mɯ³⁵   i³⁵ tsɿ³⁵   tsuu³¹ tɯ⁴⁴   ȵi²¹ kɛ³⁵   ȵi²¹*.
    门口   一直   站 RES   人   CLF
    门口一直站着一个人。

姿势动词加tɯ⁴⁴,再加客体论元,表示主体的某个状态。

（49） pɔ³¹　tso⁴⁴　tɯ⁴⁴　ɕi³⁵　ŋe²¹　tɕi³³.
　　　 3SG　穿　RES　新　鞋　CLF
　　　 他穿着一双新鞋子。

总的来看，美坝白语中结果体标记tɯ⁴⁴要求动词不能有"去除"义，且体标记后必须带宾语。动宾结构带了tɯ⁴⁴之后因动词语义的不同而得到不同的解读，跟动态且有终结性的动作搭配，表示动作结果的实现，跟静态动词搭配表示动作的结果状态。如果动态动词具有"制作"义或有持续性，还可能产生动作正在进行的解读。

2.2.2.2 分布环境

美坝白语的结果体标记tɯ⁴⁴在现实性谓语中分布很自由，可以用于现实性主句（见上文例句），也可以用于从属谓语，用于各类现实性从句，包括定语从句、主语从句、宾语从句等。

（50） ŋɔ³¹　mɛ⁴²　tɯ⁴⁴　nu²¹　le²¹　xɯ⁵⁵　pe⁴⁴ ta⁴².
　　　 1SG　买　RES　袋子　CLF　COMP　回家
　　　 我买到袋子了回家。（从属谓语）

（51） mɛ⁴²　tɯ⁴⁴　io⁴⁴　xuɔ³³　za³¹　kʰɯ⁵⁵　tɕiɛ⁴⁴.
　　　 买　RES　药　伙　让　开　点
　　　 买了药的人让开一点。（定语从句）

（52） ŋi²¹ŋi²¹tsɿ⁴⁴　tɯ⁴⁴　tɯ⁴⁴　tɕia³¹tsɯ³³　tsɿ³⁵　ŋi⁵⁵　tɕia³¹.
　　　 人人　　　得　RES　奖　　　是　还是　假
　　　 人人都得了奖是真的还是假的？（主语从句）

（53） ŋɔ³¹　tɕʰiɛ⁵⁵tɯ⁴⁴　pɔ³¹　tsɿ⁵³　tɯ⁴⁴　tsʰe⁵⁵　pɛ⁴⁴.
　　　 1SG　听说　　　　3SG　捡　RES　钱　百
　　　 我听说他捡了一百块钱。（宾语从句）

结果体标记tɯ⁴⁴不能用于非现实性主句，只能用于非现实性从句。

（54） *mɛ⁵⁵ŋi⁴⁴　pa⁵⁵　zo³³ua²¹　ŋɔ³¹　tɕʰia³¹　tɯ⁴⁴　ma³⁵tʰɣ³¹　kʰue⁵⁵.
　　　 明天　　3PL　上梁　　1SG　抢　　　RES　馒头　　　CLF

（55） ŋɔ³¹　tsɿ²¹　kɛ⁴⁴　tɯ⁴⁴　kɔ⁵⁵　li⁴⁴　ko³³　tɯ²¹　tsɿ⁵⁵
　　　 1SG　要是　捉　RES　蝴蝶　　两　CLF　就
　　　 zɯ³¹　kɯ³¹　nɔ³¹　a³³　tɯ²¹.
　　　 给　　给　　2SG　一　CLF
　　　 我要是捉到了两只蝴蝶，就给你一只。（非现实性从句）

(56) t^hu^{55}　$tɯ^{44}$　v^{33}　$ɲi^{21}$　$mu^{55}pe^{44}$　$tsʰv^{44}me^{21}$.
　　　讨　　RES　　媳妇　CLF　　才　去　　　出门
讨了媳妇才出门(做副业)。(非现实性从句)

例(54)表达非现实事件时用tɯ⁴⁴,给人感觉是未卜先知,不符合常理。虽然不能用于非现实性主句,但美坝白语结果体tɯ⁴⁴也比较自由,能用于现实性主句、从句及非现实性从句。总的来看,结果体标记tɯ⁴⁴也表现为和动词的搭配很受限、搭配条件多,而在句法分布上比较自由,也是一个语法化程度不高的体标记。

2.2.2.3 完结体和结果体互补分布

从上述分析来看,美坝白语中的完结体和结果体都可以表达动作时间的完成或结束,受到动词语义、情状类型和宾语的制约,动词语义主要制约xɯ⁵⁵和tɯ⁴⁴的隐现,而情状类型和宾语则还会影响体标记所表达的语义。完结体标记xɯ⁵⁵和结果体标记tɯ⁴⁴大致呈互补分布(详见下表)。从这个角度来看,如果要把xɯ⁵⁵称为完整体,那tɯ⁴⁴也是完整体,表达一个有结果、在时间轴上有边界的动作事件,但为了区分这两个语法形式,并准确描写其语义,本书将二者分别看作完结体和结果体,表达的都是说话人对动作事件发展阶段的关注,前者关注事件的结束,后者关注事件产生了结果。

表8　美坝白语完结体和结果体的分布规律①

情状类型	动词语义	宾语	体标记	语义	动词类型
状态	不限	论元宾语	tɯ⁴⁴	结果状态	A
活动	[-去除]	动词后	tɯ⁴⁴	动作进行	B
活动	[-获得]	动词前	xɯ⁵⁵	动作完结	C
成就	[-去除]	数量短语	tɯ⁴⁴	结果实现	B
成就	[-去除][+制作]	数量短语	tɯ⁴⁴	结果实现/动作进行	B
成就	[-获得]	数量短语	xɯ⁵⁵	动作完结	C
成就	不限	时量/动量短语	xɯ⁵⁵	动作完结	A+B+C+D+E
达成	不限	无	xɯ⁵⁵	动作完结	D

根据与xɯ⁵⁵和tɯ⁴⁴的搭配情况,可以把美坝白语的动词分为五类,下面我们分别为每类列举一些例词。

---

① E类动词表达一次性情状,但该类动词不能单独和体标记xɯ⁵⁵和tɯ⁴⁴搭配,故该表情状类型中不列一次性情状。

表 9 美坝白语不同类别动词的例词

动词类型	动词	体标记
A	lio³⁵ 留（种）、ɕio³³ 欠（钱）、tsɣ⁴² 种（树）、tɛ³¹ 背（人）、iɛ⁴² 背（柴）、i⁴² 穿（衣）、kʰe⁵⁵ 牵（牛）、kʰo⁵⁵ 铺、kɯ⁵⁵ 钩、kua⁵⁵ 挂、ȵia⁴⁴ 贴、ne³⁵ 握（笔）、ne⁴⁴ 拿、nɣ⁴² 关（羊）、ʋ⁵³ 拴（牛）、pe⁴² 披（衣）、pɯ²¹ 漂浮、ta³⁵ 叼、tɕi³³ 拉、tɕio³³ 垫、tio⁴⁴ 吊、te⁴⁴ 带（钱）、tʰa⁴⁴ 盖（被）、tsʅ²¹ 浸泡、tso³⁵ 带（孩子）、tso³⁵ 装、tso⁴² 撑（伞）、tso⁴⁴ 穿（鞋）、tɯ⁴² 戴（帽子）、tɯ⁴⁴ 结（冰）、tsɯ³³ 挂、tsɯ⁴² 驮、ue⁴² 养（鸡）、ue⁴² 喂（奶）、ʋ⁴⁴ 孵、xɔ³¹ 晒（衣服）、zɯ³¹ 剩、ke⁴² 点（灯）、kʰɯ⁵⁵ 开（铺子）、sɣ³¹ 梳（一个新娘头）、tɕie⁴² 钉（钉子）、fɣ⁵⁵ 插（秧）、kɛ⁵³ 夹（菜）、so⁵⁵ 晾（衣）、kɛ⁴⁴ 隔（河）……	tɯ⁴⁴
B	①[-制作]：mɛ⁴² 买、kɯ³⁵ 盛（饭）、kɛ⁴⁴ 捉、sɛ⁴⁴ 割、iɯ³⁵ 赢、kɯ⁴⁴ 救、mɯ³³ 换、xa⁵⁵ 生（孩子）、te⁴⁴ 摘（花）、tsʅ⁴² 下（猪崽）、tsʅ⁵³ 捡、lɔ⁵³ 捞、ta³¹ 偷、tɕʰia³¹ 抢、tɕie⁴⁴ 借（钱）、tio⁴⁴ 钓、tʰu⁵⁵ 讨（饭）、to⁵³ 挑选、tsa³¹ 积攒、ua⁵³ 挖/掘、ma²¹ 拔（草）、ɣɯ⁵³ 学 等；②[+制作]：pi³⁵ 编、tɕʰiɛ⁴⁴ 绣、tse²¹ 缝、kɛ⁵³ 剪、tsʰo⁴⁴ 搓（绳）、lue³³ 砌、ko⁵³ 熬、kʰɛ³⁵ 刻、tsʅ⁵⁵ 做、pa³¹ 拌（凉菜）、tsʰu³³ 炒（菜）、tsɯ³⁵ 蒸、tsɯ⁴⁴ 织、ue³⁵ 热（饭）、tsɣ³³ 煮、ȵiɔ⁴² 炖、xua⁴⁴ 画……	tɯ⁴⁴
C	kɯ²¹ 卖、ɕia⁴⁴ 杀、la³⁵ 揭（盖子）、li⁴⁴ 滤、lio⁴⁴ 扔、lua⁴⁴ 脱、pɛ³⁵ 裂开（一个口子）、pʰɛ⁴⁴ 剖、pʰɛ⁵⁵ 撕、tɕʰi⁵⁵ 倒掉（水）、tɕio³⁵ 交付、tʰe⁴⁴ 拆（房子）、tʰue⁵⁵ 刨、tsʰʅ⁵⁵ 丢失、tsʰʅ⁵⁵ 输、tsʅ⁴² 释放、tso⁴⁴ 砍、xɯ³³ 擤、e⁵³ 吐（痰）、fɣ³⁵ 分、iɯ⁴⁴ 吃、kua³⁵ 刮（毛）、ma³⁵ 擦（桌子）、pe²¹ 剥（花生）、su³³ 扫、tɕiɛ³³ 剃（头）、zɯ³¹ 给、kʰu⁵⁵ 缺（个口）、pɯ³¹ 寄（出）……	xɯ⁵⁵
D	tsue⁴⁴ 断、tso⁵³ 嚼、u⁴⁴ 灭、ɕi³³ 死、pʰe³³mu²¹ 忘记……	xɯ⁵⁵
E	tɕʰiɛ⁴⁴ 踢、tsa⁴⁴ 眨、kɣ³³ 皱……	xɯ⁵⁵

2.2.3 持续体

持续体（continuous）可分为进行体（progressive）和非进行体（non-progressive）。进行体表达的是正在进行的活动，其最显著的分布特点是不和静态动词搭配；非进行体表达的是静态动词的状态，和静态动词搭配。本书将二者都视作阶段体，关注事件的持续段。

美坝白语可以用词汇手段表达进行体，即在动词前加处所结构，即"处所介词+指示代词"。美坝白语的处所介词是tsɯ³⁵"在"，表地点的指示代词有三类：tɯ³³ue³³/a⁵⁵ta⁴⁴"这里"（近指）、na⁵⁵ue³³"那里"（远指）、pɯ⁵⁵ta⁴⁴"说话人看不到的某处"（虚远指）。动词前加处所结构"tsɯ³⁵+tɯ³³ue³³/a⁵⁵ta⁴⁴/na⁵⁵ue³³/pɯ⁵⁵ta⁴⁴"表达动作正在进行。

(57) pɔ³¹   tsɯ³⁵ pɯ⁵⁵ta⁴⁴   uɛ⁵³   me²¹ tue⁴².
  3SG 在那里   写   对联
  他在写对联。（直译：他在那里写对联。）

此外，美坝白语的进行体也可以通过加体标记tɕiɛ³¹来表达，tɕiɛ³¹还可以扩充为tsʅ⁴⁴tɕiɛ³¹mɯ⁵⁵，不过tsʅ⁴⁴和mɯ⁵⁵这两个音节任何时候都可以删除，所以美坝白语主要用tɕiɛ³¹来表达动作的进行。

(58) pa⁵⁵   iɯ⁴⁴   tɕiɛ³¹   tsʰa⁵⁵.
  3PL   吃   **CONT**   午饭
  他们正在吃午饭。

(59) pɔ³¹   tsʅ⁵⁵   tsʅ⁴⁴ tɕiɛ³¹ mɯ⁵⁵,   nɔ³¹   pɯ⁵⁵   nɔ⁴⁴   ŋio⁴⁴
  3SG   做   **CONT**   **2SG** **3SG:GEN** **ACC** **NEG**
kv̩³⁵.
叫
  他正在做，你别叫他。

tɕiɛ³¹也可以和静态动词搭配，表示状态的持续，比如tɕi⁴⁴ tɕiɛ³¹ "记着"、zɯ³¹ tɕiɛ³¹ "忍着"、kv̩⁴² tɕiɛ³¹坐着、tɯ³³ tɕiɛ³¹ "等着"、tsʰɛ³³ tɕiɛ³¹ "睡着"、kua⁴⁴ tɕiɛ³¹ "挂着"等。可见，美坝白语的tɕiɛ³¹能同时用于动态动词和静态动词，是一个持续体标记。

美坝白语的持续体标记tɕiɛ³¹对动词词义的要求主要体现在对其内在时间结构的选择上，即只和特定的情状类型搭配。持续体表达的是持续事件，因此，它一般用于未终结的、动态且可持续的情状类型，即活动情状。

(60) pɔ³¹   tsʅ⁵⁵   tɕiɛ³¹   tsɔ⁴²sɯ³³.
  3SG   做   **CONT**   活儿
  他正在干活儿。

不过，美坝白语tɕiɛ³¹的使用还不是很普遍，多用于部分高频的动词或动宾结构，比如iɯ⁴⁴ tsʰa⁵⁵/pe⁴⁴ "吃午饭/晚饭"、se³³ i³⁵ pe⁴⁴ "洗衣服"等。同样是活动情状的有些动态动词或动宾结构加了tɕiɛ³¹就很不自然，比如*so³¹ (tsɿ⁴⁴) tɕiɛ³¹(mɯ⁵⁵) "笑着"、*tɛ⁴⁴ (tsɿ⁴⁴) tɕiɛ³¹(mɯ⁵⁵) "打着"、*ɣɯ³³ (tsɿ⁴⁴) tɕiɛ³¹ (mɯ⁵⁵) tsɿ³³ "喝着酒"。

不论是静态动词还是动态动词，只有部分动词或动宾结构能自然地和tɕiɛ³¹搭配，搭配起来语感不自然的结构在美坝白语中也并非完全不合法，非要这么说，听话人也能理解，只是一般不这么说。我们认为这和持续体标记tɕiɛ³¹的来源有关，这是一个晚近受汉语影响才出现的语法标记，还未能广泛地用于所有动词，因此与动词的组合具有一定的词汇性及不可预测性。①

美坝白语的持续体标记tɕiɛ³¹可以用在主句中，但更常用于从句。tɕiɛ³¹用于从句时，一般表达的是主句的伴随状态，作为句子的背景信息。

(61) ŋɯ⁵⁵   mɔ³³   se³³   tɕiɛ³¹   i³⁵ pe⁴²,   ŋi⁵⁵
     1SG:GEN   妈   洗   CONT   衣服   2SG:HON
     ɕie⁴⁴   kv̩⁴² kv̩⁴² tsɿ⁴⁴.
     先   坐:DELIM
     我妈妈在洗衣服，您先坐会儿。

总的来看，美坝白语的tɕiɛ³¹可以用于动态动词，甚至用于部分静态动词，表示动作事件的进行或持续，但它并不能跟所有的活动动词搭配。而且在日常口语中，美坝白语大量地使用"处所结构"表达动作事件的进行。也就是说，比起处所结构，美坝白语的tɕiɛ³¹是一个虚化的表达动作事件持续的语法标记，但其语法化程度并不高。因此，本书将其归入阶段体，而不是非完整体。

2.2.4 起始体

起始体表示动作事件的开始，陈前瑞（2008：281–282）提到Nedjalkov把起始体进一步分为三类：状态的开始（inchoative）、未终结事件的开始（ingressive）、终结事件的开始（inceptive）。美坝白语的kʰɯ⁴⁴/xɯ⁴⁴多用于表达状态或未终结事件的开始，kʰɯ⁴⁴和xɯ⁴⁴是自由变体，并且常与另一个趋向词iɯ³⁵ "来"配套使用。本书将表达动作起始的kʰɯ⁴⁴/xɯ⁴⁴标注

---

① 关于进行体标记的来源，详见第5.3节的讨论。

为INCH,是inchoative的缩写。

(62) o^{53} la^{35}　　tu^{21}　k^ho^{44} $xɯ^{44}$　$iɯ^{35}$　$lɔ^{42}$.
　　　婴儿　　CLF　　哭　INCH　　来　PRT
　　　婴儿哭起来了。

美坝白语的起始体标记从趋向词$k^hɯ^{44}$"起"演变而来,趋向词"起"表达的是"从下而上位移",因此当它用作起始体标记时,比较排斥具有"消失""减少"等减损语义的谓语,主要体现在和形容词的搭配上,比如sa^{35}"瘦"、kua^{21}"冷"、na^{31}"烂"、$p^hɔ^{31}$"破"等这些形容词后不能加$k^hɯ^{44}/xɯ^{44}$。

美坝白语起始体实际上表达的是动作或状态的开始并持续,因此起始体标记$k^hɯ^{44}/xɯ^{44}$不能用于有终止点的动作事件,即不能和具有终结性的情状类型搭配。

起始体标记$k^hɯ^{44}/xɯ^{44}$最常用于活动情状,其次也和形容词所表达的状态情状搭配,表达状态的开始。动词带起始体标记时,后面常加趋向词$iɯ^{35}$"来",如果动词没有宾语,$iɯ^{35}$就加在起始体标记之后,如果动词有宾语,则加在宾语之后。由于只有实现为活动情状的动宾结构才能带起始体标记,因此起始体标记后的宾语一般为光杆名词。

(63) $mɛ^{21}$ $pɛ^{53}$　　mo^{33}　na^{35}, $pɔ^{31}$　su^{44} $tsʅ^{55}$　$xɯ^{44}$.
　　　天亮　　　　NEG　PRT　3SG　就　干　INCH
　　　$tsɔ^{42}$ su^{33}　　$iɯ^{35}$　$lɔ^{42}$
　　　活儿　　　　来　　PRT
　　　天还没亮呢,他就干起活儿来了。(活动情状)

(64) pa^{55}　ko^{33}　$ɲi^{21}$　$tɛ^{44}$　$k^hɯ^{44}$　$lɔ^{42}$.
　　　3PL　两　人　打　INCH　PRT
　　　他俩打起来了。(活动情状)

(65) $pɔ^{31}$　xua^{35} tsa^{35}　$k^hɯ^{44}$　$iɯ^{35}$ $lɔ^{42}$.
　　　3SG　慌张　　　INCH　　来　PRT
　　　他慌起来了。(状态情状)

一次性情状也是非终结事件,它也可以带起始体标记$k^hɯ^{44}/xɯ^{44}$"起",但不是表达单个一次性动作的开始,而是表达一次性动作反复发生这个事件的开始,比如$tɕ^hiɛ^{44}$ $k^hɯ^{44}$ $iɯ^{35}$"踢起来"(意思是"开始不断地踢")。

起始体标记可以用于主句,也可以用于从句,如下例(66)(67),如果从句表达的是顺序事件的前序事件,则后面要加完结体标记xɯ⁵⁵。

(66) pa⁵⁵　　ts ɿ⁵⁵　　kʰɯ⁴⁴　iɯ³⁵　xɯ⁵⁵　　ŋɔ³¹　mu⁵⁵　pe⁴⁴ ta⁴².
　　 3PL　　 做　　 INCH　 来　 COMP　1SG　 才　 回家
　　 他们干起(活儿)来,我才回家。(状语从句)

(67) ŋɔ³¹　tɕʰiɛ⁵⁵tu⁴⁴　pa⁵⁵　tɕi²¹　kʰɯ⁴⁴　iɯ³⁵　lɔ⁴².
　　 1SG　 听到　　　 3PL　 唱　　 INCH　 来　 PRT
　　 我听到他们唱起来了。(宾语从句)

总的来看,美坝白语的起始体标记kʰɯ⁴⁴/xɯ⁴⁴常和状态或活动情状搭配,表示状态或动作的开始并持续,但它对谓语的词义有选择,分布环境则比较自由,语法化程度不高,也是美坝白语阶段体的子范畴。

2.3 美坝白语的透视体

透视体把事件的发生和外部时间参考点联系起来,表示从参考时间看动作事件的状态(Dik 1997: 221)。美坝白语的经历体(experiential)和展望体(prospective)属于透视体,二者都表达从某个参考时间来看事件处于何种状态,无法表示某个独立的动作事件。

2.3.1 经历体

Comrie(1976: 54–61)把完成体所表达的语义分为四类:结果性完成体(perfect of result)、经历体(experiential)、持久状态完成体(perfect of persistent result)、最近过去完成体(perfect of recent past)。美坝白语用kuɔ⁴²来表达经历体,表示某一件事从过去到现在的时间里至少发生过一次,在语义上自然地具有现时相关性,在大类上属于完成体。kuɔ⁴²的语义及对动词的要求跟现代汉语普通话"过₁"的语义相似,能带经历体的动作必须可重复,且在说话时间已中断(刘月华 1988a)。

美坝白语经历体标记kuɔ⁴²源自"过"义动词,表示从一个地点移动到另一个地点,经过某个空间,比如:kuɔ⁴² ku²¹"过桥",从空间义逐渐发展出经历体的用法,表示"动作或行为曾经发生"。

经历体标记只能用于可恢复的动词,且要求其所表的动作在说话时间已经中断。因此,美坝白语的经历体标记kuɔ⁴²能用于可恢复的成就情状和达成情状,只有这两类情状能表达具有终结点的事件。kuɔ⁴²用于成就情状时,多用于带动量宾语的谓语,而不太能用于带数量和时量宾语的谓语,比如*iɯ⁴⁴ kuɔ⁴² ko³³ tɛ⁵³ "吃过两个"、*tsʰa⁵⁵ kuɔ⁴² a³³ iɔ⁴² "唱过一夜",这都是不自然的表达。

(68) ŋa⁵⁵   ke⁴²   kuɔ⁴² sa⁵⁵ xue³⁵.
     1PL:EXCL 见   EXP   三   CLF
     我们见过三次。(成就情状)

(69) so⁴⁴ tɯ³³ ŋiɯ⁴² tsue⁴⁴ kuɔ⁴², zɤ³¹ pɯ³³ tʰa⁵⁵ se³¹ ɕi³⁵
     绳子   这   CLF   断   EXP   用   那   时候 小心
     tɕiɛ⁴⁴.
     点儿
     这条绳子断过,用的时候小心一点儿。(达成情状)

此外,kuɔ⁴²也可以和可恢复的状态、活动、一次性情状搭配,表示动作事件曾经发生,但现在已经中断,而将来有可能再发生。

(70) tɯ³³ue³³   ŋia⁴⁴ kuɔ⁴² me²¹ tue⁴².
     这里   贴   EXP   对联
     这里贴过对联。(状态情状)

(71) ŋɯ⁵⁵   i⁵³   tsɿ⁵⁵ kuɔ⁴² sɯ³⁵ i⁴⁴.
     1SG:GEN   爷爷   做   EXP   生意
     我爷爷做过生意。(活动情状)

(72) pɯ⁵⁵   ue³³ le²¹ tsa⁴⁴ kuɔ⁴², tsɔ⁵⁵ tɯ⁴⁴ me³⁵
     3SG:GEN   眼睛 CLF   眨   EXP   照   RES   闭
     xɯ⁴⁴ iɔ³⁵.
     INCH 来
     他的眼睛眨过,(被)拍(照)到闭起来了。(一次性情状)

从上面的例句来看,经历体标记后可以带宾语也可以没有宾语,宾语可以是光杆名词也可以是量化结构,适用的类型比较丰富。

经历体标记kuɔ⁴²用于主句,也可以用于各类从句,如例(73)(74)。

(73) ŋɔ³¹ zɯ³³tɯ⁴⁴   pɔ³¹ tsɿ⁵⁵ kuɔ⁴² sɯ³⁵ i⁴⁴.
     1SG   知道   3SG   做   EXP   生意
     我知道他做过生意。(宾语从句)

(74) pe⁴⁴ kuɔ⁴² pɛ³⁵ tɕiɯ⁴⁴ pɯ³³ɲi²¹ sua⁴⁴ pɛ³⁵tɕiɯ⁴⁴ mɛ³⁵
　　 去　EXP　北京　　那人　　　说　　北京　　　很
kɯ³⁵.
冷
去过北京的那个人说北京很冷。(定语从句)

总的来看，美坝白语的kuɔ⁴²对动词语义和情状类型有一定要求，分布环境也比较自由，从这两个方面来看，其语法化程度与阶段体相似。

2.3.2 展望体

展望体（prospective）表达的是从参照时间来看，事件即将发生，体现了未然事件和参照时间的联系，美坝白语的展望体标记是kʰɔ⁴²。

(75) v̩³³ɕi⁴⁴ o⁵³ tʰɯ⁵⁵ kʰɔ⁴², ŋɛ²¹tɕiɯ³¹ sɯ³⁵ i³⁵pe⁴².
　　 雨　　　下　DIR　PROSP　　赶快　　　收　　衣服
快下雨了，赶紧收衣服！

展望体表达动作事件在参考时间之后发生，看似是将来时标记，但美坝白语的kʰɔ⁴²不是将来时标记。展望体和将来时的语义区别在于：将来时表达的是在未来一定会发生的事件，而展望体表达的是从目前来看，事件可能会发生，但实际上也可能不发生（Comrie 1976：64）。美坝白语的kʰɔ⁴²可以表达实际上不会发生的事情，所以它是展望体而非将来时标记。

(76) pa⁵⁵ ka⁴⁴ ia⁵³ kʰɯ⁵⁵ xɔ⁵⁵, mu³⁵ tsɯ³³ ko³³ pʰa⁵⁵ mɔ³³
　　 3PL　 DISP 劝开　 COMP:PRT   不然   　两夫妻
tsɯ³³ tsɿ³³ nɔ⁴⁴ tɛ⁴⁴ xɯ⁴⁴ kʰɔ⁴².
　 在　　街　 LOC　打　起　PROSP
他们把(那两个人)劝开了，不然夫妻俩在街上快打起来了。

此外，Klein（1994）指出展望体和将来时的诊断性特征在于展望体可以表达过去事件的即将发生，而将来时则不可以。虽然美坝白语没有过去时标记，但kʰɔ⁴²完全可以和任何表过去的时间副词共现，表达事件在过去某个参照时间看来即将发生。

(77) tsɿ²¹ sɛ³³ ɲi⁴⁴ ŋa⁵⁵ ɲiɯ³⁵ ɕia⁴⁴ kʰɔ⁴².
　　 昨天　　　　1PL:EXCL　　累死　　　　PROSP
昨天我们快累死了。

展望体标记$kʰɔ^{42}$多用于具有终结性的谓语，即成就和达成情状，表达某个有终结点的动作事件即将发生。

(78) o^{53} la^{35} $tɯ^{21}$　$kʰo^{44}$ $xɯ^{55}$　　a^{33} $tsʰɛ^{33}$ $xɯ^{44}$　$kʰɔ^{42}$
　　 婴儿　　　 哭　COMP　　　一上午　　　　　　PROSP
$lɔ^{42}$.
PRT
婴儿快哭了一上午了。（成就情状）

(79) so^{44}　　$ȵiɯ^{42}$　$tsue^{44}$ $(xɯ^{55})$　　$kʰɔ^{42}$.
　　 绳子　　 CLF　　　 断　 COMP　　　　　PROSP
绳子快断了。（达成情状）

从上例可见，当展望体标记和成就情状搭配时，动词必须加完结体标记$xɯ^{55}$，$kʰɔ^{42}$加在宾语后；如果用于达成情状，则完结体标记$xɯ^{55}$可加可不加。状态、活动、一次性情状一般都不能带展望体标记$kʰɔ^{42}$。但是，如果状态或活动情状之后带了起始体标记，就可以带展望体标记，表示某个动作或状态即将开始发生或出现。

(80) pa^{55}　ko^{33}　$ȵi^{21}$　$tɛ^{44}$　$kʰɯ^{44}$　$kʰɔ^{42}$.
　　 3PL　　 两　　 人　　 打　　INCH　　PROSP
他俩快打起来了。

可见，展望体标记不仅可以和有终结点的谓语搭配，也可以和有起点的谓语搭配，表达动作事件或状态即将发生或即将开始。

体标记$kʰɔ^{42}$一般加在整个谓语上，也就是说，如果谓语没有带宾语，$kʰɔ^{42}$就加在动词后，如果动词之后有宾语，则$kʰɔ^{42}$加在动宾结构之后。总之，展望体标记$kʰɔ^{42}$之后不能出现宾语。

展望体标记多用于主句，也能用于从句，但不能用于从属谓语。

(81) $ŋɔ^{31}$　$zɯ^{33}pɯ^{33}tɯ^{44}$　　$pɔ^{31}$　$tsʰɛ^{33}ȵi^{44}$　$kʰɔ^{42}$.
　　 1SG　　　 不知道　　　　　　3SG　　 睡着　　　　 PROSP
我不知道他快睡着了。（宾语从句）

(82) *$ŋɔ^{31}$　$iɯ^{44}$ $uɔ^{35}$　　$kʰɔ^{42}$　　$pe^{44}ta^{42}$.
　　 1SG　　 吃完　　　 PROSP　　 回家

例（82）中展望体标记出现在句子的主要动词$pe^{44}ta^{42}$"回家"前，整个句子表意不清，不合语法。美坝白语的展望体标记$kʰɔ^{42}$受动词语义的限制较少，分布环境有限，不能用于从句，是一个语法化程度较高的体标记。

2.4 美坝白语的动量体

美坝白语中还有一个涉量的体标记，用来表示动作事件的不同的量。参考Dik（1997）的研究，我们将其称为动量体（quantificational aspect）。美坝白语的动量体主要是短时体。

美坝白语的动量体体标记放在动词前，和副词出现的位置一样，这点和其他体标记不同，而且语义上可以理解为是表达了动作的方式。但是，ka⁴⁴不是副词，因为ka⁴⁴和动词之间不能插入其他成分，和动词的关系比较紧密。美坝白语副词和动词之间可以插入其他成分，比如：ŋɛ²¹tɕiɯ³¹ pe⁴⁴"快走"中间可以插入 tɕiɛ⁴⁴"点儿/些"，变成 ŋɛ²¹tɕiɯ³¹ tɕiɛ⁴⁴ pe⁴⁴"快点儿走"。因此，本书也把ka⁴⁴当作动词的语法范畴，是短时体标记。

陈前瑞（2008）把汉语的动量体列为阶段体的一个小类，但在白语中，动量体和阶段体本身性质差异较大，而且在有的白语方言中，还有其他的动量体。比如洱源炼铁白语在动词后加ti³⁵表示回来继续做某件事，在动词前加tʰɯ³¹表示常常做某事。单独设立动量体这一类别，有助于以后更好地统一梳理和解释不同白语方言的材料。

2.4.1 短时体

美坝白语在动词前加ka⁴⁴或动词重叠后加tsɿ⁴⁴都可以表达动作短暂持续，本书将其称作短时体（delimitative）。①动作短暂持续也隐含动作的尝试义，白语不区分这两个语义，为体现其与动量的关系，我们统称为短时体。②

美坝白语在动词前加ka⁴⁴或动词重叠后加tsɿ⁴⁴都可以表达动作的短时持续。ka⁴⁴在美坝白语中无实词义，tsɿ⁴⁴本义是"儿子"，进而演变为了小称后缀。

---

① 短时体的英文 delimitative 参考自 Li & Thompson（1989）分析汉语普通话动词重叠形式时所用的术语。
② 北方汉语方言也不区分短时和尝试这两个语义，动词重叠既表尝试也表短时，但南方汉语方言多用"V+一下"表短时，而用"V+看看"表尝试（王玲玲 2014）。

(83) nɔ³¹ ne⁴⁴ tɯ⁴⁴ a³³le²¹, ŋɔ³¹ ka⁴⁴ a³³.
　　 2SG 拿 **RES** 什么 **1SG** **DELIM** 看
　　 你拿着什么，我看一下。

(84) nɔ³¹ ne⁴⁴ tɯ⁴⁴ a³³le²¹, ŋɔ³¹ a³³a³³tsʅ⁴⁴.
　　 2SG 拿 **RES** 什么 **1SG** 看:**DELIM**
　　 你拿着什么，我看一下。

如上例所示，大多数情况下，美坝白语中表短时体的ka⁴⁴都可以被替换为动词重叠形式，二者语义差别非常细微。ka⁴⁴在白语方言中分布比较普遍，动词重叠的用法只见于大理洱海周边的白语，应该是一个受汉语影响产生的表达方式，重叠加tsʅ⁴⁴则可能是受韵律的影响（李煊 2021b）。本章都以ka⁴⁴为例介绍美坝白语短时体的分布规律。

短时体表达的是动作的短暂持续，因此不能用于具有终结性的成就和达成情状。ka⁴⁴多和没有终结性且可持续的状态和活动情状搭配。

(85) na⁵⁵ ka⁴⁴ ɕia⁴⁴ mu⁵⁵tse⁴⁴ tsʰa⁵⁵.
　　 2PL **DELIM** 歇 再 唱
　　 你们歇歇再（继续）唱。（状态情状）

(86) tsʰu⁵⁵ tɯ⁴⁴ mɛ³⁵ɕio³⁵, ŋɔ³¹ ka⁴⁴ tso²¹.
　　 闻 得 很香 **1SG** **DELIM** 尝
　　 闻起来很香，我尝一下。（活动情状）

一次性情状也不具有终结性，可以带短时体标记ka⁴⁴，表达动作的发生或短暂性的重复发生。

(87) sɯ³³ le²¹ ka⁴⁴ po⁴⁴.
　　 手 **CLF** **DELIM** 拍
　　 拍一下手！

动词带短时体标记时，宾语常常通过处置标记ka⁴⁴被提前到动词前。

(88) nɔ³¹ ka⁴⁴ ke⁴² ŋɛ³³ ia³³ ka⁴⁴ to³⁵so³⁵.
　　 2SG **DISP** 碗筷 些 **DELIM** 收拾
　　 你把碗筷收拾一下。（注：第一个ka⁴⁴是处置标记，第二个ka⁴⁴是短时体标记）

短时体标记ka⁴⁴多用于主句,也可以用于从属谓语以及宾语从句、主语从句等从句。

(89) nɔ³¹　　ka⁴⁴　　　　a³³　　muɯ⁵⁵pe⁴⁴ŋi⁴⁴.
　　 2SG　 DELIM　　　 看　　再　 走　 进
　　 你看看再进去。(从属谓语)

(90) pa⁵⁵　tsɔ⁵³　pɔ³¹　tsɿ²¹　ka⁴⁴　　　a³³.
　　 3PL　 说　　 3SG　 只　　 DELIM　　 看
　　 他们说他只是看看。(宾语从句)

可见,美坝白语的短时体标记ka⁴⁴只和可持续的动作搭配,分布环境则相对自由。

2.4.2 动作随意标记

随意貌这一术语主要来自汉语方言研究,比如福州方言(陈泽平1996)有这一范畴,表示动作随意、轻松、胡乱应付。陈泽平(1996)等汉语方言语法研究都把随意列为"貌"的一种,称为随意貌。美坝白语在动词前加 lɔ³⁵表示动作随意发生。由于本书不列"貌"这一语法类别,不将lɔ³⁵称为随意貌。只是动作随意发生也和动作的少量有关,且lɔ³⁵使用频率很高,本身无实词义,我们也加以介绍。但由于lɔ³⁵所表达的语义更接近副词,后面也还可以跟其他体标记,因此,我们不把它看作体标记。

(91) pɔ³¹　　lɔ³⁵　　iɯ⁴⁴　　ua⁵⁵　tsue³³　　suɯ⁴⁴　pe⁴⁴　xɔ⁵⁵.
　　 3SG　 随意　 吃　　 几　　 嘴　　　　 就　　 走　 COMP:PRT
　　 他胡乱吃了几口就走了。

(92) ŋɔ³¹　　lɔ³⁵　　fɛ³³　　xɯ⁵⁵　　fɛ³³.
　　 1SG　 随意　 翻　　 COMP　 翻
　　 我随便翻了翻。

美坝白语用lɔ³⁵表示动作随意发生时,动词后一般都要加量化宾语,数量、时量或动量皆可。因此,就情状类型来说,lɔ³⁵只用于成就情状。

lɔ³⁵多用于主句,也能用于从属谓语,用于各类从句,包括宾语从句和主语从句等。

(93) pɔ³¹ lɔ³⁵ tsʰa⁵⁵ xɯ⁵⁵ tsʰɛ⁵⁵ su⁴⁴ pe⁴⁴ta⁴² iɯ³⁵ lɔ⁴².
3SG 随意 唱 COMP 声 就 回家 来 PRT
他随便唱了几句就回来了。(从属谓语)

(94) ŋɔ³¹ zɯ³³tɯ⁴⁴ pɔ³¹ lɔ³⁵ uɛ⁵³ xɯ⁵⁵ ua⁵⁵ tsɿ³¹.
1SG 知道 3SG 随意 写 COMP 几 字
我知道他随便写了几个字。(宾语从句)

(95) sɛ³¹ ua⁵⁵ tuɔ³³ lɔ³⁵ tsʰu³³ tsʰu³³ su⁴⁴ tɛ³³ lɔ⁴².
蘑菇 几 CLF 随意 炒 炒 就 得 PRT
蘑菇随便炒一下就行了。(主语从句)

不同白语方言中都有一个和美坝白语的lɔ³⁵相对应的形式，表示动作的随意发生，比如炼铁和朱柳白语的lɛ³⁵。可见，这是在白语中产生时间比较早的一种语义表达手段。

2.5 体标记的连用规律

从上一节的分析来看，经历体的表现与阶段体相似，语法化程度不高。但是，从体标记的连用规律、体标记与情态助词的搭配来看(本书3.2节)，经历体的语法化程度高于阶段体。下面我们来说明美坝白语体标记的连用规律。

美坝白语体标记的连用主要发生在阶段体和透视体之间，具体来说，主要是完结体、结果体、经历体、起始体和展望体之间的连用，这些体标记不会和进行体标记发生连用，短时体标记也不和任何其他体标记连用。

阶段体内部的连用，主要是结果体标记tɯ⁴⁴和起始体标记kʰɯ⁴⁴/xɯ⁴⁴后面可以加完结体标记xɯ⁵⁵。

(96) ŋɔ³¹ mɛ⁴² tɯ⁴⁴ kɛ²¹ xɯ⁵⁵ pe⁴⁴ta⁴² iɔ³⁵.
1SG 买 RES 肉 xɯ55 回家 来:PRT
我买到肉了(就)回来。

(97) pa⁵⁵ iɯ⁴⁴ kʰɯ⁴⁴ xɯ⁵⁵ ŋɔ³¹ mɯ⁵⁵ pe⁴⁴ŋi⁴⁴.
3PL 吃 INCH xɯ55 1SG 才 进去
他们吃起来了我再进去。

上述两种情况看似是体标记的连用,但实际上例句中的xɯ⁵⁵并非体标记。完结体标记在美坝白语中还发展出了连词的功能(详见第五章的讨论),与结果体和起始体标记连用时都用于主从复句,结果体和起始体用于从属谓语,完结体标记位于结果体和起始体标记和主句之间,这时候xɯ⁵⁵的功能更接近于连词,起到连结作用,而非表达从属谓语的结束。特别是xɯ⁵⁵和结果体连用时,xɯ⁵⁵只能放在宾语之后,而用作体标记的xɯ⁵⁵都必须紧跟动词,所以这种情况下xɯ⁵⁵应该被分析为连词。

美坝白语真正的体标记连用是发生在阶段体和透视体之间,三个阶段体标记(结果体标记tɯ⁴⁴、完结体标记xɯ⁵⁵、起始体标记kʰɔ⁴⁴/xɯ⁴⁴)都能分别跟透视体标记(经历体标记kuɔ⁴²和展望体标记kʰɔ⁴²)连用。

结果体标记tɯ⁴⁴和经历体标记kuɔ⁴²连用时表达的是某个动作结果曾经实现,如例(98)。完结体标记xɯ⁵⁵和经历体标记kuɔ⁴²连用,表示某个事件曾经发生或结束,如例(99)。起始体标记和经历体标记kuɔ⁴²连用表达某动作事件曾经开始并持续,如例(100)。

(98) pɯ³³ŋi²¹　　sɯ³⁵　tɯ⁴⁴　kuɔ⁴²　ke³⁵tsʅ⁴⁴sɛ³¹.
　　 那位　　　　采　 RES　EXP　 鸡枞菌
　　 他(敬称)采到过鸡枞菌。

(99) ŋɔ³¹　tsʅ⁵⁵ tsʰa⁵⁵　xɯ⁵⁵　　kuɔ⁴².
　　 1SG　 做错　　　 COMP　　EXP
　　 我做错过。

(100) xue³³　ia²¹　　ŋiɯ³³ xɯ⁴⁴ kuɔ⁴², a³³kɯ⁵⁵ la⁴² u⁴⁴ xɔ⁵⁵.
　　　 火　　CLF　　燃　 INCH EXP　现在　　又　灭 COMP:PRT
　　　 火燃起来过,现在又灭了。

结果体标记tɯ⁴⁴和展望体标记kʰɔ⁴²连用时表达的是某个动作结果即将实现,如例(101)。完结体标记xɯ⁵⁵和展望体标记kʰɔ⁴²连用,表示某个事件即将结束,如例(102)。起始体标记和展望体标记kʰɔ⁴²连用,表示某动作事件即将开始并持续,如例(103)。

(101) pɔ³¹　kɛ⁴⁴　tɯ⁴⁴　iɛ³¹ ke³⁵　tɯ²¹ kʰɔ⁴².
　　　3SG　 捉　　RES　 野鸡　　　 CLF PROSP
　　　他快捉到野鸡了。

(102) $pɔ^{31}$　　to^{44}　　$xɯ^{55}$　　$kʰɔ^{42}$.
　　　3SG　　摔　　COMP　　PROSP
　　　他快摔倒了。

(103) xue^{33}　ia^{21}　$ŋɯ^{33}$　$xɯ^{44}$　$kʰɔ^{42}$　$lɔ^{42}$.
　　　火　　CLF　　燃　　INCH　　PROSP　　PRT
　　　火快要点燃了。

　　从生成语法的角度来看,考察不同语法成分的共现情况,可以了解它们句法位置的高低,从而归纳它们之间的句法结构关系。①一般来说,在白语这样的语言中,当不同的语法标记连用时,越靠右虚化程度越高、句法位置越高,句法位置高也意味着语法化程度高。美坝白语体标记的连用情况正好说明了阶段体的虚化程度都比透视体低,即透视体标记(经历体标记$kuɔ^{42}$和展望体标记$kʰɔ^{42}$)的语法化程度及句法位置都高于阶段体标记,即结果体标记$tɯ^{44}$、起始体标记$kʰɯ^{44}/xɯ^{44}$、完结体标记$xɯ^{55}$。

2.6　美坝白语的体系统

　　有的研究把情状类型称为词汇体,由于本书所提及的情状类型是谓语本身的时间结构特点,并非语法范畴,我们不将其称为体。美坝白语共有7个体范畴:经历体、展望体、起始体、进行体、结果体、完结体、短时体。见下表。

表10　美坝白语的体系统

体类别	体范畴	界定特征
透视体	经历体(-$kuɔ^{42}$)、展望体(-$kʰɔ^{42}$)	涉及情状和参考时间;语法化程度高
阶段体	起始体(-$kʰɯ^{44}/xɯ^{44}$)、持续体(-$tɕiɛ^{31}$)、结果体(-$tɯ^{44}$)、完结体(-$xɯ^{55}$)	表达情状过程的某一阶段;搭配受词汇义限制、分布环境自由,后面可连用透视体标记
动量体	短时体(ka^{44}-)	表示动作的量;体标记无实词义,使用频率高;不能与其他体标记共现

---

① 比如邓思颖(2010,2015,2016)全面考察了粤语句末助词的共现及分布规律,将汉语句末助词分为"事件、时间、焦点、程度、感情"五类,一般来说,同类句末助词不能共现,而不同类句末助词的连用顺序为:事件>时间>焦点>程度>感情,从左往右,句末助词的句法位置渐高。

上文从和谓语的搭配规律、分布环境、体标记连用规律等几个方面详细描写了美坝白语不同体标记的分布规律。从体标记与动词的搭配规律及分布环境来看,起始体、持续体、结果体、完结体标记的语法化程度不高,被归为阶段体,这类体标记的数量最多,最能体现白语对动作时间结构的编码方式。从体标记的连用规律来看,经历体和展望体的语法化程度高于阶段体,被归为透视体。短时体表示动作事件短暂持续,被归为动量体(见表10)。

第三章 美坝白语中时间、情态和体的关系

跨语言来看，时制、体和情态三个语法范畴的关系都十分密切，常常一起被简称为TAM（tense-aspect-modality）。时制指的是语法化的时间位置（Comrie 1985：1），即用语法化的方式表达事件发生时间和参考时间之间的关系。情态及其类型可以有多种不同的界定方式，我们参考van der Auwera & Plungian（1998）将"情态"限定为只关涉可能性（possibility）和必要性（necessity）的语法范畴。这一章，我们将介绍美坝白语中时间和情态的表达和体之间的关系。

3.1 时间副词和体标记的搭配规律

事物的主要特征是占据空间，而动作则是占据时间。除了上文提到的体和情状类型，和动作的时间特征直接相关的还有动作的发生时间。动作的发生时间在有些语言中用语法手段表达，比如现代英语通过在动词后加-ed来表示动作发生在过去，被范畴化了的表达事件时间的语法形式就被称为时制。美坝白语中无时制范畴，但也需要表达动作的时间。

Comrie（1985：36）把时制分为绝对时制（absolute tense）、相对时制（relative tense）以及绝对-相对时制（absolute-relative tense）。绝对时间指的是参考说话时间就能确定的时间，比如英语用过去、现在和将来三种时态来表达绝对时制，而像美坝白语这样没有时制的语言，绝对时制由 tsʅ²¹sɛ³³ŋi⁴⁴"昨天"、kɛ⁵⁵ŋi⁴⁴"今天"、mɛ⁵⁵ŋi⁴⁴"明天"这样的时间副词来表达，或者由ɕie⁴⁴"先"、mɯ⁵⁵tɕi²¹"刚刚"、tsu³³sɯ⁴⁴"早就"之类的副词来辅助表达。相对时制则指的是根据上下文语境才能确定的时间，其参考时间不是说话时制，比如英语小句中用现在分词或过去分词来表达，而美坝白语用ɣɯ³³ŋi⁴⁴"后一天/之后"、pɯ⁵⁵ tɕi²¹mi²¹ɕi³⁵ pɯ³³ŋi⁴⁴"前一天"、pɯ³³ŋi⁴⁴"那天"这些时间副词来表达。绝对-相对时制指的是和说话时制、参考时制均有关的时制，比如英语的过去完成时

(pluperfect)，美坝白语中没有这一类时间概念。

上述提到的美坝白语中表达时间的词汇手段都不具有强制性，但只要是指涉外部世界中实际发生的事件，句子谓语的时间性必须得到实现，即要求谓语表达的事件在时间上是实际发生的（郭锐 2015）。那么，美坝白语如何表达现实性谓语事件的时间？下面我们通过测试体标记和时间副词的搭配规律，来尝试回答这一问题。

本书所选用来测试时体搭配的表示绝对时制的时间词为：a³³kɯ⁵⁵ "现在"、tsʐ²¹sɛ³³ŋi⁴⁴ "昨天"、mɛ⁵⁵ŋi⁴⁴ "明天"；表相对时制的副词为：ɣɯ³³ŋi⁴⁴ "后一天"、pɯ⁵⁵ tɕi²¹mi²¹ɕi³⁵ pɯ³³ ŋi⁴⁴ "前一天"。下面来看这些时间副词和不同体标记的搭配情况。

3.1.1 完结体和时间副词的搭配

完结体表达动作事件的结束，能自然地和表在说话时间之前的绝对时间词搭配，但不能和表与说话时间同时或在它之后的绝对时间词搭配。美坝白语中，动词带了xɯ⁵⁵在任何情况下都能自由地加时间副词tsʐ²¹sɛ³³ŋi⁴⁴ "昨天"，但只有后面不带宾语时才能用于非现实语境，和a³³kɯ⁵⁵ "现在" 或 mɛ⁵⁵ŋi⁴⁴ "明天" 搭配（§2.2.1.2），如果后面有宾语，则不能和a³³ kɯ⁵⁵ "现在" 或 mɛ⁵⁵ ŋi⁴⁴ "明天" 搭配。

(104) pɔ³¹   tsʐ²¹sɛ³³ŋi⁴⁴ sɯ⁴⁴   pe⁴⁴   xɯ⁵⁵   lɔ⁴².
     3SG   昨天   就   走   COMP   PRT
     他昨天就走了。

(105) *pɔ³¹   a³³kɯ⁵⁵/ mɛ⁵⁵ŋi⁴⁴   iɯ⁴⁴   xɯ⁵⁵   ɕi⁴⁴ tue⁴².
     3SG   现在/明天   吃   COMP   四 顿

和相对时间词搭配时，如果时间副词所指的时间早于说话时间，就可以和完结体标记xɯ⁵⁵搭配。pɯ⁵⁵ tɕi²¹mi²¹ɕi³⁵ pɯ³³ ŋi⁴⁴ "前一天" 指的是在参考时间之前的某一天，如果这个时间早于说话时间，就可以和xɯ⁵⁵共现，同样，ɣɯ³³ŋi⁴⁴所指的 "后一天" 如果早于说话时间，也可以和xɯ⁵⁵共现，但如果这两个副词所指的时间在说话时间之后，就都不能和xɯ⁵⁵共现。本书在例句前加 "#" 号，表示该句子有条件的合法。

(106) #pɔ³¹ pɯ⁵⁵ tɕi²¹mi²¹ɕi³⁵ pɯ³³ ŋi⁴⁴iɯ⁴⁴ xɯ⁵⁵   ɕi⁴⁴ tue⁴².
     3SG 前一天   吃   COMP   四 顿
     他（今天或之前的）前一天吃了四顿（饭）。

(107) #pɔ³¹   ɣɯ³³ŋi⁴⁴   iɯ⁴⁴   xɯ⁵⁵   ɕi⁴⁴   tue⁴².
　　 3SG   后一天   吃   COMP   四   顿
　　 他(过去某天的)后一天吃了四顿(饭)。

上面例句中，不论是pɯ⁵⁵ tɕi²¹mi²¹ɕi³⁵ pɯ³³ ŋi⁴⁴"前一天"还是ɣɯ³³ŋi⁴⁴"后一天"，只要其所指的实际时间早于说话时间，就可以自由地和xɯ⁵⁵共现。可见，完结体标记xɯ⁵⁵和时间副词搭配时，多和表早于说话时间的时间副词搭配，具有明显的先时性(anteriority)。①

3.1.2 结果体和时间副词的搭配

结果体强调动作事件有结果，既可以强调结果的实现，也可以强调结果状态。如果美坝白语的结果体标记tɯ⁴⁴表达的是结果状态，那可以和a³³ kɯ⁵⁵"现在"以及所指时间早于说话时间的时间副词搭配，表示当时的状态。

(108) a³³ kɯ⁵⁵/tsɿ²¹sɛ³³ŋi⁴⁴   tsɛ³⁵ tsɿ⁴⁴ nɔ⁴⁴ tɕia⁵⁵ tɯ⁴⁴ fv̩³³se⁴⁴
　　 现在/昨天   桌子   LOC   放   RES   扇
　　 pa⁵³.
　　 CLF
　　 现在/昨天桌子上放着一把扇子。

如果表示相对时制的时间副词所指时间早于说话时间，也可以和结果体标记tɯ⁴⁴搭配，表示当时的状态。

(109) pɔ³¹   tɛ⁴⁴fɛ⁴⁴ pɯ⁵⁵ tɕi²¹mi²¹ɕi³⁵ pɯ³³ ŋi⁴⁴/ɣɯ³³ŋi⁴⁴ tso⁴⁴
　　 3SG   出嫁   前一天/后天   穿
　　 tɯ⁴⁴   tsʰɛ⁴⁴   ŋe²¹   tɕi³³.
　　 RES   红   鞋   CLF
　　 她出嫁前一天/后天穿了一双红鞋子。

如果结果体标记tɯ⁴⁴强调结果实现，也可以和a³³ kɯ⁵⁵"现在"搭配。但这种情况下，时间副词是参考时间，表示在a³³ kɯ⁵⁵"现在"之前，动作

---

① 参考Comrie(1985：11)提到的相关概念，本书所说的先时性、同时性和后时性指的是以说话时间为参考的在此之前、此时和此后的不同时间，大致对应于过去、现在、将来。

结果已实现。

(110) ŋɔ³¹ a³³ kɯ⁵⁵　　i²¹ tɯ⁴⁴　　tso⁵³ kue³⁵　　tʰa³¹　　lɔ⁴².
1SG 现在　　　找 RES　　　钥匙 CLF　　　　　　PRT
我现在找着钥匙了。

强调动作结果已实现的tɯ⁴⁴也还可以跟其他时间副词搭配，要求时间副词所指时间要在说话时间之前。因此，只有mɛ⁵⁵ŋi⁴⁴"明天"完全不可能跟tɯ⁴⁴共现。

(111) #pɔ³¹　　kʰɔ³¹　　xɯ⁴⁴　　ta⁵⁵ ɕiɔ³⁵　　ɣɯ³³ ŋi⁴⁴,　　pɯ⁵⁵.
3SG　　　考　　INCH　　大学　　　　后一天　　　3SG:GEN
tie³³　　mɛ⁴²　　tɯ⁴⁴　　tsʰɛ⁴⁴　　tɕia⁴⁴.
爹　　　买　　RES　　　车　　　　CLF
他考上大学的后一天，他爸爸买了一辆车。

(112) *mɛ⁵⁵ŋi⁴⁴,　　ŋɔ³¹　　mɛ⁴²　　tɯ⁴⁴　　tsʰɛ⁴⁴　　tɕia⁴⁴.
明天　　　　　1SG　　　买　　　RES　　　车　　　CLF

例(111)中，如果ɣɯ³³ŋi⁴⁴"后天"指的是在参考时间之后但在说话时间之前的某天，句子就很自然；反之，如果指的是在参考时间之后也在说话时间之后的某天，即"他考上大学"这件事如果还没发生，句子就不合法。

同样，结果体标记tɯ⁴⁴和时间副词搭配时，除了表状态时和a³³kɯ⁵⁵"现在"搭配表示当下的状态，tɯ⁴⁴也要求与之搭配的时间副词所指时间早于说话时间或等于说话时间，具有明显的先时性。

3.1.3 持续体和时间副词的搭配

持续体表达动作事件正在进行，美坝白语的持续体标记tɕiɛ³¹最自然地是和a³³kɯ⁵⁵"现在"共现。

(113) a³³ kɯ⁵⁵　　pa⁵⁵　　iɯ⁴⁴　　tɕiɛ³¹　　pe³³.
现在　　　　3PL　　　吃　　　CONT　　　晚饭
他们现在正吃晚饭。

持续体标记tɕiɛ³¹任何时候都不能和mɛ⁵⁵ŋi⁴⁴"明天"、ɣɯ³³ŋi⁴⁴"后一天"搭配，也不能直接和pɯ⁵⁵ tɕi²¹mi²¹ɕi³⁵ pɯ³³ ŋi⁴⁴"前一天"、tsʅ²¹ sɛ³³ ŋi⁴⁴"昨天"搭配。但是，持续体标记并非完全不能和所指非当下的时间副词搭配。只要语境或时间副词能提供一个小范围的、具体的参考时间，且所指时间发生在说话时间之前，比如pɯ⁵⁵ tɕi²¹mi²¹ɕi³⁵ pɯ³³ ŋi⁴⁴ iɯ⁴⁴ tsʰa⁵⁵ tsʅ²¹ tɕia⁴⁴ "前一天吃午饭的时候"、tsʅ²¹sɛ³³ŋi⁴⁴ tsʰɛ³³xɯ⁴⁴ ʋ³³ɕi⁴⁴ o⁵³ tsɯ³⁵ pɯ³³tha⁵⁵ "昨天上午下雨那会儿"，进行体标记tɕiɛ³¹就可以和所指非当下的时间副词共现。

(114) pɯ⁵⁵ tɕi²¹mi²¹ɕi³⁵ pɯ³³ŋi⁴⁴ iɯ⁴⁴ pe³³ tsʅ²¹tɕia⁴⁴ ŋɔ³¹
前一天 吃 晚饭 时候 3SG
tse⁴⁴ se³³ tɕiɛ³¹ i³⁵pe⁴².
还 洗 CONT 衣服
那前一天吃晚饭的时候，我还在洗衣服。

(115) tsʅ²¹ sɛ³³ ŋi⁴⁴ tsʰɛ³³xɯ⁴⁴, ʋ³³ɕi⁴⁴ o⁵³ tsɯ³⁵ pɯ³³tha⁵⁵,
昨天 上午 雨 下 来 那会儿
ŋɔ³¹ iɯ⁴⁴ tɕiɛ³¹ tsʰa⁵⁵.
1SG 吃 CONT 午饭
昨天上午下雨那会儿，我正在吃午饭。

从上述两个例子可见，持续体可以用于过去发生的事情，但要和相对具体的时间副词搭配。

总的来看，美坝白语的持续体标记最能自然搭配的时间副词是a³³ kɯ⁵⁵ "现在"，表达同时性（simultaneity）。虽然可以和先于说话时间的时间副词搭配，但这些时间副词必须很具体，可以提供观察动作的具体时间。

3.1.4 起始体和时间副词的搭配

美坝白语的起始体标记kʰɯ⁴⁴/xɯ⁴⁴可以和a³³ kɯ⁵⁵ "现在"搭配，表示当下动作的起始并持续。

(116) o⁵³ la³⁵ tɯ²¹ a³³ kɯ⁵⁵ kʰo⁴⁴ xɯ⁴⁴ iɯ³⁵ lɔ⁴².
婴儿 CLF 现在 哭 INCH 来 PRT
婴儿现在哭起来了。

与非当下的时间副词搭配时，美坝白语的起始体标记kʰɯ⁴⁴/xɯ⁴⁴只能和所指时间在说话时间之前的时间副词搭配。

(117) ŋɔ³¹   tsʅ²¹sɛ³³n̠i⁴⁴   su⁴⁴   tsʅ⁵⁵   xɯ⁴⁴   tsɔ⁴²su³³   iɯ³⁵
     1SG   昨天   就   干   **INCH** 活儿   来
     lɔ⁴².
     PRT

我昨天就干起活儿来了。

(118) *ŋɔ³¹   mɛ⁵⁵ n̠i⁴⁴   mu⁵⁵   tsʅ⁵⁵   xɯ⁴⁴   tsɔ⁴² su³³   iɯ³⁵.
      1SG   明天   才   干   **INCH** 活儿   来

表相对时制的时间副词实际所指的时间可以在说话时间之前，也可以在说话时间之后。当pɯ⁵⁵ tɕi²¹mi²¹ɕi³⁵ pɯ³³ n̠i⁴⁴ "前一天"和ɣɯ³³ n̠i⁴⁴ "后一天"所指时间在说话时间之前时，也可以和起始体标记kʰɯ⁴⁴/xɯ⁴⁴共现。

总的来看，美坝白语的起始体标记只能和表示当下时间或早于说话时间的时间副词搭配，表示动作状态已经开始并持续，也具有先时性。

3.1.5 经历体和时间副词的搭配

经历体表达动作事件在说话时间之前曾经发生。美坝白语的经历体标记kuɔ⁴²可以和a³³kɯ⁵⁵ "现在"搭配，这种情况下，a³³kɯ⁵⁵ "现在"是参考时间，表达动作事件在现在之前曾经发生。

(119) ŋɔ³¹   a³³ kɯ⁵⁵   pe⁴⁴   kuɔ⁴²   pɛ³⁵ tɕiɯ⁴⁴   lɔ⁴².
      1SG   现在   去   **EXP**   北京   **PRT**

我现在去过北京了。

如果时间副词所指为非当下时间，美坝白语的经历体标记kuɔ⁴²要求时间副词所指时间必须在说话时间之前。参考时间可以是说话时间，即kuɔ⁴²可以和tsʅ²¹sɛ³³n̠i⁴⁴ "昨天"共现，也可以是非说话时间，即kuɔ⁴²也可以和pɯ⁵⁵ tɕi²¹mi²¹ɕi³⁵ pɯ³³n̠i⁴⁴ "前一天"、ɣɯ³³n̠i⁴⁴ "后一天"共现，但不能和mɛ⁵⁵n̠i⁴⁴ "明天"共现。

(120) pɯ⁵⁵   mɔ³³   tsʅ²¹sɛ³³n̠i⁴⁴/pɯ⁵⁵ tɕi²¹mi²¹ɕi³⁵ pɯ³³n̠i⁴⁴
      3SG:GEN 母   昨天/前一天
      pe⁴⁴   kuɔ⁴²   sʮ⁴²   nɔ⁴⁴.
      去   **EXP**   山   **LOC**

他妈昨天/那前一天去过山上。

(121) *pa⁵⁵ tɕʰiɛ³³kʰɛ⁴⁴　　nɔ⁴⁴　ɣu³³ɲi⁴⁴　　ŋɔ³¹　pe⁴⁴　kuɔ⁴²*
　　　3PL 请客　　　　　的　　后一天　　　1SG　去　EXP
　　　pa⁵⁵　na⁴².
　　　3PL　　LOC
　　　他们请客的后一天,我去过他们家。
(122) **mɛ⁵⁵ɲi⁴⁴　ŋɔ³¹　iu⁴⁴　kuɔ⁴²　tɕi³¹tsɿ⁴⁴kɛ²¹.*
　　　明天　　　1SG　吃　　EXP　　麂子肉

可见,美坝白语的经历体标记kuɔ⁴²同样也有一定的先时性,要求与之搭配的时间副词所指时间不能在说话时间之后。

3.1.6 展望体和时间副词的搭配

美坝白语的展望体标记kʰɔ⁴²可以和上述所有时间副词搭配,这些时间都可被解读为参考时间,事件都发生在参考时间之后。

(123) *ŋɔ³¹　a³³ku⁵⁵　tsɿ⁵⁵　uɔ³⁵　kʰɔ⁴².*
　　　1SG　现在　　　做　　　完　　PROSP
　　　我现在快做完了。
(124) *ŋɔ³¹　　tsɿ²¹ sɛ³³ ɲi⁴⁴　su⁴⁴tsɿ⁵⁵uɔ³⁵　kʰɔ⁴².*
　　　1SG　　昨天　　　　　就做完　　　　PROSP
　　　我昨天就快做完了。
(125) *ŋɔ³¹ mɛ⁵⁵ ɲi⁴⁴　tsɿ⁵⁵　tsɿ⁵⁵uɔ³⁵ kʰɔ⁴².*
　　　1SG 明天　　　就　　做　完　PROSP
　　　明天我就快做完了。
(126) *pɯ⁵⁵ tɕi²¹ mi²¹ ɕi³⁵ pɯ³³ ɲi⁴⁴pɔ³¹ su³³ tsɿ⁵⁵　uɔ³⁵ kʰɔ⁴².*
　　　前一天　　　　　　3SG　就　做　完　PROSP
　　　那前一天,他就快做完了。
(127) *ɣu³³ ɲi⁴⁴　tsɿ⁵⁵　pɔ³¹　tsɿ⁵⁵　uɔ³⁵　kʰɔ⁴².*
　　　后一天　TOP　3SG　做　　完　　PROSP
　　　后一天,他就快做完了。

美坝白语的kʰɔ⁴²可以和不同类型的时间副词搭配,表达发生在参考时间之后的事件,事件发生时间在说话时间之前或之后皆可,具有明显的后时性。

3.1.7 短时体和时间副词的搭配

美坝白语的短时体标记ka⁴⁴可以和a³³ kɯ⁵⁵ "现在" 搭配，表示当下动作的短暂持续。

(128) ŋɔ³¹   a³³ kɯ⁵⁵   ka⁴⁴   sʐ³¹.
1SG   现在   DELIM   试
我现在试试。

如果时间副词表达非当下的时间，短时体标记ka⁴⁴只能和所指时间在说话时间之后的副词搭配。

(129) nɔ³¹   mɛ⁵³ ȵi⁴⁴/ ɣɯ³³ȵi⁴⁴   ka⁴⁴   tɕʰiɛ⁵⁵piɛ⁴⁴.
2SG   明天/后一天   DELIM   打听
你明天/后一天打听一下！

上面例句中没有其他指示时间的句子成分，ɣɯ³³ȵi⁴⁴ "后一天" 被解读为 "说话时间之后的一天"，可以和短时体标记ka⁴⁴共现。

可见，美坝白语的短时体标记ka⁴⁴要求与之搭配的时间副词所指的时间不能早于说话时间。

3.1.8 小结

从理论上来说，如果体真的是一个独立的语法范畴，那么它就可以和不同的时间副词搭配，从不同时间来观看动作事件的内部时间结构。但事实上，从Dahl(1985)的研究来看，不同语言的材料都表明体标记和时间的搭配有明显的倾向性：完整体多和表过去时间的成分或语法范畴共现，而非完整体则多和现在时间共现。其背后的理据在于，事情只有结束时才可以被当成一个整体来观察，反之，如果事件正在进行或是一个状态，即非完整体，那一般是某个时刻观察的结果，而这个时刻要么是说话时间，要么是某个具体的时间点 (Dahl 2000: 16)。

从上文的分析来看，美坝白语不同体标记和时间副词的搭配也有明显的倾向性。虽然白语没有时制范畴，但体标记和时间副词的搭配跟说话时间密切相关。

表 11 美坝白语体标记和时间副词的搭配规律

体范畴	说话时间之前	说话时间	说话时间之后
完结体（xɯ⁵⁵）	+		
结果体（tɯ⁴⁴）	+	+	
持续体（tɕiɛ³¹）	+（所指为具体时间）	+	
起始体（kʰɯ⁴⁴/xɯ⁴⁴）	+	+	
经历体（kuɔ⁴²）	+	+	
展望体（kʰɔ⁴²）	+	+	+
短时体（ka⁴⁴）		+	+

从上表可见，美坝白语的完结体、结果体、起始体和经历体倾向于和表早于说话时间的时间副词搭配，蕴含动作或状态在过去已经发生；持续体自然地和表和说话时间重合的时间副词搭配，表示动作事件正在发生；展望体和短时体可以和表晚于说话时间的时间副词搭配，蕴含动作发生在将来。换句话说，虽然无时制范畴，但美坝白语的体范畴蕴含了一定的时制意义，能明确语言表达中谓语的事件时间。

需要说明的是，本节通过考察时间副词和体标记的搭配规律指出美坝白语体标记的分布和说话时间的关系，但并不意味着美坝白语体标记的分布只和说话时间有关。郭锐（2015）把汉语的相对时间参照分为内部时间参照和外部时间参照，前者指以语句后续事件发生时间为参照，后者指以外部世界时间流逝中的某一个时间点为参照。上文只考察了现实性谓语事件，且仅限于主句，只涉及外部时间参照，并没有考察现实性从句和非现实性事件的表达。从上一章的介绍可知，很多体标记可以用于现实性从句，也有体标记能用于非现实性主句或从句，这些情况下，体标记的分布还和内部时间参照有关。不过，由于本节旨在介绍美坝白语体标记和事件时间表达的关系，对此不作展开。

3.2 情态助词和体标记的搭配规律

情态及其类型可以有多种不同的界定方式，我们参考van der Auwera & Plungian（1998）将"情态"限定为只关涉可能性（possibility）和必要性（necessity）的语法范畴。Palmer（1979，2001）将情态分为认识（epistemic）、道义（denontic）、动力（dynamic）三大类，每个大类又按强度分成可能性和必然性。范晓蕾（2020）基于汉语方言材料的情态表达情况，对此方案做了调整。

表12 情态类型体系对比表（范晓蕾 2020：23）

范晓蕾（2020）的情态类型		汉语例句	van der Auwera & Plungian（1998）	
认识情态	认识可能	张三可能在办公室。	认识可能	认识情态
	认识必然	张三一定在办公室。	认识必然	
评判情态	道义许可	你可以在走廊抽烟。	道义许可	参与者外在情态
	道义必要	晚上9点前游客必须离开园子。	道义必要	
	环境许可	从中国去美国，你可以坐飞机。	参与者外在可能	
	环境必要	要活着，人必须喝水。	参与者外在必然	
潜力情态	条件可能	钥匙找到了，我们可以进门了。	参与者外在可能	
	条件必然	哈尔滨冬天会下雪。	参与者外在必然	
	特定能力	他力气很大，能举起这块石头。	参与者内在可能	参与者内在情态
	恒常能力	他会说法语。	参与者内在可能	

从表12可见，范晓蕾（2020）调整后的情态分类方案更细致，新增了"环境许可"和"环境必要"，并把"内在能力"再分为"特定能力"和"恒常能力"。迄今无文献专门讨论白语的情态，我们参考范晓蕾（2020）的分类方案对美坝白语中情态语义的表达作一个简单的介绍，进而讨论情态和体的互动关系。

美坝白语有专门表达"可能性"的情态助词：tsɯ⁵³表达认识可能；tɛ³³/tuɔ³³ "得/不得"表示非认识可能，包括：道义许可、环境许可、条件可能、特定能力、恒常能力。

(130) ŋɯ⁵⁵　　　mɔ³³　　tsɯ³⁵　　cɔ³¹tʏ³⁵　(mo³³)　　tsɯ⁵³.
　　　1SG:GEN　妈　　　在　　　家　　　　(NEG)　　可能
　　　我妈可能（不）在家。（认识可能）

(131) nɔ³¹ tsɯ³⁵　　ɕiɔ³⁵tha⁵⁵　xɯ³¹ɣɯ³³　ie⁴⁴　　tuɔ³³.
　　　2SG 在　　　学校　　　　LOC 喝　　　烟　　　不得
　　　你不能在学校里抽烟。（道义许可）

(132) pe⁴⁴xɯ⁴⁴tɕie³³, kɯ²¹ ta⁴⁴tsʰɛ⁴⁴ tɛ³³ lɯ⁴⁴.
　　　走　喜洲　　　骑　单车　　　得　PRT
　　　去喜洲，可以骑单车。（环境许可）

(133) tso⁵³kue³⁵ mo³³, pe⁴⁴ ȵi⁴⁴ ŋɛ²¹ tuɔ³³.
　　　钥匙　　　　NEG　走　进去　不得
　　　没有钥匙，不能进去。（条件可能）

(134) pɔ³¹ tsɯ³³tɕʰi⁴⁴, pia⁴⁴ tʋ³¹ tso⁵³kʰue⁵⁵ kɛ³¹ tɛ³³.
　　　3SG　有力气　　搬　动　石头　　　CLF　得
　　　他有力气，搬得动这块石头。（特定能力）

(135) sua⁴⁴ xa⁵³ pɔ³¹ sua⁴⁴ tʰʋ⁵⁵ tɛ³³.
　　　说　　汉　3SG　说　　通　得
　　　他会说汉语。（直译：说汉语他说得通。）（恒常能力）

非认识可能的否定用 tuɔ³³ "不得" 表达，而认识可能的否定则在谓语上加否定词，句末再加情态助词 tsɯ⁵³。

美坝白语没有专门表达"必要性"的语言形式，如果非要表达汉语用"一定、必须"等表达的句子，美坝白语会在陈述句后加语气词强调句子的真实性，或者加上汉语借词 i³⁵tiɯ⁵⁵ "一定"、pi³⁵ɕy⁴⁴ "必须"。

(136) pɔ³¹ tsɯ³⁵ xɔ³¹tʋ³⁵ lɯ⁴⁴.
　　　3SG　在　　家　　　PRT
　　　他在家的。

(137) tsʰɛ³³ tu²¹mu³⁵, nɔ³¹ pi³⁵ɕy⁴⁴ ɣɯ³³ io⁴⁴.
　　　睡　　前　　　　2SG　必须　　　喝　药
　　　睡前，你必须吃药。

美坝白语中辅助表达必要性的语气词并非专职情态语气词，而汉语借词 i³⁵tiɯ⁵⁵ "一定"、pi³⁵ɕy⁴⁴ "必须" 在日常表达中可有可无。因此，下面我们仅就能性助动词来讨论美坝白语情态和体的互动情况。

范晓蕾（2020）指出情态词的语义辖域会影响其与时体词共现的能力。语义辖域指情态概念所描述的对象，它对应于情态词的句法辖域（范晓蕾 2020：31）。下面我们分别来看美坝白语情态助词和体标记的共现情况。

3.2.1 tsɯ⁵³ 和体标记的搭配规律

美坝白语中表认识可能的情态助词tsɯ⁵³可以和所有体标记共现，表示相关动作事件发生的可能性。

(138) pɔ³¹　tsʅ⁵⁵　kuɔ⁴²　sɯ³⁵i⁴⁴　tsɯ⁵³.
　　　 3SG　 做　　EXP　　生意　　 可能
　　　 他可能做过生意。

(139) pa⁵⁵　pe⁴⁴　iɯ³⁵　kʰɔ⁴²　tsɯ⁵³.
　　　 3SG　走　　来　　 PROSP　可能
　　　 他可能快到了。

(140) xue³³　ia²¹　ȵiɯ³³　kʰɯ⁴⁴　mo³³　tsɯ⁵³.
　　　 火　　CLF　燃　　 INCH　　NEG　可能
　　　 火可能没燃起来。

(141) pɔ³¹　iɯ⁴⁴　tɕiɛ³¹　tsʰa⁵⁵　tsɯ⁵³.
　　　 3SG　吃　　CONT　　午饭　　可能
　　　 他可能正在吃午饭。

(142) pɔ³¹　mɛ⁴²　tɯ⁴⁴　ŋv̩³⁵　tɯ²¹　tsɯ⁵³.
　　　 3SG买　RES　 鱼　　 CLF　 可能
　　　 她可能买了一条鱼。

(143) tsʅ²¹sɛ³³ȵi⁴⁴　pɔ³¹　iɯ⁴⁴　xɯ⁵⁵　sa⁵⁵　pa⁴⁴　tsɯ⁵³.
　　　 昨天　　　　3SG　吃　　COMP　三　　 CLF　可能
　　　 他昨天可能吃了三大碗饭。

(144) pɔ³¹　ka⁴⁴　a³³　tsɯ⁵³,　mɛ⁴²　tsʅ⁵⁵　mɛ⁴²　kʰɯ⁴⁴　tuɔ³³.
　　　 3SG　DELIM　看　可能　　买　　 TOP　　买　　 PRT　　NEG
　　　 他可能（只是）看一下，买的话买不起。

可见，美坝白语中表认识可能的情态助词tsɯ⁵³可以和所有的体标记共现，跟汉语中认识情态词的表现相似。因为认识情态的辖域是整个句子，所以跟不同性质的时体词都能共现。

3.2.2 tɕɛ³³/tuɔ³³ 和体标记的搭配规律

美坝白语情态助词tɕɛ³³/tuɔ³³可以表达道义许可、环境许可、条件可能、特定能力、恒常能力等五种情态类型，不同情态义的tɕɛ³³/tuɔ³³与不同体标记的共现情况不同。

3.2.2.1 透视体和情态助词的搭配

美坝白语的透视体都只能有限地跟情态助词tɛ³³/tuɔ³³共现。展望体标记kʰɔ⁴²只能和表特定能力和恒常能力的tɛ³³/tuɔ³³一起使用,且共现时,情态词要放在展望体标记前。

(145) pɔ³¹　　tsɯ³³tɕʰi⁴⁴, ka⁴⁴　　tsɔ⁵³kʰue⁵⁵　　kɛ³¹　　pia⁴⁴
　　　3SG　　有力气　　DISP　　石头　　　　　　CLF　　搬
　　　tʋ³¹ tɛ³³ kʰɔ⁴².
　　　动　得　PROSP
　　　他有力气,快能搬得动这块石头了。(特定能力)

(146) sua⁴⁴　xa⁵³　pɔ³¹　sua⁴⁴　tʰʋ⁵⁵ tɛ³³　kʰɔ⁴².
　　　说　　汉　　3SG　　说　　通　　得　　PROSP
　　　他快会说汉语了。(直译:说汉语他快说得通了。)(恒常能力)

经历体标记kuɔ⁴²不能和表条件可能、特定能力和恒常能力的tɛ³³/tuɔ³³共现,只能和道义许可、环境许可的tɛ³³/tuɔ³³一起使用。

(147) tɛ⁴⁴fɛ⁴⁴　tu²¹mu³⁵, xa⁵⁵　　kuɔ⁴²　　tsɿ⁴⁴ȵʋ³³　　le⁵⁵　tɛ³³.
　　　出嫁　　前　　生　　EXP　　孩子　　　　　　也　　得
　　　出嫁前,可以生过孩子。(道义许可)

(148) pe⁴⁴　tsɿ⁵⁵　fʋ⁵⁵ȵiɛ³⁵, ɣɯ⁵³　　kuɔ⁴² sɯ³³i⁴⁴　mo³³
　　　去　　做　　副业　　学　　EXP　　手艺　　NEG
　　　tuɔ³³.
　　　不得
　　　去做副业,不能没学过手艺。(环境许可)

3.2.2.2 阶段体和情态助词的搭配

美坝白语阶段体标记和情态助词tɛ³³/tuɔ³³共现能力要高于透视体,其中起始体标记能跟表不同情态义的tɛ³³/tuɔ³³一起使用。

起始体标记kʰɯ⁴⁴/xɯ⁴⁴能和表道义许可、环境许可、条件可能、特定能力和恒常能力的tɛ³³/tuɔ³³共现。

(149) kʰɛ⁴⁴　xuɔ³³　pe⁴⁴　iɯ³⁵ mo³³　na³⁵, na⁵⁵ ɕie⁴⁴
　　　客人　　伙　　走　　来　　NEG　　PRT　　2PL 先

　　　　iuɯ⁴⁴　　kʰɯ⁴⁴　tuɔ³³　luɯ⁴⁴.
　　　　吃　　　INCH　　不得　　PRT
　　　　客人还没来,你们不能先吃起来。(道义许可)
(150) ie²¹ suɯ⁵⁵ mɛ³⁵ vɯ³¹, nɔ³¹   tsɯ³¹ kʰɯ⁴⁴ iɯ³⁵ tɛ³³.
　　　船   CLF   很   稳   2SG   站   INCH   来   得
　　　船很稳,你可以站起来。(环境许可)
(151) tɕia⁴⁴ kɯ³⁵ nɔ⁴⁴ me³⁵ tie⁵⁵, ȵiɯ³³ kʰɯ⁴⁴ tɛ³³ lɔ⁴².
　　　加　　　在　　LOC　松明　　点　　燃　　INCH　　得　　PRT
　　　加一点松明,(火就)可以燃起来了。(条件可能)
(152) pɔ³¹ sɔ³¹sɔ³¹tɕʰi⁵⁵tɕʰi³¹ kʰo⁴⁴ xɯ⁴⁴ tɛ³³.
　　　3SG　　笑着笑着　　　　　　哭　　INCH　　得
　　　他能笑着笑着哭起来。(特定能力)

持续体标记tɕiɛ³¹也能和表道义许可、环境许可、条件可能的tɛ³³/tuɔ³³共现,但不能和表特定能力和恒常能力的tɛ³³/tuɔ³³一起使用。

(153) kʰɛ⁴⁴ xuɔ³³ pe⁴⁴ iɯ³⁵ mo³³ na³⁵, le⁵⁵ na⁵⁵
　　　客人　　伙　　走　　来　　NEG　　PRT　　PRT　　2PL
　　　iuɯ⁴⁴ tɕiɛ³¹ tɛ³³ lɔ⁴².
　　　吃　　CONT　　不得　PRT
　　　客人还没来,那你们也可以先吃着。(道义许可)
(154) ie²¹ suɯ⁵⁵ mɛ³⁵ vɯ³¹, nɔ³¹   tsʰe⁴⁴ tɕiɛ³¹ va³¹ tso³⁵
　　　船   CLF   很   稳   2SG   扯   CONT   网   CLF
　　　tɛ³³.
　　　得
　　　船很稳,你可以扯着网。(环境许可)
(155) kɯ³³pɔ³⁵ ȵi²¹ tsʰɛ³³ xɯ⁵⁵ lɔ⁴², na⁵⁵ pʰi³¹
　　　老人　　CLF　　睡　　COMP　　PRT　　2PL　　聊
　　　tɕiɛ³¹ tɛ³³ lɔ⁴².
　　　CONT　　得　　PRT
　　　老人睡了,你们可以聊着。(条件可能)

结果体标记tɯ⁴⁴不能和表道义许可、环境许可的tɛ³³/tuɔ³³共现,只能和表条件可能、特定能力和恒常能力的tɛ³³/tuɔ³³共现。

(156) nɔ³¹ pe⁴⁴ tsʅ³³ nɔ⁴⁴ mɛ⁴² tu⁴⁴ kɛ²¹ tɛ³³.
   说 去 街 LOC 买   RES 肉 得
   你去街上能买到肉。(条件可能)

(157) ŋɔ³¹ sɯ³⁵ tu⁴⁴ ke³⁵tsʅ⁴⁴sɛ³¹ tuɔ³³.
   1SG 采 RES 鸡枞菌   不得
   我不能采到鸡枞菌。(特定能力)

完结体标记xɯ⁵⁵也只能和表条件可能、特定能力的tɛ³³/tuɔ³³共现，不能和表道义许可、环境许可、恒常能力的tɛ³³/tuɔ³³共现。

(158) ŋɔ³¹ iɯ⁴⁴ mo³³ lɔ⁴², nɔ³¹ iɯ⁴⁴ xɯ⁵⁵ pɔ³¹
   1SG 吃 NEG PRT 2SG 吃 COMP 3SG
   tɛ³³ lɔ⁴².
   得   PRT
   我不吃了，你可以把它吃了。(条件可能)

(159) ŋɔ³¹ ka⁴⁴ tu³¹ɕia³¹ iɯ⁴⁴ xɯ⁵⁵ tɛ³³.
   1SG DISP 这些   吃 COMP 得
   我能把这些都吃了。(特定能力)

从以上分析可见，美坝白语的透视体和表评判情态及潜力情态的tɛ³³/tuɔ³³的搭配非常有限，而阶段体与之搭配则比较自由。范晓蕾（2020）指出汉语中评判情态和潜力情态的语义辖域主要是不包含时体词的谓语事件，排斥真正的时体词。白语体标记与tɛ³³/tuɔ³³的互动跟汉语时体词与情态词的互动有相当的平行性，比较排斥透视体（时体词），能在很大程度上容纳阶段体（非时体词）。

3.2.2.3 动量体和情态助词的搭配

美坝白语的动量体标记ka⁴⁴能和表道义许可、环境许可和条件可能的tɛ³³/tuɔ³³一起使用，但不能和表特定能力和恒常能力的tɛ³³/tuɔ³³共现。

(160) nɔ³¹ tsɯ³⁵ ɕiɔ³⁵tʰa⁵⁵ xɯ³¹ ka⁴⁴ kuɛ³³ tɛ³³.
   2SG 在   学校   LOC DELIM 逛 得
   你在学校里可以逛一逛。(道义许可)

(161) ua⁴⁴pɔ³¹ pa⁵⁵ tɕʰio³³ɕi⁴⁴, nɔ³¹ ka⁴⁴ a³³
   外面   3PL 演戏   2SG DELIM 看

  tɛ³³.
  得

  外面他们（在）演戏，你可以（去）看看。（环境许可）

(162) *tsʰa⁵⁵mi⁴⁴ɕi³⁵ nɔ³¹ ka⁴⁴ sʅ³¹ tɛ³³ lɔ⁴²*.
  差不多   2SG DELIM 试 得 PRT

  差不多了，你可以试试了。（条件可能）

  总的来看，美坝白语不同情态类型的辖域不同，与汉语相平行，认识情态的辖域是包含全句话题、事件主语和时体状况的完整命题，可以和时体词共现；评价情态词的辖域则只是包含事件主语的完整事件，不包含全句话题，排斥时体词。美坝白语的认识情态词tsɯ⁵³可以跟美坝白语的所有体标记共现，而表示非认识情态的助词tɛ³³/cu³³则跟阶段体的搭配相对自由，比较排斥透视体。而且，当表非认识情态助词tɛ³³/cu³³和展望体标记搭配时，用于展望体标记前，但与所有阶段体标记搭配时，都用于体标记之后，也就是说展望体标记的语法化程度高于情态助词tɛ³³/cu³³，也远高于阶段体标记。从与情态助词的搭配来看，美坝白语的透视体接近真正的时体词，语法化程度比较高，而阶段体则语法化程度较低，不是真正的时体词。

3.3 语气词和体标记的关系

  美坝白语中有多个语气词，这些语气词和体标记之间有互动关系。就本书讨论到的体标记而言，其中最常和体标记发生关系的语气词是lɔ⁴²。从上文提到的例子中可以看到，当句子表达完整体意义的时候，句末常常会出现语气词lɔ⁴²。结合李煊（2021c）的研究，这一节从两方面来考察美坝白语完结体和语气词lɔ⁴²的关系：(1) 语气词lɔ⁴²的功能；(2) 从语气词lɔ⁴²发展出的新完结体标记。

3.3.1 语气词 lɔ⁴² 的功能

  从本书的考察来看，美坝白语的lɔ⁴²不是体标记，而可能是一个主观性（subjectivity）标记。主观性是指句子除了客观信息还表达了说话人的主观信念和态度（Traugott & Dasher 2002; Traugott 2003, 2010），美坝白语的lɔ⁴²表达说话人对所述信息的确信。

  首先，在很多情况下，语气词lɔ⁴²并不是强制的。于是，我们询问了多个母语者,问他们加或不加语气词时句子的语义有何差别。母语者(包括本书作者)都认为不加语气词的句子说完了就完了,但如果加上语气词,则好像后面还有话要说。我们认为这种"还有话说"的语感正是因为lɔ⁴²的功能是表达主观性,lɔ⁴²表达说话人的主观判断,所以常常需要作后续补充,进一步阐述该信息带来的结果,以佐证其正确性。

其次,从lɔ⁴²的分布环境和分布限制来看,它也符合表达主观性的语言成分的跨语言特征。具体来说:(1)lɔ⁴²在美坝白语中最常和完结体标记共现,而体本身也带有主观性,它表达的是说话人主观感知到的事件结构(Traugott 2003),此外,lɔ⁴²还常用于判断句、否定句和情态句,而这些都是典型的带有说话人主观判断的语境;(2)lɔ⁴²具有Ghesquière et al. (2014)提到的表达主观性的语言成分的跨语言句法表现:a.不能出现在从句中;b.排斥焦点化(resist focusability)。下面,我们进一步举例说明lɔ⁴²的上述分布特点。

美坝白语的lɔ⁴²最常和完结体标记共现,表达对事件完结性的确信。

(163) $pɔ^{31}$ $iɯ^{44}$ $xɯ^{55}$ sa^{55} ke^{42} $lɔ^{42}$.
3SG 吃 COMP 三 CLF PRT
他吃了三碗(饭)了。

(164) $pɔ^{31}$ $tɛ^{44}$ tso^{33} $ŋɛ^{21}$ $lɔ^{42}$.
3SG 打 上 去 PRT
他打上去了。

(165) $pɔ^{31}$ le^{55} $kɯ^{35}$ $ɕia^{44}$ $xɯ^{55}$ $lɔ^{42}$.
3SG 也 冷 死 COMP PRT
她也冻死了。

需要指出的是,美坝白语中动作事件的完结性不仅可以靠完结体标记来表达,还可以通过添加趋向词等词汇手段表达。当语气词lɔ⁴²用于具有完结语义的句子中时,不论完结义是通过xɯ⁵⁵表达,还是通过趋向词等词汇手段表达,如果要表达完结义,xɯ⁵⁵或趋向词等词汇手段不能省略,一旦省略,句子就无法准确地表达完结义,但语气词lɔ⁴²省略后并不影响句子的完结义。可见,语气词lɔ⁴²并非完结体标记。

lɔ⁴²也常用于判断句、否定句和情态句等典型的主观性语境,表达对前述信息的确信。

(166) pa^{55} tsu^{33} $\varepsilon i^{33}t\varepsilon ia^{44}$ $n\mathrm{o}^{44}$ ηi^{21} $ke^{\lrcorner 35}$ $l\mathrm{o}^{32}$①.
　　　3PL　是　　仙家　　　　**AUX**　人　家　了
　　　她们是仙家的人了。（王锋 2016:138）（判断句）

(167) na^{35} su^{44} $p\varepsilon^{53}$ t^hu^{33} ko^{42} na^{55} ue^{33} $l\mathrm{o}^{42}$.
　　　PRT　就是　白土谷　　　　那里　　　**PRT**
　　　就是白土谷那里了。（判断句）

(168) tu^{33} $t\varepsilon ia^{21}$ $ts\eta^{55}$ $s\eta^{35}$ tse^{55} le^{55} $ts\mathrm{o}^{44}$ mu^{33} $l\mathrm{o}^{32}$.
　　　这　　次　　　**TOP**　实在　也　乱花（钱）**NEG**　**PFV**
　　　这次呢他真的不乱花钱了。（王锋 2016:142）（否定句）

(169) tou^{35} $m\mathrm{o}^{33}$ mu^{33} $l\mathrm{o}^{32}$.
　　　父母　　　**H-NEG**　了
　　　父母都不在了。（王锋 2016:161）（否定句）

(170) na^{55} $ts\eta^{32}$ va^{31} $te^{\lrcorner 33}$ $l\mathrm{o}^{32}$②.
　　　2PL　放　　渔网　得　　了
　　　你们撒网就可以了。（王锋 2016:130）（情态句）

出现在判断句、否定句和情态句中的 lɔ⁴² 大多数情况下可以省略，但是省略后的句子只表达判断、否定或能性，不含说话人的主观态度。另外，语气词 lɔ⁴² 用于判断句时，容易让人联想到汉语普通话的句尾"了"，普通话句尾"了"用于判断句时主要表达"状态变化"，比如"我是大学生了"。但是，在美坝白语中，从我们的调查和现有的长篇语料来看，用于判断句的语气词 lɔ⁴² 并不表达任何状态变化的语义，比如例（166）（167），lɔ⁴² 只表达主观语气。

就句法位置来看，语气词 lɔ⁴² 多用于主句，不用于从句。

(171) * $p\mathrm{o}^{31}$ pe^{44} iu^{35} $l\mathrm{o}^{42}$, ηia^{55} su^{44} $iu^{44}pe^{33}$.
　　　　3SG　走　来　**PRT**　　**1PL:INCL**　就　吃　晚饭

(172) * tu^{21} pu^{33} xue^{35} io^{44} ia^{33} $tsua^{44}$ ts^ha^{55} xu^{55} $l\mathrm{o}^{42}$
　　　　上次　　　　　　药　　些　抓　　错　　　　　　**COMP** **PRT**
　　　$n\mathrm{o}^{44}$ io^{44} $s\varepsilon^{35}$ ηi^{21} $k\varepsilon^{55}\eta i^{44}$ pe^{44} iu^{35} mo^{33}.
　　　REL 医生　　　**CLF** 今天　　　　走　来　**NEG**

---

① 语气词 lɔ⁴² 在王锋（2016）中的记音为 lɔ³²。
② 上文语境为：说话者为听话者戳好了鱼洞，然后对他们说可以撒网，是一个表达条件可能的情态句。

上述例句不合法的原因就在于加了语气词 lɔ⁴², 如果把 lɔ⁴² 删除,句子就都变得合法且自然,这说明 lɔ⁴² 的句法位置比较高,不能用于从句和子句,只能用于主句。

最后,带语气词 lɔ⁴² 的句子排斥焦点化,即不能出现在带有标记焦点的句子中。我们以完结体和 lɔ⁴² 共现的情况为例加以说明。当完结体标记后不带宾语时,句子必须带语气词 lɔ⁴² 才能完句,但如果带了量化宾语,那么 lɔ⁴² 就可加可不加。① "V+ xɯ⁵⁵+量化宾语" 和 "V+xɯ⁵⁵+量化宾语+lɔ⁴²" 在分布上最显著的差别就在于:前者可以回答要求答句有特定的信息焦点的问句,比如特指疑问句(答句带窄焦点)、"发生了什么事情?"(答句带句子焦点)、"他在做什么?"(答句带谓语焦点),后者则不能。

(173) A: nɔ³¹ tsʰŋ⁵⁵ xɯ⁵⁵ a³³ le²¹.
   2SG 丢 COMP 什么
   你丢了什么?

  B: ŋɔ³¹ tsʰŋ⁵⁵ xɯ⁵⁵ nu²¹ le²¹ ∅/*lɔ⁴².
   1SG 丢 COMP 袋子 CLF ∅/PRT
   我丢了一个袋子。

(174) A: a⁵⁵ŋi²¹ tsʰŋ⁵⁵ xɯ⁵⁵ nu²¹ le²¹.
   谁 丢 COMP 袋子 CLF
   谁丢了一个袋子?

  B: ŋɔ³¹ tsʰŋ⁵⁵ xɯ⁵⁵ nu²¹ le²¹ ∅/*lɔ⁴².
   1SG 丢 COMP 袋子 CLF ∅/PRT
   我丢了一个袋子。

(175) A: tsʰʋ⁴⁴ a³³le²¹ sŋ³³ʋ³³.
   出 什么 事情
   出了什么事情?

  B: ŋɔ³¹ tsʰŋ⁵⁵ xɯ⁵⁵ nu²¹ le²¹ ∅/*lɔ⁴².
   1SG 丢 COMP 袋子 CLF ∅/PRT
   我丢了一个袋子了。

可见,"V+xɯ⁵⁵+量化宾语" 带了语气词 lɔ⁴² 后,就不能再带信息焦点了。语气词 lɔ⁴² 表达了说话人的主观态度,这就是句子的焦点,因此,句子

---

① 完结体标记后无宾语时句子也不能被焦点化,但这种句子中语气词 lɔ⁴² 不可省略,因此不能通过 lɔ⁴² 的隐现来分析其功能,这里不作考察。

不能再带其他的信息焦点，抗拒焦点化。

总的来看，美坝白语的语气词lɔ⁴²最常和完结体标记共现，但它本身并非完结体标记，主要原因在于：(1) lɔ⁴²常和完结体标记共现，但是句子的完结义是由完结体标记表达的，lɔ⁴²无法单独表达完结义；(2) lɔ⁴²并非只用于有完结体标记的句子，还可以用于与完结体完全无关的判断句、否定句和情态句。从lɔ⁴²所表达的语义及其句法分布来看，其功能主要是表达主观性。

不过，关于语气词lɔ⁴²的功能有两点需要说明：

(1) 语气词本身的功能并不稳定，它会随着在某些语境下使用频率的增加，发展出一些新的功能，虽然我们判断lɔ⁴²不是完结体标记，但它经常和完结体共现会吸附完结体的"过去时"蕴涵义，从而发展出接近过去时标记的功能，也正因为如此，李蕾、陈前瑞（2022）把大理白语的lɔ³²也称为完成类体标记。

(176) ŋɔ³¹ tsɿ²¹ sɛ³³ ŋi⁴⁴ sɛ³³ i³⁵ pe⁴² lɔ⁴².
1SG 昨天 洗 衣服 PRT
我昨天洗衣服了。

上述例句中，谓语sɛ³³ i³⁵ pe⁴²"洗衣服"是一个表示活动情状的谓语，本身没有完结语意，但是加了lɔ⁴²之后可以表达这个事件曾经发生，其功能像一个过去时标记。

(2) 我们将lɔ⁴²暂时界定为主观性标记，但这主要是为了说明它有别于完结体标记，至于主观性标记这个界定是否准确，还需要进一步研究。因为"主观性"本身就是一个很主观的概念，难以界定，都是人说出来的话，我们很难说哪些句子没有主观性；另外，语气词的使用非常灵活，我们相信lɔ⁴²一定还有上文描写之外的功能，比如可以出现在未然语境中，和活动情状搭配，表达事件即将发生。

(177) ne⁵⁵ tɕie³⁵ xue⁴⁴ pɔ³¹ lɔ³².
SEQC 结婚 3SG 了
（后来）就结婚了。①（王锋 2016:146）

(178) me⁵⁵ ŋi⁴⁴ ŋia⁵⁵ tshv̩³¹ xɔ³¹ lɔ³².
明天 1PL:INCL 建（房）房屋 了
明天咱们盖房子了。（王锋 2016：242）

---

① 原文就是如此，意思是"准备给他办婚礼了"。

上述两个例句在说话时间都还没有发生，这种语义与主观性之间的关系尚不清楚。多数活动情状的谓语带上语气词lɔ⁴²之后都表达事件即将发生，部分状态情状或达成情状带上语气词lɔ⁴²有已然和未然两种解读。关于lɔ⁴²的功能发展和准确界定，有待进一步研究。

3.3.2 从语气词 lɔ⁴² 发展出的完结体标记

上文提到，lɔ⁴²最常用于表达完结义的句子，其中表达完结义的手段可以是完结体标记xɯ⁵⁵，也可以是其他的词汇手段，而且如果完结体标记或趋向词后没有宾语时，句末一定要有语气词lɔ⁴²，否则句子不能完句。正是由于这种共现的强制性和高频性，语气词lɔ⁴²就会和前面的完结体标记xɯ⁵⁵或趋向词发生合音。lɔ⁴²可以和xɯ⁵⁵合音，也可以和表完结性的趋向词合音，下文统称为lɔ⁴²与完结体标记的合音。常见的合音有：xɯ⁵⁵ lɔ⁴² > xɔ⁵⁵，iɯ³⁵ lɔ⁴² > iɔ³⁵，ŋɛ²¹ lɔ⁴² > ŋɔ²¹，tsʅ²¹ lɔ⁴² > tsɔ²¹，tsɯ³⁵ lɔ⁴² > tsɔ³⁵，合音的手段都是前一个音节的声母和声调与lɔ⁴²的韵母合并。这些完结体标记和语气词的合音形式是美坝白语中新出现的完结体标记。

就分布环境来看，语气词和完结体标记的合音形式只出现在句末。xɯ⁵⁵及趋向词等完结体标记可插在动词和宾语之间，但语气词lɔ⁴²只能用于句尾，二者只有在完结体标记后没有宾语时才相邻共现，才能发生合音，因此合音形式一般出现在句末，此后也不能带宾语。

(179) tsʰe⁵⁵　ia³³ i³⁵sɔ³¹　　iɯ⁴⁴ tsɔ⁴⁴　xɔ⁵⁵.
　　　 钱　　些　全部　　　吃　　花　　COMP:PRT
　　　 钱全都（被）乱花了。（注：iɯ⁴⁴ tsɔ⁴⁴准确指通过吃之类的方式花钱）

(180) nɔ³¹ ka⁴⁴　a³³tɕie³³　nɔ⁴⁴ mi⁵⁵ ua⁴⁴ pʰi³¹　ta³¹ pi³¹
　　　 2SG DISP　爹爹　　　GEN 月亮　　　CLF　　偷去
　　　 ŋɔ²¹.
　　　 COMP:PRT
　　　 你把父亲的月亮偷去了。①

(181) tu³³ le²¹ tsɯ³³ kʰv̩³³　tu²¹ ka⁴⁴　ŋi²¹ kɛ³⁵　xɔ⁵⁵iɯ⁴⁴
　　　 这　CLF 是　蛇　　　CLF DISP　人　　（张大嘴巴地）吃

---

① 例（180）为参考王锋（2016：203）的例句改编而来。

tsɔ²¹.
COMP:PRT
这(情况)是那条蛇把人吃了。①

就功能来看,合音形式仍然表达句子的完结义,上述例句中的合音形式可以还原为分音形式(xɔ⁵⁵ > xɯ⁵⁵ lɔ⁴²; ŋɔ²¹ > ŋɛ²¹ lɔ⁴²; tsɔ²¹ > tsʅ²¹ lɔ⁴²),并不影响句子的语义及合法性。但是,并非所有合音形式都完全等同于分音形式。

有些语境下的合音形式不能还原为分音形式。上文提到,语气词lɔ⁴²的功能是表达主观性,因此在句法上体现为排斥焦点化,带语气词lɔ⁴²的句子都不能用于有焦点的问答句。但是,当合音发生后,句子就可以用于问答句,带不同类型的信息焦点,这种语境下的合音形式无法还原为分音形式,一还原,句子就不合法。

(182) A: tsʰv̩³³   a³³le²¹   sʅ³³ v̩³³.
       出   什么   事情
    发生了什么事情?

   B: pɯ⁵⁵   tɕie³³   tɕʰi⁴⁴pɛ³¹   xɔ⁵⁵/*xɯ⁵⁵   lɔ⁴².
      3SG:GEN 爹   气病   COMP:PRT/ * COMP PRT
    他爹气病了。

(183) A: nɔ³¹ pe⁴⁴   a⁵⁵ na⁴⁴   ŋɔ²¹/*ŋɛ²¹   lɔ⁴².
      2SG 去   哪里   COMP:PRT/*COMP PRT
    你去哪里了?

   B: ŋɔ³¹ pe⁴⁴ ta⁴²   xɔ³¹ tv̩³⁵   iɔ³⁵/*iɯ³⁵   lɔ⁴².
      1SG 回 到   家   COMP:PRT/*COMP PRT
    我回家来了。

上述例句中,使用合音形式,句子十分自然,反之,如果把合音形式还原为分音形式,句子就变得完全不合法。可见,当语气词lɔ⁴²和完结体标记发生合音后,lɔ⁴²表主观性的功能消失,句子只表达客观信息,不表达说话人的主观态度,所以能带信息焦点(窄焦点或句子焦点等),用于问句或答句。

此外,有些语境下,合音形式和分音形式所表达的语义不同。由于完

---

① 例(181)为参考王锋(2016:249)的例句改编而来。

结体表达的是有终结点的动作事件,而最自然的具有终结点的动作事件就是发生在说话时间之前的事件,完结义常常蕴涵"过去时"的语义。美坝白语的完结体标记也如此,最常用于表达发生在说话时间之前的动作事件。不过,当完结体标记和语气词lɔ⁴²发生合音后,"过去时"的蕴涵义就会消失,可以表达发生在说话时间之后的完结义。

(184) a³³ ta⁵⁵ tɕi³³　　ka⁴⁴　 tɕiɔ³⁵　 tʰɯ⁵⁵ ta⁴²　 kɯ³³ nɔ³¹
　　　大姐　　　　DISP　 交　　 下　 回　　给　2SG
　　　iɔ³⁵.
　　　COMP:PRT
　　　大姐(会)把(孩子)(从天上)交来给你。①

(185) a³³ ta⁵⁵ tɕi³³　　ka⁴⁴　 tɕiɔ³⁵　 tʰɯ⁵⁵ ta⁴²　 kɯ³³ nɔ³¹
　　　大姐　　　　DISP　 交　　 下　 回　　给　2SG
　　　iɯ³⁵　 lɔ⁴².
　　　COMP　 PRT
　　　大姐把(孩子)(从天上)交来给你了。

例(184)表达的是一个未然的具有终结性的事件,可以用完结体标记和语气词的合音形式表达。如果把合音形式iɔ³⁵还原为分音形式 iɯ³⁵ lɔ⁴²,如例(185),句子意思就会发生改变,表达的就是一个已经发生的事情。

此外,上文提到,语气词lɔ⁴²一般只用于主句,但是和完结体标记合音后,合音形式就可以出现在从句中。

(186) ŋɔ³¹ zɯ³³ pɯ³³ tɯ⁴⁴ pɔ³¹ ka⁴⁴ tsʰe⁵⁵iɑ³³ tsʰɿ⁵⁵ xɔ⁵⁵.
　　　1SG　不知道　　　3SG DISP 钱　　些　　丢　 COMP:PRT
　　　我不知道他把钱丢了。

(187) pɔ³¹ pe⁴⁴ iɔ³⁵,　 ŋia⁵⁵　 ɕie⁴² iɯ⁴⁴.
　　　3SG 来 COMP:PRT 1PL:INCL 先　 吃
　　　他(会)来了(的),我们先吃(饭)。

综上可见,当完结体标记和lɔ⁴²发生合音后,合音形式主要表达的是谓语的完结义,而且不含语气词lɔ⁴²所表达的主观性,分布不受语气词功能的限制,分布环境比较自由,但和动词搭配时仍受词义的制约,是美坝

―――――――
① 例(184)为参考王锋(2016:205)的例句改编而来。

白语中有别于语气词,也有别于 xɯ⁵⁵ 的新完结体标记。

　　语气词 lɔ⁴² 和体标记的互动还不限于完结体标记,在下文的讨论中,我们会看到白语的语气词还会和起始体标记、进行体标记产生关联,比如白语中起始体标记和语气词 lɔ⁴² 合音,会促发起始体标记发展出展望体标记的功能。这些内容我们在后文结合体标记的历时演变来讨论。冯胜利(2015)指出语气词是语调的一种变体,声调越多越复杂的语言中,句末语气词也越多越复杂。白语是一个声调丰富的语言,相应的,语气词也很丰富,不同语气词都可能影响体标记的分布和演变。语气词的影响是白语体系统复杂性的表现,也是其个性。

第四章 白语语法的历时研究方法

以上两章，我们从体标记和动词的搭配规律、体标记的分布环境、体标记的连用规律、体标记和时间副词的搭配、体标记和情态助词的共现情况等多方面详细描写了美坝白语体标记的共时分布特点。从中可见，有的体标记的分布受其词源义的限制，而有些分布特点则似乎蕴含了它新的发展方向。也就是说，我们所描写和比较的体标记并不是一些完全独立存在于现代白语中的个体，而是处于语言演变的连续统当中。体标记的现状是白语历史演变的结果，只有结合历时研究，我们才能对其共时分布有更清楚的认识。

此外，除了表达体意义，美坝白语有的体标记还有其他的功能，表达多种不同的语法语义，不同功能之间是什么关系？要回答这一问题，同样需要我们去考察白语体标记的历时演变路径。

要分析白语体标记的演变路径，我们需要解决两个问题：（1）如何识别和确定体标记的不同功能，并分析不同功能之间的关系？（2）如何判断体标记的词源和语源？这也是本书绪论部分提到的白语语法研究的两大难题。如果我们能在体标记的分析中形成一个行之有效的分析框架，那将会对白语甚至相似语言的语法历时分析都具有方法论的意义。

体标记多功能性的分析可以参考现有的时体类型学研究。Bybee et al.(1994)考察了76种语言的体系统，分析不同体范畴之间的演变关系，其判断和分析体标记多功能性的思路可以借鉴到白语体标记的研究中。

至于白语体标记的词源和来源，缺少记录早期白语语法的材料，无法通过文献记录来确定体标记的来源，而且白语深受语言接触影响，其语言成分的语源难以判断，我们只能尝试通过语言比较来分析。

本研究结合详细的共时分析和语言比较来追溯白语语法范畴的历时演变路径。下面我们就以体标记为例具体说明白语语法历时研究背后的一些假设以及具体的操作方法和步骤。

4.1 功能词的多功能性分析

很多语法范畴都不止有一个功能或者用法,尤其在白语这样形态不发达的语言中,功能词的使用非常灵活,常常可以用于多种语境表达不同的语法意义。分析功能词的多功能性不仅能详细说明其分布规律,同时也可以揭示其功能扩展背后的语义演变规律。

不过,不同功能之间的界线并非都很清晰,而且,很多语法范畴在特定的语境下还会产生一些非常规的用法,因此,讨论语言形式多功能性的前提是确定识别不同语法功能的标准。

首先,关于语言形式的意义,大多数学者都认为要区分开形式本身的意义和语用义,前者是语言形式所表达的和语境无关的意义,后者则是语境所赋予语言形式的意义。不过,语义和语用之间没有一条清晰的界线,不同学者区分语义和语用的标准也不同。

本书讨论白语体标记的多功能性时,指的是在不依赖语境(context-independent)的条件下体标记所表达的功能。功能的识别和区分我们参考Bybee et al.(1994: 44–45)在作跨语言时体比较时所定的标准:

(1)如果语言形式的功能在其他语言中用不同的形式表达,那么就可以认为该语言形式具有不同的功能。比如:有些语言中用过去非完整体(past imperfective)表达所有发生在过去的非完整的事件,但在英语中,过去非完整体又被区分为惯常体(habitual)和持续体(continuous),前者用used to do表达,后者用was doing表达,因此,在讨论过去非完整体时,就应该说它有两个功能,可以表达惯常体,也可以表达持续体。

(2)一个语言形式如果有不同功能,那么用了这个形式的句子可以有不同的解读。比如,英语的助动词may可以表达不同的情态义,所以he may come in这句话有两种释义:a. he has permission to come in(他有权利进来);b. he will possibly come in(他有可能进来)。

(3)一个语言形式如果和其他功能词或有特定语义类型的动词搭配时会产生不同的语义,那么就可以认为它有多个功能。比如,英语的过去时和if搭配时会产生假设义(hypothetical sense),所以除了表达过去时,英语动词的过去时形式还有表达假设义的功能。

Bybee et al.(1994)没有讨论在实际操作中,是否要完全符合以上三条标准还是至少符合哪一条标准,就可以被认为有不同的语法功能。从这三条标准的适用条件来看,有些情况不能同时满足(2)和(3),比如英语的过去时符合(3)，但不符合(2)，因为过去时和if搭配时，只有假设义，而不和if搭配时，则只有过去时的解读。条件(1)是辨识功能的主要标准，但如果只符合(1)就划分出新的功能，那么得到的是跨语言存在的不同语义节点，而非个别语言中被范畴化的语法语义，比如前文提到有的语言中具有五个时制范畴，可以表达和现在距离不同的时间概念，但我们不能因此而认为英语的过去时具有多个远近不同的过去时范畴的功能，因为这些语义概念在英语中并没有被范畴化。

其次，从判定标准的适用条件来看，上述(1)至(3)条只适用于判别同一句法位置的语言形式的多功能性。但是，在美坝白语中，表达体意义的语言形式也会出现在不同的句法位置上，那么位于不同句法位置是同一语言形式多功能性的表现吗？还是只是同音关系？

基于此，本书识别和确定多功能的标准如下：

a. 句法位置不同，则一定是不同功能，至于是否就是一词多义（polysemy），反映语言形式的多功能性，还是只是同音异义现象（homonymy），要具体分析功能之间有无语义关联；

b. 如果句法位置相同或相似，至少符合Bybee et al.(1994: 44–45)提出的标准(2)和(3)之一，且不违背(1)，就算有不同的功能；

c. Bybee et al.(1994: 44–45)所提的标准(2)比较好判断，但标准(3)所谓的"不同的语义"说得不明确，因为语义划分可粗可细，差别多大时就算不同比较模糊。本书判断的标准是：只有母语者能明显区分出不同语义，或者是有分布上的依据，才能算有"不同的语义"。

至于用以判断位于不同句法位置的语言形式是否同源的"语义关联"，指的是不同语法功能之间存在某种语义联系。这种语义联系可能是白语内部发展的结果，也可能由语言接触带来。白族很早就接受了汉文化，白语和汉语的接触非常深刻，白语语法深受语言接触的影响，因此，如果汉语某个语言形式的多个有语义关联的功能都被借入白语，那么它们虽然不是白语自身发展的结果，但也反映了普遍的语义演变关系，被借入的多个功能之间具有语义关联。因此，如果不是用于说明语义演变规律，而只是建立不同功能之间的联系，只要不同功能之间具有可解释的关系，不论是自然语义演变的结果还是语言接触的结果，我们认为都是多功能性的体现。

4.2 系统比较法

在识别和描写清楚体标记的不同功能后，就可以参考一般的语义演变规律来构建不同功能之间的联系，也可以初步推测体标记的来源。不过，单点的语言材料通常是有限的，无法准确揭示体标记的词源、语源及演变路径，因此，我们需要作语言比较。

在语法研究中，语言比较有两种目的：其一是用于类型学研究，通过语言比较来寻找普遍的语义演变路径，这类比较的对象主要是语法功能或语法意义，不考虑语音形式，即形式可以完全不相关、不对应，只要功能相似，那么不同语言的语法范畴之间就可以进行比较；其二是用于句法重构（syntactic reconstruction），通过语言比较来确定不同句法结构的早晚，从而构拟某一句法结构的早期形式及其演变路径，这类比较不仅考虑语法功能和意义，也考虑语音关系。

本书分析白语体标记的来源及发展，既涉及类型学的比较（体标记不同功能之间的语义演变路径），也涉及句法重构的比较（分析体标记的词源和语源）。分析过程中，如果比较只是为了归纳语义演变路径，那么不同语言形式可以表达某一个相同的语法语义就可以确立对应关系，拿来比较，这是类型学语法比较的做法；如果涉及分析语言形式的来源，我们就不能单看其是否能表达某一个语法语义，还要看其是否具有相同的功能扩展方向，即是否有多个功能相似，且还要考察其语音关系，这是句法重构的比较思路。

句法重构所作的语言比较是把语音研究中的历史比较法（historical-comparative method）运用到语法上。句法重构时语言比较过程包括两个关键的步骤：一是确立对应关系（correspondences），二是判断语法结构的早晚（Campbell 1990; Harris & Campbell 1995: 344–376; Campbell & Harris 2002; Harris 2008; SerŽant 2015）。[1]我们参考句法重构的做法来分析白语的体标记，但本书的目的不是重构，而只是判断体标记的来源，

---

[1] 需要指出的是，句法重构本身主要是针对句法而言，即区别于语音和形态，而本书所讨论的体标记在形态语言中多属于形态而非句法，但是在白语这样非形态语言中，体标记不附着于动词，是独立的语法单位，因此，我们可以参考句法比较的方法来分析白语的体标记。

因此具体操作过程也不完全与句法重构相同。①

以句法重构为目的的语法比较的具体操作包括：(1) 确定句法对应，句法对应的单位是句法模式 (syntactic patterns)，即具有固定功能和分布且可以重复出现的语言形式，句法模式对应的条件是相关句法形式在语音上符合语音对应，且其所表达的语义相同，分布情况也基本相似；(2) 确定句法形式的早晚，这可以参考句法形式在语音演变上的早晚、在习语俗语等固定搭配当中的出现情况（出现在固定搭配中则说明相关结构产生较早）、在不同方言中出现的情况等来判断（Harris 2008）。

句法重构是为了能还原最早期的句法形式，因此在确定对应关系时，要求比较严格，不仅要求句法形式的语义及分布环境相同，而且还要求其语音形式有对应关系，因为如果不符合语音对应，那么句法结构就无法被构拟到原始语言中。本书不作重构，因此确定对应关系时的要求会宽松一些。

功能上，如果不同白语方言或不同语言的体标记只要能表达某个相似的体意义就符合对应关系。

语音上，如果涉及判断来源，不论是为了判断不同白语方言之间的体标记词源是否相同，还是白语和其他语言的体标记来源是否相同，我们都要求体标记的形式之间要有"可解释的语音关系"。"可解释的语音关系"是指不同语言形式之间的关系可解释，可以说明为什么同一个语言成分后来在不同方言或语言中演变为了不同的形式。这种可解释的语音关系可能符合一般的语音演变规律，也可能遵循某一特有的语音演变规律。句法重构时要求语音形式的演变必须符合一般的语音演变规律，因为只有符合语音对应，语法形式才能被构拟到原始语中，但本书的要求不这么严格。主要原因是，本书的比较并不把比较结果上推到原始语，我们只是希望还原体标记的演变路径，这种演变的起点未必都在原始语中，也可能是后来的发展，所以可能不符合一般从原始语而来的语音演变规律。另外，功能词的语音演变很可能不同于一般的语音演变规律，即核心词的演变规律。一般来说，功能词的语音演变往往和核心词的演变不同，有时候会更慢，

---

① 体标记的重构可以帮助我们了解白语体标记产生和演变的机制，并且还能为白语的语源判断提供更可靠的证据。但是就如 Campbell（1990）等研究所说，句法构拟有其天然的困难，比如句法对应关系难以确定、句法演变的规律性不如语音、句法演变容易受语言接触的影响，而且形态不同的语言的构拟原则不同，因此，描写清楚白语体标记的发展和演变之前，本书暂时不作体标记的重构。

有时又因为高频使用而发展更快（比如：发生语音弱化或异化），因此，我们不要求同一体标记在不同方言中符合严格的语音对应关系，而是具有可解释的语音关系即可。不过，虽然功能词的形式演变未必遵循一般的语音规律演变，但是如果某一体标记在白语和汉语不同方言中都普遍存在，我们也会介绍该体标记是否符合汉白语音对应关系，以此来讨论体标记来源的不同可能性。

此外，如果是为了句法重构，必须要求被比较的方言样本能覆盖该语言的所有方言，但是本书的比较没有这个要求。因为我们不把比较的结果推到原始白语的层次，不论考察的白语方言数目多还是少，只要对比多个具有代表性的白语方言点，都能为白语体标记的演变提供重要的参考。

Harris（2008）提到在句法重构时，还会运用经济原则（the principle of economy），即如果出现多种可能的构拟方式，那么为了解释的经济性，选择有较多证据支持的构拟。同样，在我们的讨论当中，如果某个白语体标记的来源或功能演变有多种可能，那么出于经济原则，我们相信证据较多且好解释的那一种。

基于上述原则，我们会系统性地比较白语的体标记：比较不同白语方言的体标记，以寻找体标记的词源，并梳理其语义演变路径；比较白语和当地汉语的体标记，来判断白语及当地汉语的体标记是否具有相似性，是否受语言接触的影响；比较白语和汉语不同方言的体标记，包括形式和功能，以判断白语体标记的语源。我们将上述这一系列比较程序称为"系统比较法"（systematic comparison）。① 具体比较过程中，有的步骤只是为了确定语义关系，有的则涉及来源判断，因此语言比较的单位也会有所调整，下文分步骤介绍体标记的判定程序时，我们再作详细介绍。

---

① Harris & Campbell（1995：7）将其在研究跨语言句法演变规律中所用的比较法称为"系统间比较法"（intersystemic comparison），主要是指除了比较不同语言的语法演变，还要比较不同语言系统中与该语法演变相关的其他语法结构，甚至还要比较不同的语体，要把不同的语法系统放在一起比较。本书的研究主要涉及体标记，没有进行语言系统间的比较，所以我们称之为"系统比较"，指的是系统性的比较，而非单方面或单角度的比较。

4.3 语音关系分析

在语言比较中,如果要讨论体标记的来源,包括词源或语源,我们就需要考察其语音关系。

形态特征在有形态的语言中往往被当作确定亲属关系的重要标准,但由于有的语言形态不发达,所以其在历时比较中的适用性不够普遍(徐通锵 1996:30–32)。体范畴在形态语言中一般用形态手段来表达,理论上可以用作语源判断的依据。但是,白语缺乏形态,体范畴的表达形式也就不如形态语言那么稳定,因而不是用来判断语源的理想标准。不过,由于体范畴是动词核心的语法范畴,具有跨语言可比性。我们通过多功能性分析先了解体标记的语义演变路径,再结合语音关系分析,借此判断白语体标记的来源,可以为白语的语源问题提供一定的参考意义。

汪锋(2012)系统比较了汉语和白语之间的关系语素,表明最早层次的汉白关系语素是遗传自二者的祖语。如果本书考察的体标记的形式也符合最早层次的汉白语音对应规律,那么就说明该体标记在白语和汉语中的相似性可能来自祖语遗传,如果符合语音对应的体标记数量较多,即可以佐证白语和汉语同源的假说;反之,如果它们不符合汉白早期语音对应,那么这种相似性很可能是源自早期的借用。[①]当然,是否符合语音对应关系不是判断体标记来源的必要条件,主要因为体标记语音形式的演变很可能和一般的语音演变规律不同,所以不符合早期语音对应规律未必就意味着一定不是同源词。在具体操作中,我们会遵循"经济原则",对比不同的演变可能,选择支持证据较多的假设。

4.4 语法演变机制

白语体标记的来源既包括形式的来源,也包括功能的来源,而且体标记大多具有多功能性,不同功能也可能会有不同的来源。因此,为清楚地说明白语体标记的历时演变过程,我们在分析时,会指出每一步演变的内在机制,以此揭示体标记每一个功能的来源。参考 Harris & Campbell

---

① 在我国境内,汉语一直是语势最为强大的语言,所以当我们看到某种语言特征普遍存在于不同白语方言,也存在于不同汉语方言中,而且确定这种相似性不是祖语遗传的结果,那么我们认为该语言结构从汉语借入白语的可能性比从白语借入汉语的可能性更大。

(1995)的研究,不论语法成分的词源如何、语源如何,其历时演变的机制总共有三种:(1)重新分析(reanalysis);(2)扩展(extension);(3)借用(borrowing)。重新分析和扩展是语言内部的发展,而借用则是语言接触导致的。

重新分析是指一种只改变句法模式的底层结构,但不影响其表层形式的句法演变机制(Harris & Campbell 1995:50)。[①]底层结构包括:(1)组成关系(constituency);(2)层级结构(hierarchical structure);(3)范畴标签(category labels),范畴标签的变化比如"动词"被重新分析为"介词";(4)语法关系(grammatical relations);(5)衔接(cohesion),指的是语言成分在更大的语言单位中的地位(词、附着语素或词缀),反映了语言成分之间的黏着程度。表层形式包括:(1)形态标记(morphological marker),比如性数格标记;(2)词序(word order)。值得注意的是,Harris & Campbell(1995)提到重新分析不会直接影响语法单位的表层结构,但是语法单位表层形式的变化却常常会促发重新分析,比如:法语中词尾[l]的丢失,促进了重新分析,发展出疑问标记 *ti*。

扩展是指一种导致句法模式表层结构变化,但不直接或根本改变底层结构的句法演变机制(Harris & Campbell 1995:51)。[②]扩展是类推导致的语法变化,往往是把同一语法规则运用到更多语法结构上。语法规则的运用一般都是有限制的,"扩展"的过程可以看作是限制条件被移除的过程。Harris & Campbell(1995)进一步指出扩展并不是无限的,扩展会受到词汇的限制,比如英语中有些动词可以带"for ... to"这个介词组合,有的就不行。例如:I hate for you to leave early(我讨厌你提前离开了),*I expect for you to leave early(我期待你提前离开),这是Wang(1969)提出的词汇扩散理论(lexical diffusion)在语法演变中的表现。Harris & Campbell(1995)认为词汇扩散理论运用到语音演变上存在一定争议,但运用到语法变化上是很准确的,因为"扩展"本身也是一个在词汇中逐渐扩散的过程。此外,类推还会受到被类推的规则的性质和语言系统的

---

① 原文如下:Reanalysis is a mechanism which changes the underlying structure of syntactic pattern and which does not involve any modification of its surface manifestation. (Harris & Campbell 1995:50)

② 原文如下:Extension is a mechanism which results in changes in the surface manifestation of a pattern and which does not involve immediate or intrinsic modification of underlying structure. (Harris & Campbell 1995:51)

制约。

借用是指一种在语言接触中施借语言的句法模式被复制和整合到受借语言中的句法演变机制(Harris & Campbell 1995：51)。①Harris & Campbell(1995)所说的"借用"是泛指语言接触带来的所有语法变化，Heine & Kuteva(2005)将其进一步细分，语言接触诱发的语法变化包括借用和语法复制(grammatical replication)，前者指的是一种语言的功能词（语音形式或者是音-义组合单位）迁移到另一种语言之中；后者指的是一种语言的语法模式被复制到另一种语言之中。语法复制又包括"接触引发的语法化"(contact-induced grammaticalization)和"结构重组"（restructuring）两类，前者指一种语言复制另一种语言的语法概念或语法演变过程，后者指一种语言复制另一种语言的语法结构。接触引发的语法化又包括"通常性接触引发的语法化"(ordinary contact-induced grammaticalization)和"复制性语法化"(replica grammaticalization)，在前一种情形里，复制的效果只限于复制一个与其他语言中的语法范畴相对应的范畴，而在后一种情况中，复制的对象不只是语法范畴，还包括产生这个语法范畴的语法化过程[以上对Heine & Kuteva(2005)研究的归纳及术语翻译参考自吴福祥(2013, 2014, 2016)]。

诱发上述三种句法演变的动因有：表层歧义(surface ambiguity)、类似(analogues)、语言接触(language contact)。表层歧义是重新分析发生的必要条件，类似是扩展发生的必要条件，语言接触是借用发生的必要条件，但它们常常不是唯一的动因，即不是某一演变发生的充分条件，诱发语法演变的原因是多方面的(Harris & Campbell 1995：53)。因此，在下文的分析中我们也会看到，有些体标记的演变找得到歧义结构，有的找不到；有的演变主要由一个因素诱发，有的则原因复杂。

4.5 语言比较材料简介

语言比较包括白语内部不同方言之间的比较和跨语言比较。白语方言的材料，除了美坝白语，本书还调查了大理州祥云县禾甸镇城北村、大理州剑川县甸南镇朱柳村、大理州洱源县炼铁乡三个白语方言的体系统，

---

① 原文如下：We use the term borrowing to mean a mechanism of change in which a replication of the syntactic pattern is incorporated into the borrowing language through the influence of a host pattern found in a contact language. (Harris & Campbell 1995:51)

此外还会参考现有文献中对其他白语方言点体系的介绍。

跨语言的比较，我们主要比较白语和汉语。白族很早就接受了汉族文化，大部分白族人都是白汉双语者。《中国少数民族语言使用情况》（1994）记录了1984年调查的大理州四个白族村的语言使用情况，抽样调查了697人，大多数人不仅懂白语也懂汉语，只有146人不懂汉语，占20%；赵金灿等（2012）调查了三个白族村：鹤庆县山区的马厂村、大理市坝区的小城村、鹤庆县城郊的罗伟邑村，结果表明87.2%的白族人都是汉白双语者。大量的双语人口就会带来白语和汉语的接触及相互影响。而且，赵金灿等（2012）的研究也表明白族的语言态度非常开放，使用母语，同时也主动接受当地汉语方言和普通话，认可汉语在教育、工作及社会交际等中的重要作用。总的来说，从白族在历史上以及现在的语言使用状况及语言态度来看，白语和汉语的接触非常密切。而且，从初步分析来看，白语体标记和汉语的相似度远远高于和彝语等其他周边语言的相似度。因此，下文跨语言比较中，主要比较白语和汉语。

汉语方言的材料，本书调查了两个点——大理古城汉语方言和五里桥汉语方言，此外的方言材料都来自文献。下面我们简单介绍美坝白语之外的白语方言的情况，以及当地汉语方言的体系。

4.5.1 白语方言材料

语言在地理分布上的差异往往代表了历史演变的差异，跨方言比较能揭示其演变脉络，同时也可以给我们展示相关语言现象在该语言内部的变异情况。Dahl（1985：64）在讨论体范畴的典型性和内部变异性时就提到，同一种语言内部的体标记也是有变异的，变异的规律值得研究。本书总共调查了四个不同白语方言的体系，通过对比分析可以来看白语体系变异的可能。

本书所调查的四个白语方言分别位于大理白族自治州南部、中部和北部。按徐琳、赵衍荪（1984：116–127）的划分，朱柳白语属于中部方言，炼铁白语也比较接近中部方言，美坝和城北白语则分属于南部方言的大理土语和祥云土语；按汪锋（2012）的划分，则本书调查的四个白语点都属于东支白语方言。从徐琳、赵衍荪（1984）的划分来看，本书调查的四个白语点至少代表了中部和南部两个白语方言，但从汪锋（2012）来看，本书调查的四个点实际上都同属于一个白语方言。不过，即使这四个白语点属于同一个白语方言，从初步考察来看，他们的体系并不完全相同，仍然有比较的价值。

在语言学研究中,"方言"(dialect)指的是语言的变体(variety),可能是地域变体也可能是社会变体,本书所说的白语方言指的是白语的地域变体。所谓"地域变体"可以是较大的地域范围内通行的语言变体,比如徐琳、赵衍荪(1984)和汪锋(2012)划分出的白语方言,但也可以是一村一镇所说的语言变体,比如本书所说的美坝白语、城北白语等。因此,虽然本书调查或提及的不同白族村落所说的白语并不对应于不同的大的白语方言区,但我们仍然称之为不同的白语方言。

城北白语的主要发音人是杨现珍(女),1964年出生于大理白族自治州祥云县禾甸镇城北村,时年55岁,高中毕业,生活也基本都在城北村,父母及爱人也是城北白族,迄今生活用语主要是城北白语,但也能讲流利的汉语。此外,城北白语的部分核对材料来自杨志孝(男)、杨青(女)、杨晓霞(女),他们都是城北白族,从小说城北白语,被调查时是在读大学生,年龄在20-23岁之间。

朱柳白语的主要发音人是赵万宝、赵义平父女。赵万宝(男),1963年出生于朱柳村,时年56岁,初中毕业,从小生活在大理白族自治州剑川县甸南镇朱柳村,1986年至2007年间在大理下关做白糖生意,但平时大多讲朱柳白语,能说流利的汉语。赵义平(女),1985年出生于朱柳村,云南大学语言学及应用语言学专业硕士毕业生,现为滇西科技师范学院教师,从小生活在朱柳村,说朱柳白语,迄今工作多用汉语,也能说英语和泰语。

炼铁白语的发音人是朱荣华(男),1947年出生于大理白族自治州洱源县炼铁乡翠坪村,时年72岁,母语是当地白语,但五六岁就和邻居四川人学会了汉语,9岁后被过继到漾濞亲戚家(说汉语),不久又回到炼铁乡茄叶村,一直到高中毕业,毕业后在当地小学教书,直至退休,现居于炼铁乡。发音人自认为翠坪白语、茄叶白语和炼铁乡上的白语都无差别,而且都曾经长期分别在上述三个地方生活,因此,本书将调查到的白语称为"炼铁白语"。

每个方言点的调查内容都包括:(1)参考Yue-Hashimoto(1993)设计的白语体貌概况调查表(200句);(2)根据笔者的分析设计的白语体标记多功能性调查表(约100句);(3)长篇语料(10-20分钟),为叙述性故事或自然对话。

有关其他白语方言体系统的介绍,我们主要参考现有的几部白语参考语法:赵燕珍(2009,2012)、赵金灿(2010)和杨晓霞(2014),它们分别描写了大理市赵庄白语、鹤庆县康福白语、云龙县白石白语的概况。

不同白语方言的体系统不再单独介绍,而是在比较中加以说明。

4.5.2 当地汉语方言的体概况

除了在不同白语方言之间作比较，我们还会把白语和汉语作比较。因为白语和汉语有广泛而深刻的接触关系，通过汉白比较，可以判断体标记的功能扩展是否和汉语有关。

语言接触可分为自然接触和非自然接触，自然接触是指在同一空间下不同语言的相互接触，非自然接触是指不在同一空间展开，而是在不同空间通过文字传播或文献翻译展开的语言接触（陈保亚 1996：8）。白语和汉语的接触主要是自然接触，在通讯不发达时期，和白语接触的主要是当地的汉语方言，而现在随着交通和网络通信的发展，白语也会受到汉语普通话的影响；此外，由于白语和汉语的接触历史很长，白语也可能受到古汉语及早期云南汉语方言的影响。因此，在把白语和汉语作比较时，汉语不仅只是大理汉语方言，也包括汉语普通话及其不同方言。汉语普通话及其他汉语方言的材料主要来自现有文献，而大理汉语方言的材料主要来自本书的调查。在个别情况下，如果涉及追溯体标记在不同时期的演变，我们还会参考古汉语和近代汉语的材料。

大理地区除了和云南官话比较接近的汉语方言，还通行一种半白半汉的汉语方言，比如北五里桥话[①]，这种语言的性质迄今没有学者讨论。北五里桥话的母语者在身份证上被登记为白族，但他们的母语并非白语，刘文、汪锋（2019）描写了五里桥白语的概况，认为五里桥白语是受到五里桥汉语干扰的第二语言，北五里桥话才是当地人的母语。考虑到这种语言在大理地区也很常见，本书也做了调查。因此，我们在比较白语和当地汉语时，既比较当地的主流汉语方言——本书调查的大理古城汉语方言，也比较上述半白半汉的汉语方言——本书调查的北五里桥话。

本书对大理古城汉语方言和北五里桥话的调查，主要包括：Yue-Hashimoto（1993）中汉语体系统调查表的所有例句、根据调查实况补充的少量例句，以及录制并现场转写的多个6-10分钟的长篇语料。下面我们从"完成、持续、经历、起始、尝试"这五个传统汉语体研究涉及的核心体意义对大理话和北五里桥话的体貌系统作简单介绍，本书所用的例句都来自笔者的调查。

[①] 大理古城附近五里桥村所说的话，这种话区别于当地汉语方言（大理话），大理古城有个南五里桥村，村民说大理话，当地人为了区分五里桥村说的话和大理话，就将其称为"北五里桥话"。

4.5.2.1 大理话的体系统简介

大理市是大理白族自治州下辖的县级市，处于云南省西北部，是一个以白族为主体的少数民族聚居区，境内主要通行汉语和白语。大理市下辖10个镇、1个民族乡：下关镇、大理镇、凤仪镇、喜洲镇、海东镇、挖色镇、湾桥镇、银桥镇、双廊镇、上关镇、太邑彝族乡。汉语主要通行于下关镇和大理镇，本书调查了大理镇（大理古城）的汉语方言，以下都简称为大理话。

大理话属于云南官话，在语音、词汇、语法上都有云南官话所具有的特征，比如：语音上，入声归入阳平，区分平翘舌，分鼻边音，但不分前后鼻；词汇上，用"瞧"表示"看"，"日脓"表示"窝囊"；语法上，后缀"-场""-法"表示某种附加义，疑问句句型为"主+格+谓"（比如：你格去？），否定副词"不有"相当于普通话的"没/没有"。[①]云南官话归属于西南官话，但也有一些异于主流西南官话的特点，陈希（2013）、曾晓渝、陈希（2017）结合移民史的纪录及对其异于主流西南官话的语言特征的分析，指出云南官话的主体很可能形成于明代，其源头是明代南直隶官话——融合当时苏皖地区江淮、中原官话主要特点的一种通用语。

本书主要介绍大理话的各种"体"及其表达方式，关于该方言的音系情况，参考《云南省志·卷五十八 汉语方言志》第二十八页的大理方言声韵调表及相关说明。[②]

本书调查的发音合作人为王光林（男），汉族，1947年出生，从小生活在大理古城，其父母和爱人也都是大理古城人，讲大理话。1977年恢复高考后，王光林考上云南师范大学物理系，1982年毕业，毕业后回到位于大理古城的大理一中教物理，教学语言也是大理话，直至退休。调查于2018年12月下旬进行。

由于本书主要考察大理话的体标记，我们不特意追究特有方言字汇的本字，能找到普通话同音或音近字的音节尽量用同音字代替，没有同音或音近字则都用□表示，所有句子都另注国际音标和普通话语义。

---

① 关于云南官话的语音、词汇和语法的特征参考自曾晓渝、陈希（2017）的整理。

② 不过，本书发音人的音系与《云南省志》所记录的大理汉语方言音系有几点不同：（1）《云南省志》所记录的大理方言没有卷舌声母，不分鼻音和边音，但本书的发音人有一组和普通话对应的卷舌音，也区分鼻音和边音；（2）大理汉语方言不分前后鼻音，《云南省志》都记为鼻化，本书的发音人多发为前鼻音；（3）《云南省志》记录的汉语方言的上声字都读为高降调，调值为53，但本书发音人在单发上声字时，基频下降之前有明显的高平段，调值应为553，在语流中会减省为53，本书也都暂记为53。

另外，由于大理汉语方言的材料仅在需要时用来作初步的汉白比较，我们不对其体系作详细描写，也不严格界定和区分其不同体范畴，下面仅参考Yue-Hashimoto(1993)设计的汉语体貌调查中的五个体意义来说明大理话体貌系统的概况：完成义、进行或持续义、经历义、起始义、尝试义。

4.5.2.1.1 完成义体标记

大理话中，最常用的完成义体标记是ɔ^{35}"喽"，是一个完全虚化的体标记。它表达动作事件的完成，且主要和具有终结性的谓语搭配，例如：

(188) 他　赔　喽我　九　块　钱.

tə^{44} pʰe^{31} ɔ^{35} uɔ^{53} tɕiou^{55} kʰuai^{55} tɕʰiɛn^{31}.

（他赔了我九块钱。）

(189) 他　死　喽.

tə^{44} sʅ^{53} ɔ^{35}.

（他死了。）

例(188)中动词带数量宾语，例(189)中动词"死"本身有内在的终点，二者都具有终结性。

大理话中的"喽"相当于普通话的词尾"了"（"了$_1$"），而普通话的句尾"了"（"了$_2$"）在大理话中用ɔ^{31}"袄"表达。ɔ^{35}"喽"和ɔ^{31}"袄"韵母相同，但声调不同，分布位置不同，是两个对立的语素。"喽"用于动词后；"袄"则用于句末。例如：

(190) 我　克　喽两　趟　袄.

uɔ^{55} kʰɯ^{35} ɔ^{35} lian^{53} tʰan^{35} ɔ^{31}.

（我去了两趟了。）

例(190)中"喽"和"袄"不可互换。"喽"不能用于动宾结构之后，而"袄"也不用于动词和宾语之间。再如：

(191) 他　进　城　袄/*喽.

tə^{44} tɕin^{35} tʂʰən^{31} ɔ^{31} / *ɔ^{35}.

（他进城了。）

(192) 他　将将　吃　喽/*袄　药.

tə^{44} tɕian^{44} tɕian^{44} tʂʅ^{31} ɔ^{35}/*ɔ^{31} yo^{31}.

（他刚刚吃了药。）

"嗷"和"袄"的区别也体现在它们用于同一动词时表达完全不同的语义。例如:

(193) 走　　　嗷.
　　　tsou⁵⁵　ɔ³⁵.
　　　[(已经)走了。]

(194) 走　　　袄.
　　　tsou⁵⁵　ɔ³¹.
　　　(走了!)(注:这是个祈使句,用来号召别人要走了,实际还没走。)

如果动词后没有宾语,句末也可以连用"嗷袄",例如:

(195) 毕竟　　　是 力量　　悬殊　　　么　　打败
　　　pi³¹ tɕin³⁵　sʅ⁵⁵ li³¹ lian³⁵　ɕyɛn³¹ ʂu⁴⁴　mɛ⁴⁴　ta³¹ pai³⁵
　　　嗷 袄.
　　　ɔ³⁵ ɔ³¹.
　　　[毕竟是力量悬殊(大)就打败了。]

关于"嗷"和"袄"的功能,笔者在调查中还发现了一个有趣的现象,当它们用于动补式时,表积极义的动补式后只能用"袄",反之,表示消极义的动补式后只能用"嗷"。例如:

(196) 衣裳　　　缝好　　袄/*嗷.
　　　i⁴⁴ ʂan⁴⁴　fən⁵³ xɔ⁵³　ɔ³¹/* ɔ³⁵.
　　　(衣服缝好了。)

(197) 衣裳　　　穿烂　　　　嗷/*袄.
　　　i⁴⁴ ʂan⁴⁴　tʂʰuan⁴⁴ lan³⁵　ɔ³⁵/ *ɔ³¹.
　　　(衣服穿烂了。)

上例中的"嗷"和"袄"完全不可互换,这种现象可能和"嗷"的来源有关。从"嗷"的上述分布特点来看,它可能虚化自"掉","掉"在云南汉语方言中广泛用作完成义体标记。"掉"在大理话中的读音为tiɔ³⁵,tiɔ³⁵ "掉"会虚化为ɔ³⁵ "嗷"的理由主要有:(1)现代汉语中的"掉"原表达"脱离客体",通过转喻发展出表行为结束/状态实现的体标记用法(刘焱 2007),在云南方言中,"掉"的虚化程度更高,和谓语的组合能力也更强(王顺巧 2017等),具有演变为一个成熟的体标记的潜力;(2)本书发音人表达完成义多用ɔ³⁵"噢"，但在长篇语料中偶尔也用"掉"，二者处于相同的句法位置，表达相同的句法意义。例如：

(198) 要是　　天生桥　　　　那里　　一　　冲
　　　iɔ³⁵ ʂʅ³⁵　tʰiɛn⁴⁴ ʂən⁴⁴ tɕʰiɔ³¹　nə³¹　tiɛn³¹　i³¹　tʂʰon4
　　　冲　　开　　掉，　　水　　又　　退　　袄．
　　　tʂʰon⁴⁴ kʰai⁴⁴ tiɔ³⁵，ʂui⁵⁵ iou³⁵ tʰui³⁵ ɔ³¹．
（要是天生桥那里一冲冲开掉，水又退了。）

(3)词源是"掉"可以解释ɔ³⁵"噢"和动词搭配的规律。"噢"和动词的组合能力很强，但也不能和所有谓语搭配，除了例(196)(197)所述的情况外，它也不能和有显著"获得"义的动词搭配，比如"买、捉"，"掉"本义是"脱离客体"，与"获得"义相互排斥，可以从词源上解释为什么"噢"不能和"获得"义动词搭配。①(4)从语音形式上看，ɔ³⁵和tiɔ³⁵的主要韵母和声调都相同，声母和介音脱落导致tiɔ³⁵变为ɔ³⁵是完全有可能的。

大理话中另一个表完成的体标记是tɛ³¹"得"，主要和有显著"获得"义的动词搭配，比如"买"，这时候的"得"也可以换成tʂuɔ³¹"着"，但一般不用"噢"。例如：

(199) 我　　只　　买　　得/着　　柚子．
　　　uɔ⁵⁵　tʂʅ³¹　mɛ⁵⁵　tɛ³¹/tʂuɔ³¹　iou³⁵ tsʅ⁵⁵．
（我只买了柚子。）

"得"也可表结果状态。例如：

(200) 房子　　里　　点　　得　　一　　盏　　灯．
　　　fan³¹ tsʅ⁴⁴　tʰou⁴⁴　tiɛn⁵³　tɛ³¹　i³¹　tʂan⁵³　tən⁴⁴．
（房子里点了一盏灯。）

不过，总的来看，"得"在大理话中不如"噢"常见，且很多情况下可以被"噢"或"着"替换。

4.5.2.1.2 持续义体标记

进行体表示动态动作正在进行之中，大理话有两个进行体标记：

---

① 茅维(2007)，杨育彬、齐春红(2009)，王顺巧(2017)等论述了云南方言"掉"的不同功能，并列举了非常丰富的例句，但其中也没有"买、捉"等动词的例句。

tsai³⁵ "在"、tṣuo⁴⁴ "着"，"在" 偶尔也说成tṣən³⁵ tsai³⁵ "正在"。用于单句时，两个进行体标记可以分别单独使用，也可以一起使用，所表示的语义无显著差别。例如：

(201) 他　　在　　缝　　着　　衣裳.
　　　tə⁴⁴　tsai³⁵　fon⁵³　tṣuɔ⁴⁴　i⁴⁴ ṣan⁴⁴.
（他在缝衣服。）

例（201）中"在"和"着"可以同时使用，也可以删除其中之一，不影响句义。如果进行体是用于表达复句中的伴随小句，则只能用"着"，而且发音人表示单句中如果单用"着"表进行，会有"接下来有其他动作要发生"的意味。

(202) 他　　聊　　着　　□□，　人家　　就　　把
　　　tə⁴⁴　pʰiɛ⁵⁵　tṣuɔ⁴⁴　kʰuɔ³¹ tsʅ⁴⁴　zən⁵³ tɕia⁴⁴　tɕiou³⁵　pa⁴⁴
　　　他　　逮　　起　　去　　袄.
　　　tə⁴⁴　tai⁵³　tɕʰi⁵³　kʰw³⁵　ɔ³¹.
（他正在聊天，人家就把他抓走了。）

例（202）中的"着"不能替换为"在"。大理话中的"着"除了用于伴随小句，也可以用于祈使句。例如：

(203) 你　　坐　　着.
　　　ni⁵⁵　tsuɔ³⁵　tṣuɔ⁴⁴.
（你坐着！）

大理话的"着"也可以和静态动词搭配，表达非进行体语义，因此，总的来说，"着"表达的是持续体（continuous aspect）。"着"表静态动词的持续时，不能加或换成"（正）在"。例如：

(204) 戴　　得/着　　眼镜　　找　　眼镜.
　　　tai³⁵　tɛ³¹/tṣuɔ⁴⁴　iɛn⁵⁵ tɕin³⁵　tṣɔ⁵⁵　iɛn⁵⁵ tɕin³⁵.
（戴着眼镜找眼镜。）

(205) 房子　　头　　点　　得/着　　一　　盏　　灯.
　　　fan⁵³ tsʅ⁴⁴　tʰou⁴⁴　tiɛn⁵³　tɛ³¹/tṣuɔ⁴⁴　i³¹　tṣan⁵³　tən⁴⁴.
（房子里点了一盏灯。）

(206) 他　　　爱　　　站　　　着　　　吃.
　　　tə⁴⁴　ai³⁵　tsan³⁵　tsuɔ⁴⁴　tʂʰʅ³¹.
（他爱站着吃。）

"着"用于及物动词表持续时，大多数情况下可以换成表完成义的"得"，如例（204）也可以说"戴得眼镜找眼镜"，句子意思和用"着"一样。但是不及物动词的持续义，只能用"着"表达，不能换成"得"。

4.5.2.1.3 经历体标记

大理话的经历体标记是kuɔ³⁵"过"，用法与普通话的"过"基本相同，用于"已中断，但可恢复"的动词，表达动作事件曾经发生。例如：

(207) 她　　以前　　　耙　　过　　田　　呢.
　　　tə⁴⁴　i⁵⁵ tɕʰiɛn³¹　pʰa³¹　kuɔ³⁵　tʰiɛn³¹　nə⁴⁴.
（他以前种过地的。）

(208) 她　　瞧　　过　　这　　场　　戏　　袄.
　　　tə⁴⁴　tɕʰiɔ³¹　kuɔ³⁵　tsʅ³¹　tʂhan⁵⁵　ɕi³⁵　ɔ³¹.
（她看过这场戏了。）

如例（207）（208）所示，"过"一般紧附在动词后。

4.5.2.1.4 起始体标记

大理话的起始体标记是tɕʰi⁵⁵ lai³¹"起来"，和普通话的"起来"的意义和用法基本相同。例如：

(209) 娃娃　　　　哭　　起　　来　　袄.
　　　ua³¹ ua⁴⁴　kʰu³¹　tɕʰi⁵⁵　lai³¹　ɔ³¹.
（小孩哭起来了。）

(210) 他　　喜欢　　　傲作　　　　唱　　起　　歌　　来.
　　　tə⁴⁴　ɕi⁵⁵ xuan⁴⁴　ɔ⁵⁵ tsuɔ³⁵　tʂhan³⁵　tɕʰi⁵⁵　kuɔ⁴⁴　lai³¹.
（他喜欢得唱起歌来。）

"起来"中间可以插入其他成分，除了宾语，大理话还可以在"起来"中插入tɛ³¹"得"和pu³¹"不"，构成动补结构"起得来"或"起不来"。

4.5.2.1.5 尝试义体标记

尝试性的动作往往是短时的，而短时性的动作也大多是尝试性的，因此，动作的"短时"义和"尝试"义互相蕴含。大理话中不严格区分动作的尝试义和短时义，二者都可以用动词重叠或动词后加 i³¹ xa³⁵ "一下"来表达。例如：

（211）你　　来　　瞧瞧　　　　这　　块　　布．
　　　 ni⁵⁵　lai³¹　tɕiɔt³¹tɕʰiɔ⁴⁴　tsʅ²¹　kʰuai⁵⁵　pu³⁵.
　　　（你来看看这块布。）

（212）你　　们　　闲　　一　　下　　再　　干．
　　　 ni⁵⁵　mən⁴⁴　ɕiɛn³¹　i³¹　xa³⁵　tsai³⁵　kan³⁵.
　　　（你们休息一下再干。）

例（211）的动词重叠可以换成"瞧一下"，而例（212）的"闲一下"也可以换成"闲闲"。值得注意的是，因为大理话没有显著的轻声，所以动词重叠时后字都会变成平调，见例（211）。

4.5.2.2 北五里桥话的体系统简介

北五里桥话是指大理市银桥镇五里桥村村民讲的话，这种话在当地被描述为 xa⁵³ tɯ²¹ pɔ²¹ pɛ⁵³ kʰɛ⁵⁵ ʋ³³ "汉脑袋白屁股"，它能和大理话通话，但夹杂了一些白语的词汇及语法特点，也有一些云南官话所没有的特点，比如保留了独立的入声、不区分平翘舌。北五里桥话的性质有待进一步研究，本书对此不展开讨论，我们主要考虑到它代表了一种有别于当地主流汉语的汉语方言类型，所以也做了调查，以和白语作比较。[①]

北五里桥话的发音人是付贵芳（男），白族，生于1951年，从小生活在五里桥村，讲北五里桥话。由于发音人从小就接触到当地的白语和大理汉语方言，所以也能流利地使用这两种语言和非本村人交流。调查于2018年12月中旬进行。

同样，由于本书主要考察北五里桥话的体标记，我们不特意追究特有方言字汇的本字，能找到普通话同音或音近字的音节尽量用同音字代替，没有同音或音近字则都用□表示，所有句子都另注国际音标和普通话语义。

4.5.2.2.1 完成义体标记

北五里桥话中有两个完成义体标记：lɔ³¹ "咾"，tə⁴⁴ "得"，它们的分布环境不同。

---

① 五里桥村民的母语是北五里桥话，但也基本都会讲当地白语，刘文、汪锋（2019）对其音系、基本词和基础句法做了调查和描写。

"咾"类似汉语普通话的词尾"了",以及大理话的"嗽",主要和具有终结性的谓语搭配,用于动词后,表达动作事件的完成。

(213) 他 说 咾 三 句 话 就 走
   xa⁴⁴ ɕyo²¹ lɔ³¹ san⁴⁴ tɕu³⁵ xua³⁵ tɕiou³⁵ tsou³¹
   袄.
   ɔ⁴⁴.
   (他说了三句话就走了。)

(214) 他 克 咾 四 个 多 月.
   xa⁴⁴ kʰɯ³⁵ lɔ³⁵ sɿ³⁵ ko³⁵ tuɔ⁴⁴ yɛ⁴⁴.
   (他去了四个多月。)

从上例可见,北五里桥话的"咾"没有固定的声调,除了常见的31调,它还可以被读为其他声调,比如35调。

例(213)句末有一个语气词"袄"ɔ⁴⁴。"袄"是句末语气词,可用于做谓语的名词、形容词、光杆动词、动宾或动补结构等成分后,大致对应于普通话的句尾"了"以及大理话的"袄"。

(215) 实际上   就是   李密   的   庙   袄.
   sɿ²¹ tɕi⁵⁵ san⁵⁵ tɕiou³⁵ sɿ³⁵ li³¹ mi²¹ ni⁴⁴ miɔ³⁵ ɔ³¹.
   (实际上就是李密的庙了。)

(216) 她 睡   着 袄.
   xa⁴⁴ ɕyi³⁵ tɕuɔ²¹ ɔ³⁵.
   (她睡着了。)

(217) 那 些 鬼 就 不 闹 袄.
   na⁵⁵ ɕiɛ⁴⁴ kui³¹ tɕiou³⁵ pu²¹ nɔ³⁵ ɔ³¹.
   (那些鬼就不闹了。)

同样,"袄"多为31调,但在实际使用中,它的声调不确定。除了31调,还可以是52调、44调、35调。据本书调查,北五里桥话共有六个声调,清平/44/,浊平/52/,清上/31/,全浊上归入去声,读为/35/或/55/,入声/21/。也就是说,句末语气词一般读为31调,但也可以读为入声之外的其他任何声调。本书根据北京语言大学语言研究所编写的《汉语方言地图集调查手册》(2003)中两字组连读变调调查表调查过北五里桥话的连读变调,发现北五里桥话中没有连读变调现象,即句末语气词"袄"的变调是一种自由变调现象。

有意思的是，北五里桥话的句末语气词"袄"也可以用于词尾位置，充当"咾"的功能。例如：

（218）那　　些　　娃娃　　　捉　袄　好些　　蜻蜓
　　　 na³⁵　ɕiɛ⁴⁴　ua⁵²ua⁴⁴　tɕuɔ²¹ ɔ³¹ xɔ³¹ɕiɛ⁴⁴ tɕʰin⁴⁴tʰin⁵²

蝌蚪　　　　　还　　有　　各式各样　　　　的　虫.
kʰuɔ⁴⁴ tou³¹　xai⁵²　iou³¹　kɔ²¹ sʅ³⁵ kɔ²¹ ian³⁵ ni⁴⁴ tɕʰion⁵².

（那些小孩捉了好些蜻蜓，蝌蚪，还有各式各样的虫子。）

（219）连着　　　逃跑　　　袄　几　　个　　老板.
　　　 nie⁵² tɕon³⁵　tʰɔ⁵² pʰɔ³¹　ɔ⁴⁴　tɕi³¹　kɔ³⁵　lɔ³¹ pan³¹.

（连续逃跑了几个老板。）

作为初步考察，我们统计了本书调查的长篇语料（4个6-10分钟长的叙述性语篇）中"咾"和"袄"的分布情况，具体见下表。

表13　北五里桥话长篇语料中"咾"和"袄"的分布统计表

体标记	光杆动词后	动宾/动补结构后	形容词/名词后	动宾中间	词汇成分中
咾	3	2	0	7	6
袄	12	6	6	2	0

从统计数据来看，"袄"倾向于出现在句尾，用作句末语气词，而"咾"则多用于动宾结构中，功能接近本书界定的完结体标记。不过，"咾"和"袄"在多种环境下可以交替使用并不改变句子的语义，且这两个语素的元音一致，因此我们猜测它们之间有演变关系。由于"咾"可以出现在词汇中，比如"为了"ui⁵⁵ lɔ⁴⁴，"算了一算"ɕuɛ³⁵ lɔ³⁵ i²¹ ɕuɛ³⁵，但"袄"没有这样的用例，而在语法化程度较高的分布环境中，即动宾/动补结构之后，则是"袄"出现的频率远高于"咾"，因此我们猜测"袄"极有可能由"咾"虚化而来，其语音发生弱化，即声母脱落，且语法化程度更高。①

北五里桥话还可以用tə⁴⁴"得"表动作事件的完成，主要用于"买、抓、收、找"等具有显著"获得"义的动词。例如：

---

① "咾"和"袄"之间可能存在演变关系最早为郭必之老师在批阅本书初稿时指出。

(220) 我　　只　　买　　得　柚子.
　　　 ŋo³¹　ti²¹sʅ³⁵　mɛ³¹　tə⁴⁴　iou⁵⁵ tsʅ⁴⁴.
　　（我只买了柚子。）

(221) 他　抓　　　得　一把　　烂泥　　做　什么.
　　　xa⁴⁴tɕua⁴⁴　tə⁴⁴ i⁵⁵ pa³¹　la⁵⁵ ni⁵²　tsuɔ³⁵　sʅ²¹ men³⁵.
　　（他抓了一把烂泥做什么？）

例（220）中的"得"发音人说也可以换为"咾"，但实际在长篇语料中"买"的完成义都用"得"表达。"得"在北五里桥话中表完成的用法比较发达，对比大理话和北五里桥话的调查例句，很多在大理话中用"嗽"表达的例句，在北五里桥话中都用"得"。比如"他抓了一把烂泥做什么？""他赔了我九块钱。"这两个句子，大理话用"嗽"表达，而北五里桥话都用"得"表达。

除了表完成，"得"在北五里桥话中还可以用于静态动词，表动作的持续或状态。例如：

(222) 这　里　　 点　　　得　一　盏　　灯.
　　　tsʅ⁵⁵ ni⁴⁴　tien³¹　tə⁴⁴　i⁵⁵ tsɛ³¹　tən⁴⁴.
　　（这里点了一盏灯。）

"得"表持续时，一般只用于表它身处所动词，即动作的主语多是非人的事物，表达的是一种存在状态，如果动作是自身处所动词，如"坐、躺"等，且主语为人，则一般用"着"表持续，参见下一节的例句。

4.5.2.2.2 持续义体标记

北五里桥话用"着"表动态动词的进行义，也表静态动词的状态义，读音为tsɔ⁴⁴或tsuɔ⁴⁴，二者在表意上没有区别。表进行体时，除了用"着"，发音人一般也会在动词前加tsən³⁵ tsai³⁵"（正）在"，"（正）在"和"着"都可以分别单独表达动作的进行义，但在调查中，大多数例句都既加"（正）在"也加"着"。例如：

(223) 他　　 正在　　　　　 看　　　着　　　报纸.
　　　xa⁴⁴　tsən³⁵ tsai⁵⁵　kan³⁵　tsuɔ⁴⁴　pɔ³⁵ tsʅ³¹.
　　（他正在看报纸。）

(224) 他　 在　　　缝　　(着)　　衣裳.
　　　xa⁴⁴ tsai³⁵　fən⁵²　(tsuɔ⁴⁴) i⁴⁴ san⁴⁴.
　　（他正在缝衣服。）

(225) 他　　　哭　　　着.
　　　 xa⁴⁴　kʰu²¹　tsuɔ⁴⁴.
　　　（他正在哭。）

与大理话一样，当带进行体标记的谓语用于复句的伴随小句时，只用"着"，不加"（正）在"。例如：

(226) 他　　穿　　着　　　　大衣　　门　　　就
　　　 xa⁴⁴　tɕʰyɛ⁴⁴　tsɔ⁴⁴/tsuɔ⁴⁴　ta³⁵i⁴⁴，mən⁵²　tɕiou³⁵
　　　开　　袄.
　　　kʰai⁴⁴　ɔ⁴⁴.
　　　（她正在穿大衣，门就开了。）

"着"用于静态动词表达状态义时，动词主语一般是人，而且动词前不能加"（正）在"。例如：

(227) 她　端　　着　　一个　　铜盘.
　　　 xa⁴⁴　tuɛn⁴⁴　tsuɔ⁴⁴　i²¹　ko³⁵　tʰon⁵²pʰən⁴⁴.
　　　（她端着一个铜盘。）

(228) 那个　　人　　老　在　　那里　　站　　着.
　　　 lo³⁵ ko³⁵　zən²¹　lɔ³¹ tsai³⁵　lo³⁵ni⁴⁴ tsai³⁵　tsuɔ⁴⁴.
　　　（那个人老在那里站着。）

"着"也可以用于祈使句，表达说话人命令听话人保持某个姿势或动作。例如：

(229) 你　　拿　　着.
　　　 ni³¹　na⁵²　tsɔ⁴⁴/tsuɔ⁴⁴.
　　　（你拿着！）

4.5.2.2.3 经历体标记

北五里桥话的经历体标记是kuɔ³⁵ "过"，用法与普通话、大理话都基本相同，主要用于"已中断，但可恢复"的动词，表达动作事件曾经发生。例如：

(230) 她　　去　　过　　好些　　地方.
　　　 xa⁴⁴　kʰɯ³⁵　kuɔ³⁵　xɔ³¹ ɕiɛ⁴⁴　ti³⁵ fan⁴⁴.
　　　（她去过好多地方。）

（231）我　吃　过　这　种　年糕　非甜.
　　　　ŋo³¹ tsʰʅ²¹ kuɔ³⁵ tsʅ⁵⁵ tɕon³¹ niɛn⁵²kɔ⁴⁴, fe⁴⁴ tʰie⁵².
（我吃过这种年糕，很甜。）

如例（230）（231）所示，如果动词有宾语，则"过"紧附在动词后。

4.5.2.2.4 起始体标记

北五里桥话的起始体标记是tɕʰi³¹ (lai⁵²) "起（来）"，例如：

（232）她　喜欢　得　作　唱　起　歌　来.
　　　　xa⁴⁴ ɕi³¹ xuɛn⁴⁴ tɛ²¹ tsuɔ³⁵ tsʰan³⁵ tɕʰi³¹ ko⁴⁴ lɛ⁵².
（他喜欢得唱起歌来。）

（233）她　说　起　话　到　现在　已经
　　　　xa⁴⁴ ɕyo³¹ tɕʰi³¹ xua³⁵ tɔ⁵⁵ tsʅ²¹ tɕʰi⁴⁴ i³¹ tɕin⁴⁴
　　　　两　个　多　小时　咾.
　　　　lian³¹ ko³⁵ tuɔ⁴⁴ ɕiɔ³¹ sʅ⁵² lɔ³¹.
（他说起来话到现在已经两个多小时了。）

（234）吃　着　饭　吃　着　饭　就　哭　起
　　　　tsʰʅ²¹ tsɔ⁴⁴ fan³⁵ tsʰʅ²¹ tsɔ⁴⁴ fan³⁵ tɕiou³⁵ kʰu²¹ tɕʰi³¹
　　　　来　袄.
　　　　lai⁵² ɔ³¹.
（吃着饭吃着饭就哭起了。）

从上述例子中，北五里桥话起始体"起来"中的"来"有时候可以省略，有时候不可省略，其隐现规则有待进一步研究。

4.5.2.2.5 尝试体标记

北五里桥话动词的尝试体一般通过动词重叠来表达（北五里桥话没有在动词后加"一下"表尝试的用法）。不论是及物动词还是不及物动词，都可以重叠表达尝试体。例如：

（235）你　瞧瞧　这　块　布.
　　　　ni⁴⁴ tɕʰyo⁵² tɕʰyo⁴⁴ tsʅ⁵⁵ kʰuɛ³¹ pu³⁵.
（你看看这块布！）

（236）我　去去　就　来.
　　　　ŋo³¹ kʰu³⁵ kʰu⁴⁴ tɕiou³⁵ lɛ⁵².
（我去去就来。）

同样，北五里桥话中没有轻声，动词重叠后，后字都会变成平调。

4.6 体标记来源及演变的分析步骤

基于上文的讨论，我们将本书分析白语体标记的来源及演变的具体操作归纳如下：(1) 体标记的多功能性分析；(2) 白语方言的体标记比较；(3) 白语和当地汉语体标记的比较；(4) 白语和不同汉语方言体标记的比较；(5) 体标记的汉白语音关系分析；(6) 白语方言创新的判断。

不同步骤之间相互衔接，但不是所有体标记的分析都必须经过所有的步骤。下面，我们详细介绍具体的分析步骤，讨论白语体标记来源的不同可能。

第一步：体标记多功能性分析

如果白语体标记功能比较单一，就直接进行语言比较；如果体标记具有多个语法功能，就需要先分析其多功能性。分析体标记的多功能性，主要是识别其不同功能，并调查其是否有实词义、是否有能直接观察到的词源。此后，不论体标记是否有可观察到的词源，都要进行跨方言比较。

第二步：白语方言的体标记比较

考察体标记在不同白语方言中的形式及其多功能性，至少有三点好处：(1) 考察同一体标记在不同白语方言中的分布情况，展现同一个体范畴在同一语言的不同方言中的变异情况，确定体标记的对应关系；(2) 不同方言体标记的多功能性不同，功能的多少变化有助于构拟体标记的语义演变路径；(3) 体标记及其功能在不同方言中分布的广泛程度、一致程度可以辅助判断其在白语中出现的时间，分布越一致和越广泛的体标记及其功能产生年代越早。

比较不同白语方言中同一体意义的表达方式，如果相关表达方式在不同白语方言中分布差异很大，就跳至第六步。

如果不同白语方言中都有相似的体范畴，且其形式具有可解释的语音关系，那么，该体标记及其存在于不同白语方言中的功能产生年代就比较早，要么是祖语的遗传，要么是早期的借用。不是所有白语方言都有的功能，则可能是白语自身的发展，也可能是晚近的借用，跳至第六步来判断。

体标记的功能在不同白语方言中分布越普遍其产生年代越早，所有方言都有的功能就有可能源自祖语遗传，也可能是早期借用，要通过汉白比较来判断。

第三步：白语和当地汉语体标记的比较

如果当地汉语方言中体标记的形式及其功能和白语差异很大，那就可以确定白语中该体标记及其多功能性不是晚近借用的结果，可能是早期白语的遗传。当然，这也可能是早期的借用，不过这都不影响分析其语义演变路径。因为即使是早期借用，不论是同时借用了多个功能，还是借用了单个功能后在白语中有新的发展，都反映了某种语义演变规律。至于这种语义演变模式是否是早期借用，即有无可能白语体标记和当地汉语的不同是因为该多功能模式存在于早期汉语，但在现代当地汉语方言中消失了，所以属于早期的借用？对此，我们暂无准确的判断方法，遇到上述这种情况，本章暂时将其看作早期白语的遗传，参考 Harris & Campbell（1995）的研究分析其不同功能之间的语义演变机制。

如果白语体标记和当地汉语方言表现相似，即词源相同，或者体标记有相似的功能扩展模式（有多个功能相同），那么这种语言相似性的原因就有多种可能。

Heine & Kuteva（2005：2）提到如果两种语言表现出形式、意义或结构上的相似性，那可能由以下几种原因造成：语言共性（universal principles）、语言亲属关系（genetic relationship）、平行演变或沿流（parallel development or drift）、语言接触（language contact）、巧合。①

首先，由于白语和汉语的语言类型比较相似，二者都是"语素—音节"型语言，主要语序为SVO，曲折形态不发达，而且长期以来都有密切的接触关系，其结构的相似是巧合的可能性不大。

其次，如果白语体标记的多功能模式也存在于世界上不同地区、不同系属的语言中，那么白语和汉语的这种相似性实际上是跨语言共性，这点可以参考Bybee et al.（1994）、Heine & Kuteva（2002）、Kuteva et al.（2019）等关于时体类型学及语法化普遍路径的研究成果来判断。如果白语和汉语中体标记的多功能模式普遍存在于不同语系的语言中，那么这就是语言共性；反之，则可以排除这种可能。

最后，如果有充足的证据表明所有其他动因都不可能，那白语和汉语在语法上的相似才可能来自平行演变或沿流。如果白语和汉语没有亲缘

---

① "沿流"（drift）这一概念最早由Sapir（1921：127–191）提出，指的是同语系的语言，会共享一些内部动力，使得它们在分开的情况下依然有相似的演变方向（参考郭必之2019：2），LaPolla（1994）也用藏缅语的材料证明了亲属语言发展中"沿流"现象确实存在。

关系,那么语法相似性是平行演变的结果;反之,如果白语和汉语有亲缘关系,那么语法相似性是沿流的结果。

整体而言,白语和汉语在语法上共性的成因最难判断的是祖语遗传及语言接触,而且这两个原因的可能性最大,因此下面的分析中,我们主要讨论如何判断白语和当地汉语体标记的相似性是源自祖语遗传还是语言接触。

第四步:白语和不同汉语方言体标记的比较

Heine & Kuteva(2005:33)提出的判断语言接触的方法为:如果有接触关系的语言M和语言R都有某种语言特征x,而x也见于M的亲属语言,但不见于R的亲属语言,那么就认为R语言中的x是从M语言中借进来的。

因此,我们可以通过考察存在于白语和当地汉语中体标记的多功能模式在其他汉语方言中的分布情况,来判断白语和当地汉语的语法相似性是否和语言接触有关。

如果该多功能模式不见于其他汉语方言,那么这种语法相似性就是语言接触的结果,是从白语借入当地的汉语,即使它们之间有亲缘关系,这种相似的语法结构或功能也不是从祖语遗传而来,而是后期通过方言之间的接触发展而来。Wu(2001)曾经指出汉语方言也可能借用汉语普通话的语法成分。这种情况下,不需要进行语音关系的考察。

如果该多功能模式也见于其他汉语方言,则需要分析体标记形式的汉白语音关系。我们先假设体标记的语音演变规律和白语一般的语音演变规律相同,然后参考汪锋(2012)的研究去分析体标记的形式是否符合最早层次的汉白语音对应关系。

第五步:体标记的汉白语音关系分析

上文提到,我们在语言比较时,如果功能词有多个功能,那么只要有一个以上的功能相似,就可以建立对应关系,并进行比较。因此,白语和汉语的体标记有相似的功能,但它们的功能未必完全重合,存在于不同白语方言,但不存在于汉语的功能是白语内部发展的结果,只有同时普遍存在于白语和汉语的功能才需要判断是借用还是同源。不过,只要某一个功能普遍存在于不同白语和汉语方言,就需要考察语音关系,来判断这种相似性是否是同源导致的。

如果功能和词源相同的体标记符合汉白最早语音对应,那么这种相似性源自祖语遗传的可能性比较大,因为如果要说这种语音对应是偶然的结果,则解释成本比较高。此外,我们提到过功能词的形式可能和核心词一起演变,也可以单独演变,因此,如果白语和汉语体标记的形式不符合语音对应规律,但具有可解释的语音关系,那么这种多功能性也可能是祖语遗传的结果。

如果体标记的形式不符合早期汉白语音对应规律,且不具有可解释的语音关系,那么这种功能和词源的相似性就是长期且深度接触的结果。①

第六步:白语方言创新的语源判断

如果通过内部比较,发现某体范畴或体标记的某一功能在不同白语方言中差异很大,形式之间也无可解释的语音关系,那么就基本可以确定这是方言分化后各自创新发展的结果。这种创新可能是白语方言内部发展的结果,也可能由语言接触带来。

这种情况下,仍然要考察该体范畴在不同汉语方言中的表现形式。如果某一白语方言中的某个体标记形式及其功能在不同汉语方言中分布很广泛,那可以确定该体标记或其某功能是受汉语影响而产生。如果白语方言中的体标记形式及其功能在所有汉语方言中都不常见,那它是该白语方言内部发展的结果。如果某个白语方言中体标记的形式只见于附近的汉语方言,那么就是该地区白语和汉语的区域性特征,可能和语言接触有关,但借用的方向要视具体情况而论。

4.7 白语体标记来源的七种可能

综上所述,我们可以将本书所用的体标记词源和语源判定程序画为一个直观的流程图:

---

① 北京大学的叶唯简师妹提出,这种情况下,体标记的相似性会不会是白语和汉语分别独立发展的结果?我们不能绝对排除这个可能,但由于白语和汉语有长期且深刻的接触关系,因此,我们目前认为这种功能相似性由语言接触带来比在两种语言中独立发展(或者说是平行演变)而来的可能性更大。

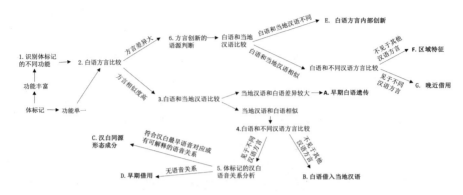

图 2　白语体标记来源判定流程

从上图可见,根据本书提出的体标记来源分析程序,白语体标记的来源总共有七种可能:

(1) 汉语和白语的同源形态成分
(2) 早期白语遗传,且没有被借入当地汉语
(3) 早期白语遗传,且被借入当地汉语
(4) 早期汉语借入白语
(5) 晚近从当地汉语借入白语
(6) 白语方言内部创新
(7) 区域特征①

上述判定过程都以体标记为例说明,但是理论上,上述方法和流程适用于所有白语功能词和语法结构的历时分析,并且也适用于文献缺乏但深受接触影响的其他语言的历时研究。下一章我们就以白语体标记为例来检验上述方法的可行性及有效性。

---

① 在实际操作过程中,第(2)和第(6)种可能的差别在于语法形式或功能在不同白语方言中分布普遍性的强弱,普遍性强则是(2),普遍性弱则是(6),不过到底分布于多少个方言才算普遍还有待进一步研究,在下一章节的讨论中,我们暂时的做法是:体标记或其功能分布于半数以上的方言中,则被认为分布普遍,反之则不普遍。此外,本书对比的语言主要是白语和汉语,但实际上第(7)种可能所谓的"区域特征"也可能涉及其他语言,比如壮侗语的体标记也和白语有相似之处,因此所谓的"区域特征"到底是多大区域内的特征需要进一步调查研究。

第五章 白语体标记的历时分析

这一章，我们以体标记为例，结合多功能性分析和语言比较来分析其来源、梳理其发展脉络，以论证上一章提出的方法的有效性。

美坝白语一共有七个能独立表达某个体范畴的体标记，分别是完结体标记xɯ⁵⁵、持续体标记(tsʅ⁴⁴) tɕiɛ³¹ (mɯ⁵⁵)、结果体标记tɯ⁴⁴、经历体标记kuɔ⁴²、展望体标记kʰɔ⁴²、起始体标记kʰɯ⁴⁴/xɯ⁴⁴、短时体标记ka⁴⁴。下面我们分析其中三个具有代表性的体标记：（1）完结体标记xɯ⁵⁵；（2）起始体标记kʰɯ⁴⁴/xɯ⁴⁴；（3）持续体标记(tsʅ⁴⁴) tɕiɛ³¹ (mɯ⁵⁵)。

5.1 完结体标记的来源及演变

这一节，我们主要结合体标记的多功能性和语言比较，来讨论美坝白语完结体标记xɯ⁵⁵的来源及其演变路径。

5.1.1 美坝白语 xɯ⁵⁵ 的多功能性

美坝白语的xɯ⁵⁵可以表达完结义，此外，根据本书确定多功能性的标准，它还有三个其他的功能：状态实现标记、非将来时标记、连词，下面我们逐一说明不同功能的语义及分布。

xɯ⁵⁵在美坝白语中没有实词语义，最主要、最高频的功能是用作完结体标记，标记谓语的终结性①。完结体标记xɯ⁵⁵排斥"获得"义动词，这可能和它的词源义有关，不过单从美坝白语的材料来看无法确定其词源。

此外，xɯ⁵⁵也可以和不具有终结性的谓语搭配，表达其他语义。xɯ⁵⁵和形容词搭配时，表达的是状态的实现或从无到有的变化，这个语义明显区别于完结语义，参考赵燕珍（2012）对赵庄白语xɯ⁵⁵的讨论，我们将这一功能称为"状态实现标记"。完结体本身也伴随状态实现语义，但它只用于具有终结性的谓语、排斥状态情状，在语义和分布上都有别于状态实现标记。

---

① 从前文描写来看，完结体标记 xɯ⁵⁵ 的分布受多种因素的制约，其功能还可以被细分为不同小类，代表语法的不同阶段，对此，我们将另文讨论。

(237) ta²¹   ua⁵⁵   tɛ⁵³   tsʰɛ⁴⁴   xɯ⁵⁵   lɔ⁴².
     桃子   几   CLF   红   状态实现   PRT
     桃子红了。（直译：几个桃子红了。）

上述例句都表达状态实现义，因此，如果在后面加上表状态曾经存在的小句"以前也是红的"，就会产生语义冲突，造成句子的不合法。

(238) *ta²¹   ua⁵⁵   tɛ⁵³   tsʰɛ⁴⁴ xɯ⁵⁵   lɔ⁴²,   tu²¹mu³⁵   le⁵⁵
      桃子   几   CLF   红   COMP   PRT   以前   也
      tsu³³   tsʰɛ⁴⁴   nɔ⁴⁴.
      是   红   的

此外，美坝白语的xɯ⁵⁵也可以直接用于静态动词后，后面带处所宾语，表达的是静态动词的状态，事件具有可持续性，可以和副词 i³⁵ tsɿ³⁵ "一直"搭配。

(239) sɿ³⁵ tsʰuɛ⁴⁴   i³⁵ tsɿ³⁵   tɕia⁵⁵   xɯ⁵⁵   tsɛ³⁵ tsɿ⁴⁴   tso³⁵   nɔ⁴⁴.
      书   CLF   一直   放   xɯ⁵⁵   桌子   CLF   LOC
（那本）书一直放在桌子上。

"静态动词+xɯ⁵⁵+处所宾语"表达的是"某人或某物位于某处"的状态义，其中的xɯ⁵⁵可以省略，省略之后仍然表达一个静态事件。句子加不加xɯ⁵⁵的区别在于，加了xɯ⁵⁵之后句子不能用于未然语境。

(240) ŋɯ⁵⁵mɔ³³   kɛ⁵⁵tsʰɛ³³xɯ⁴⁴   kʋ⁴²   xɯ⁵⁵   tsɔ⁴²fa³⁵   xɯ³¹
      我妈   今早   坐   xɯ⁵⁵   厨房   LOC
      a³³kɯ⁵⁵   pe⁴⁴   tɕhi⁴⁴   ŋɔ²¹.
      现在   走   去   COMP:PRT
      我妈今早坐在厨房里，现在出去了。

(241) mɛ⁵⁵ɲi⁴⁴   ŋɯ⁵⁵mɔ³³   kʋ⁴² (*xɯ⁵⁵)   tsɔ⁴²fa³⁵   xɯ³¹.
      明天   我妈   坐   xɯ⁵⁵   厨房   LOC
      明天我妈坐厨房里。

例（240）的后半句可加可不加，静态动词后有xɯ⁵⁵可以表达过去存在的状态，这个状态可以一直持续到现在，也可以已经消失。例（241）表达的是明天的状态，所以静态动词一旦加了xɯ⁵⁵就不合法。可见，静态动词后的xɯ⁵⁵主要表达"非将来时"的语义，我们将其称为非将来时标记（non-future)，后文都标记为NF。

此外，美坝白语的xɯ⁵⁵还可以用作连词，这一功能在长篇语料和自然谈话中都非常常见。

(242) xɯ⁵⁵　　　 pɔ³¹　 pe⁴⁴　 sua⁴⁴　 mie³²　 kʰe⁵⁵.
　　 以后，然后　3SG　 去　　 算　　 命　　 次
　　 然后他去算命。（王锋 2016：142）

如例（242），xɯ⁵⁵可以单独用于引出后面的句子，起到连接前后句的作用。此外，在长篇语料中，xɯ⁵⁵也常和其他的语气词或副词连用为双音节连词，比如xɯ⁵⁵na³⁵、xɯ⁵⁵tsʅ⁵⁵、xɯ⁵⁵ne⁵⁵。

(243) xɯ⁵⁵ne⁵⁵　　sua⁴⁴ mie³²　 ɲi²¹　 ka³⁵　 kɯ³¹　 pɔ³¹　 lɔ³²
　　 CONJ　　　 算命　　　 CLF　 教　　 给　　 3SG　 了
　　 me²¹.
　　 INT
　　 然后算命先生教给他了啊。（王锋 2016：144）①

连词xɯ⁵⁵连接的是有时间先后顺序的事件，事件之间可以存在顺承、转折、因果等不同的语义关系。

综上所述，xɯ⁵⁵在美坝白语中无实词义，除了用作完结体标记，还可以用作状态实现标记、非将来时标记和连词。

5.1.2 白语方言中完结体标记的多功能性

了解了美坝白语完结体标记的多功能性之后，我们再来看这种分布在其他白语方言中是否普遍，以此判断完结体标记的词源及其功能的扩展方向。

除了美坝白语，本书还调查了城北、炼铁和朱柳三个白语方言的体系统，这三个白语方言中都有和美坝白语xɯ⁵⁵相对应的完结体标记，分别是：城北白语xɯ⁵⁵、炼铁白语sʅ⁵⁵、朱柳白语tʰɯ⁵⁵。下面，我们依次介绍它们的功能。

城北白语完结体标记的形式和美坝白语一样，都是xɯ⁵⁵，可以用作状态实现标记和非将来时标记，但不能用作连词。

---

① 王锋（2016）的汉语释义为"然后算命先生已经教过给他"，但从白语记音来看，句子中无"已经""过"这两个词，但句末有语气词，因此本书对其释义做了调整。

(244) ŋuɔ³¹　tɛ̃⁴⁴　na³¹　xɯ⁵⁵　kĩ⁴²　pe²¹.
　　　1SG　打烂　COMP　碗　CLF
　　　我打破了一个碗。

(245) tsʰəu³¹　ta⁴⁴　xɛ̃⁵⁵　kəu³⁵　xɯ⁵⁵　lɔ³¹.
　　　菜　和　饭　冷　状态实现　PRT
　　　菜和饭（都）凉了。

(246) pɔ³¹　kɤ⁴²　xɯ⁵⁵　tsuɔ⁴²　xɔ³¹　xɯ³¹.
　　　3SG　坐　NF　厨房　LOC
　　　他坐在厨房里。

炼铁白语的完结体标记是sʅ⁵⁵，形式和城北白语、美坝白语差别比较大。除了完结体标记，sʅ⁵⁵也可以用作状态实现标记和非将来时标记，但不能用作连词。

(247) ɕy⁵⁵　li⁵⁵　sa⁵⁵　kʰɯ⁵⁵　ŋɔ³¹　iɯ⁴⁴　sʅ⁵⁵　gɔ³³　kʰɯ⁵⁵.
　　　梨　三　CLF　　　1SG　吃　COMP　两　CLF
　　　三个梨我吃了两个。

(248) ta²¹　kʰɯ⁵⁵　ɕiɔ⁵³　sʅ⁵⁵　a³¹.
　　　桃子　CLF　坏　状态实现　PRT
　　　桃子坏了。

(249) pɔ³¹　kɤ⁴²　sʅ⁵⁵　tsɔ⁴²　kʰuɔ⁵⁵　mɯ⁵⁵.
　　　3SG　坐　NF　灶　CLF　LOC
　　　他坐在厨房里。（直译：他坐在灶旁边。）

朱柳白语的完结体标记是tʰɯ⁵⁵，发音人有时候也用tsʰɯ⁵⁵替换tʰɯ⁵⁵，二者语义无差别，据发音人介绍，朱柳村多用tʰɯ⁵⁵，而tsʰɯ⁵⁵是附近金华镇的说法。朱柳白语的tʰɯ⁵⁵除了用作完结体标记，也可以用作状态实现标记，但不能用作非将来时标记和连词。

(250) ŋu³¹　tɛ̃⁴⁴　kue⁴²　tʰɯ⁵⁵　ki⁴²　pe²¹.
　　　1SG　打　坏　COMP　碗　CLF
　　　我打破了一个碗。

(251) xɛ⁵⁵sʅ³¹　ko⁵⁵　tsʰʅ³¹　ia⁴²　kɯ⁵⁵　tʰɯ⁵⁵　lɔ³¹.
　　　饭　和　菜　些　凉　状态实现　PRT
　　　饭和菜凉了。

需要说明的是，朱柳白语的tʰɯ⁵⁵具有实词义"下"，可用作趋向动词，比如tʰɯ⁵⁵ sõ⁵⁵（下霜），不过现在最常见的是用作趋向补语。

(252) sʰɯ⁴⁴   tʰɯ⁵⁵   tso²¹   tso⁵⁵   lo⁴⁴.
　　 放　　　下　　　床　　　CLF　　LOC
放下（到）床上。

例（252）中tʰɯ⁵⁵出现的位置和美坝白语等其他方言完结体标记用作非将来时标记的分布环境一致，即用于"静态动词+X+处所宾语"，但不是非将来时标记，例（252）表达的是动态趋向义。

除了本书的调查，现有文献也不同程度提及白语xɯ⁵⁵的其他功能。据赵燕珍（2012）介绍，赵庄白语的xɯ⁵⁵有如下功能：实现体标记、状态实现标记、非将来时标记、连词，而且用作状态实现标记时，可以用于动态动词组成的动宾结构之后，该功能比美坝白语的xɯ⁵⁵更发达。另外，李蕾、陈前瑞（2018），傅京起（2019）也对白语xɯ⁵⁵/tsʰɯ⁵⁵做了相关描写和论述，下面我们基于这两个研究，再进一步分析白语完结体标记的多功能性。

5.1.2.1 大理古城白语的 xɯ⁵⁵

李蕾、陈前瑞（2018）详细描写了大理古城白语xɯ⁵⁵的多功能性，认为xɯ⁵⁵具有七个功能：完结体标记、完成体标记、完整体标记、状态偏离、结果补语、介词附缀、连接成分。本书认为其中完成体和完整体的功能是完结体的引申义，而非独立的语法功能。白语xɯ⁵⁵所谓的用作完结体、完成体、完整体的功能的句法位置都相同，参考Bybee et al.(1994)的标准（2）"一个语言形式如果有不同功能，那么用了这个形式的句子可以有不同的释义"，但从李蕾、陈前瑞（2018）的讨论来看，大理古城白语动词后带xɯ⁵⁵时不会产生完结体、完成体和完整体的不同解读，美坝白语的xɯ⁵⁵也没有这种多解性，本书统称为完结体。

李蕾、陈前瑞（2018）判断白语xɯ⁵⁵是完成体标记的依据是它具有结果性用法和先时性用法，因为这两个用法是陈前瑞（2016）归纳的完成体的五种引申意义之二（结果、经历、持续、新情况、先时），前者指过去发生事件的结果在说话时间（或其他参照点）仍然存在，后者指相对于某一参照时间事件已经发生。下面为李蕾、陈前瑞（2018）原文的例句：①

---

① 陈前瑞（2016）归纳了汉语完成体的五种语用性质的用法：结果性用法、经历性用法、持续性用法、新情况用法、先时性用法，但不同汉语方言的完成体不同程度地具有上述不同用法，并不是说具有所有功能或具有哪几个功能就一定是完成体标记。

原文例（4）：

ŋɔ³³ pe⁴⁴ xɯ⁵⁵ tsʅ⁴² sua⁴⁴, ka⁴⁴ pɔ³³ pʰe⁴⁴mu³³ ɔ³².
我　走　了　十　年　　把　他　忘记　　了
我走了十年，把他忘记了。

原文例（8）：

ŋɔ³³ pe⁴⁴ xɯ⁵⁵ mɯ⁵⁵ zɯ⁴⁴tɯ⁴⁴.
我　走　了　才　知道
我走了以后才知道。

李蕾、陈前瑞（2018）认为例（4）是结果性用法，而例（8）是先时性用法，但同样这两类例句的谓语都具有终结性，其结果或先时语义可以由完结语义带来。从前文对完结体的分析可见，完结体表达动作事件的结束并常用于发生在说话时间之前的动作事件，具有先时性，因此不能凭此将xɯ⁵⁵界定为完成体。

参考第二章的论述，完成体的界定性语义特征是"现时相关性"，因此在分布上表现为不能和表过去具体时间的副词搭配，不论美坝白语的xɯ⁵⁵，还是李蕾、陈前瑞（2018）描写的xɯ⁵⁵，都可以和表达过去具体时间的副词搭配，不具有完成体的分布特征。

本书调查的城北、炼铁和朱柳白语的完结体标记也都可以用于表达独立事件或连续事件，也倾向于与具有终结性的谓语搭配，但无一例外都表达了明显的结束语义，且语法化程度不高，因此都称之为完结体标记。

除了完结体、完成体和完整体标记，李蕾、陈前瑞（2018）指出大理古城白语的xɯ⁵⁵还有状态偏离、介词附缀、结果补语、连接成分的功能。状态偏离和介词附缀是其他白语方言（包括美坝白语）少有的两个功能；结果补语则对应本书所说的非将来时标记，用于静态动词和处所宾语中间；连接成分的功能则包括本书所说的连词功能，此外还有话题标记功能，连词功能和话题标记的差别在于所链接成分之间是否有逻辑关系，本书暂只讨论其连词功能。

总的来看，李蕾、陈前瑞（2018）考察的大理古城白语xɯ⁵⁵的功能更丰富，除了如上文所述可以用作完结体标记、状态实现标记、非将来时标记、连词，还可以表达状态偏离和用作介词附缀。下面我们来看，这两个功能在本书调查的几个白语方言中的表现。

状态偏离是指事物的状态或程度偏离（超出或不足，但倾向于超出）某个合适的标准，是说话人将被描述对象与某个标准相适配得出的一种认知和评价（李蕾、陈前瑞 2018）。在城北白语中，xɯ⁵⁵也有表状态偏离的功能，和形容词搭配表示状态的偏离，如例（253），但用于有变化义的形容词时，xɯ⁵⁵表达的是状态的实现，用tɯ⁴⁴才能表达状态的偏离，如例（254）。

城北白语：

（253）iɛ̃³⁵ se³⁵　　sɛ̃⁴² xɯ⁵⁵　　tiɛ⁴⁴ tsʅ⁴⁴.
　　　 颜色　　深　状态偏离　点儿
　　　 颜色深了一点儿。

（254）i³⁵ tɯ³¹　　kʰã⁵⁵　se³¹　xɯ⁵⁵/tɯ⁴⁴　　tiɛ⁴⁴ tsʅ⁴⁴.
　　　 衣 这　　 CLF 　小　状态实现/状态偏离　点儿
　　　 这件衣服变小了一点儿（xɯ⁵⁵）；这件衣服小了一点儿（tɯ⁴⁴）。

例（254）如果用xɯ⁵⁵表达的是"这件衣服现在变小了一点儿"，暗示之前并不小，但现在变小了；但如果用tɯ⁴⁴，则表达的就是状态偏离，指"衣服比起说话人所参考的标准有点儿小"。在炼铁、美坝和朱柳白语中，形容词状态的偏离只能用tɯ⁴⁴表示，形容词后加xɯ⁵⁵表达的都是状态实现义，后面的"点儿"表示实现的状态变化的量。

美坝白语：

（255）i³⁵ tɯ³³　　kʰo⁵⁵　se³¹　tɯ⁴⁴　　tɕiɛ⁵⁵ tsʅ⁴⁴.
　　　 衣 这　　 CLF 　小　状态偏离　点儿
　　　 这件衣服小了一点儿。（状态偏离）

（256）kuɔ²¹ ia³³　tɯ⁵⁵ ua⁵⁵　ŋi⁴⁴　ŋv²¹　xɯ⁵⁵　　tɕiɛ⁴⁴ lɔ⁴².
　　　 稻子 CLF　这　几　 天　黄　状态实现　点儿　PRT
　　　 这几天稻子黄了一点儿了。（状态实现）

介词附缀（preposition clitic）是指在李蕾、陈前瑞（2018）的考察中，大理白语的xɯ⁵⁵可用于介词后，构成双音节介词，但xɯ⁵⁵本身不会给介词或句子增加语义，介词后的xɯ⁵⁵都可以省略。

（257）$ka^{44}xɯ^{55}$　pa^{21}　nu^{55}　va^{55}　$ne^{21}ne^{44}$　$tsɿ^{21}$
把　PC　盆　这　几个　拿　去
$se^{33}se^{33}tsɿ^{44}$.
洗洗-小称
把这几个盆拿去洗一洗。[李蕾、陈前瑞 2018，例（29）]①

大理古城白语中多个介词后都可以加 $xɯ^{55}$，比如 ja^{42} "从"、$tsɿ^{21}$ "到"、ke^{35} "在"、ka^{44} "把"、$kɯ^{44}$ "让"、$tsuɔ^{35}$ "被"、jo^{42} "由"、zu^{33} "用"等。经笔者调查，城北白语的介词 $ɣɯ^{35}$ "从"、ta^{44} "跟"后面可以加 $xɯ^{55}$，不影响句子语义，但此外很多介词后不可以加 $xɯ^{55}$，比如 $kɯ^{31}$ "让/把"；美坝白语的长篇语料中没有介词后加 $xɯ^{55}$ 的用例，但是介词 ka^{44} "把"、ta^{44} "跟"、$zɯ^{31}$ "让"等后面加 $xɯ^{55}$，母语者也能理解，只是觉得这不是当地的口音，但其他介词，比如 zv^{31} "用"、$tɯ^{35}$ "被"，加上 $xɯ^{55}$ 就完全不可理解；炼铁和朱柳白语则都不允许介词后加完结体标记 $sɿ^{55}$ 或 $tʰɯ^{55}$。

5.1.2.2 剑川金华白语的 $tsʰɯ^{55}$

剑川金华白语中如果要确定地表达动作已经完成，则在动词后加 $tsʰɯ^{55}$，相当于汉语的"掉"（徐琳、赵衍荪 1984：35），这个形式在功能上也对应于美坝白语的 $xɯ^{55}$。

傅京起（2019）把金华白语的 $tsʰɯ^{55}$ 和云南官话中谓语后加的"掉"相比较，分别讨论了 $tsʰɯ^{55}$ 受语言接触影响或独立发展的可能。② 傅京起（2019）把金华白语 $tsʰɯ^{55}$ 的功能归纳为结果补语和完成态的体标记，作为结果补语，$tsʰɯ^{55}$ 只能和表"失去"义的动词搭配，表达"失去、离开、'动作'远离说话人"，比如可以说 $kɯ^{42}tsʰɯ^{55}$ "卖了"，但不能说 $*mɛ^{42}tsʰɯ^{55}$ "买了"；作为完成态体标记，$tsʰɯ^{55}$ 主要和具有终结性的谓语搭配，表达动作事件的完成，相当于本书所界定的完结体标记，因此，下文也

---

① 本书引自文献的所有例句的语法标注都来自原文。
② 傅京起（2019）的讨论把所用的材料称为"剑川白语"，但因为本书调查的朱柳白语也位于剑川县，但完结体标记和傅京起（2019）调查的不同，因此，参见傅京起（2019）提到发音人何剑英女士是剑川金华镇人，本书将其称为金华白语。

将其称为金华白语的完结体标记。①

金华白语中tsʰɯ⁵⁵用作动词补语时，表达动词的"失去"或"完成"义，这些语义也可以由完结体表达，因为动作的终止也会蕴含动作的失去或完成，不过傅京起（2019）认为tsʰɯ⁵⁵具有补语的实词功能，因为tsʰɯ⁵⁵可以被否定，比如pʰĩ³¹ tsʰɯ⁵⁵ tua⁴² la⁴² "躲-tsʰɯ⁵⁵-NEG-句尾词"（躲不掉了）中否定词否定的不是动作而是结果。但是，在白语中，否定词大多居于句末，即使有体标记，否定词也在体标记之后，很难从形式上说明否定词否定的是补语，从而证明tsʰɯ⁵⁵具有补语功能。本书认为金华白语tsʰɯ⁵⁵具有补语功能的主要证据在于傅京起（2019）提到的例（15）（16）。

(258) a³¹ jĩ⁴⁴ kʰu⁵⁵ tsʰɯ⁵⁵.
一天 薅 掉
一天薅完。（《白语简志》第75页）[傅京起 2019, 例(15)]

(259) na⁵⁵ ta³¹pi³¹ tã⁵⁵ ɕɛ⁴⁴ tsu⁵⁵ tsʰɯ⁵⁵.
你们 打算 几 天 做 掉
你们打算几天做完？[傅京起 2019, 例(16)]

这两个例子中的动词kʰu⁵⁵ "薅"和tsu⁵⁵ "做"本身都没有终止点，加了tsʰɯ⁵⁵之后表达的是谓语的"完成"义，即kʰu⁵⁵ tsʰɯ⁵⁵ "薅完"、tsu⁵⁵ tsʰɯ⁵⁵ "做完"，tsʰɯ⁵⁵充当补语，美坝白语的xɯ⁵⁵不能用于这些例句。

除了用作补语和完结体标记，傅京起（2019）提到金华白语的tsʰɯ⁵⁵还可以用于表状态变化，相当于本书所说的状态实现标记功能。

(260) kɯ⁵⁵ tsʰɯ⁵⁵ la⁴².
凉 句尾词
（饭）凉了。[傅京起 2019, 例(32)]

tsʰɯ⁵⁵还可以表高程度，相当于汉语的"形容词+极了"，比如kuɛ⁴² sã⁵⁵ tsʰɯ⁵⁵ la⁴² "坏-伤-tsʰɯ⁵⁵-句尾词"（坏极了），本书调查的其他白语方言的完结体标记都没有这一功能。

从傅京起（2019）所列的例句中看到，tsʰɯ⁵⁵也可以标记状态偏离。

---

① 傅京起（2019）所列的使用tsʰɯ⁵⁵表完成的例子的谓语大多是有界的，即要么动词本身有终点，要么宾语是数量短语，原文也提到tsʰɯ⁵⁵用作完成态体标记时，通常需要加时段副词。

(261) pɛ̃³³　　luɯ³¹　　pʰiɛ⁵⁵　　tsɛ⁴⁴　　tsʰɯ⁵⁵　　tɕɛ⁴⁴.
　　　板子　　这　　量词　　窄　　　　　　点儿
"这块板子窄了点儿。"[傅京起 2019,例(11)]

此外,我们在徐琳(1988)中看到tsʰɯ⁵⁵也可以和静态动词搭配,用作非将来时标记。

(262) tsṽ⁴²　　tsʰɯ⁵⁵　　nu⁵⁵ ta⁴²　　tso⁴² lo⁵⁵ v⁴⁴ kõ³³ tu²¹.
　　　放　　　NF　　　那儿　　　泥鳅　　　两　　CLF
放在那儿两条泥鳅。(徐琳 1988)

除了用作"完成"义补语、完结体标记、状态实现标记、非将来时标记、状态偏离标记、高程度标记,金华白语的tsʰɯ⁵⁵还有形容词"短"的意思,傅京起(2019)认为"短"就是tsʰɯ⁵⁵的词源义。

综上所述,我们可以归纳出本书所调查的白语方言以及李蕾、陈前瑞(2018)所调查的大理古城白语、傅京起(2019)考察的剑川金华白语的完结体标记的多功能性概况。下表中,"+"表示有某功能,"-"表示没有某功能,"+-"表示部分具有某功能。

表 14　白语方言完整体标记的多功能概况(A)

白语方言点	补语	完结体标记	状态实现标记	非将来时标记	介词附缀	状态偏离	连词	高程度
朱柳白语	tʰɯ⁵⁵"下"	tʰɯ⁵⁵	+	-	-	-	-	-
炼铁白语	-	sʅ⁵⁵	+	+	-	-	-	-
美坝白语	-	xɯ⁵⁵	+	+	+-	-	+	-
城北白语	-	xɯ⁵⁵	+	+	+-	+	-	-
大理古城	-	xɯ⁵⁵	+	+	-	-	-	-
金华白语	+	tsʰɯ⁵⁵	+	+	-	+	-	+

可见,白语的完结体标记都不只用作完结体标记,还可以标记其他功能。不同白语方言中完结体标记的形式略有差异,但并非毫无关系(下文会讨论其演变关系),而且功能相似度比较高,除了用作完结体标记,还都能用作状态实现标记,以及非将来时标记(除了朱柳白语)。跨语言来看,完结体标记都容易引申出状态实现标记的功能,因为状态实现也是完结体本身蕴含的语义,但是用作非将来时标记的功能并不常见,很可能是白语完结体特有的语义演变。

5.1.3 汉白完结体标记比较

不同白语方言中都有形式及功能相似的完结体标记，那么该体标记是白语内部发展的结果还是和语言接触有关？我们首先通过比较白语和当地汉语的完结体标记来作初步判断。

从上文（§4.5.2）的介绍可知，大理话和北五里桥话的完结体标记分别是"嗽"ɔ³⁵和"咾"lɔ³¹，前者从实词"掉"虚化而来，后者词源不明。

从形式上看，大理话和北五里桥话的完结体标记都和白语的完结体标记差别很大，声韵调音色都不同。

从功能上看，一方面，大理话和北五里桥话的完结体标记在对动词的语义选择上和白语有相似之处，即它们都不同程度排斥"获得"义动词，具体来说，白语完结体标记对"获得"义动词的排斥性最大，其次是北五里桥话，最次是大理话。另一方面，白语和汉语完结体标记的功能扩展方向差别很大，除了用作完结体标记，白语完结体标记最典型的特征为发展出非将来时标记的功能，但大理话的"嗽"和北五里桥话的"咾"都不能用作非将来时标记。

综合来看，白语和当地汉语完结体标记形式和功能异大于同，即二者之间不存在接触影响，那么，白语的完结体标记及其核心功能就很可能是内部演变的结果。

需要说明的是，白语和当地汉语的完结体标记都排斥"获得"义动词，对动词的词义选择相似，这一般来说是和动词的词源义有关。不过，参考Bybee et al.(1994)的研究，相同词源的体标记有相同的演变路径，但不同的词源也可能发展出相似的功能。由于白语和当地汉语完结体标记在语音和功能上差异显著，仅凭二者对动词词义选择的相似性无法证明其同源。所以较为合理的一种解释是，白语和汉语中出现完结体标记是一种语言共性，而完结体标记都排斥"获得"义动词，是因为这两种语言中的完结体标记词源的语义都与"获得"相反，但词源不同。参考现有的体研究，语义与"获得"相反但可以演变为体标记的实词有很多，比如："去""掉""下"等。

综上所述，当地汉语完结体标记的形式及功能和白语异大于同，所以白语完结体标记的形式及其核心功能是白语内部发展的结果，至于只分布于个别白语方言的功能，可能是内部演变的结果也可能由语言接触带来，下面我们逐一分析。

5.1.4 白语完结体标记的演变路径

关于白语完结体标记的演变，李蕾、陈前瑞（2018）和傅京起（2019）都做了讨论。李蕾、陈前瑞（2018）认为大理古城白语xɯ⁵⁵的功能演变路径如下：(1) 结果补语（按：本书所说的"非将来时标记"）→完结体，结果补语→介词后缀；(2) 完成体→完整体；(3) 完成体（结果性用法）→状态偏离；(4) 完成体→连接成分。

关于xɯ⁵⁵的词源，考虑到xɯ⁵⁵用作完结体标记时排斥"获得"义动词，所以李蕾、陈前瑞（2018）推测xɯ⁵⁵的词源是一个指"离开指示中心的位移、趋向成分"，他们也考虑了金华白语的材料，看到了金华白语的完结体标记tsʰɯ⁵⁵有"短""堵塞"的实词义，不过因为这两个语义和"离开"语义不接近，无法解释xɯ⁵⁵对"获得"义动词的排斥，所以他们认为"短"或"堵塞"不可能是xɯ⁵⁵的词源义。

而如前文所提到，傅京起（2019）则认为金华白语完整体标记tsʰɯ⁵⁵就是发展自形容词tsʰɯ⁵⁵"短"，演变过程如下：tsʰɯ⁵⁵最初是形容词，后来作为补语依附在动词、形容词后面，有"少、缺"的意思，此后往两个方向演变：一是附着在形容词、动词后，做结果补语，有"离开、消失、完成"的意思，由此虚化成完结体标记；二是附着于形容词后，表达状态的实现/变化（原文称之为"相对ADJ了点"），然后再进一步虚化为"高程度"标记。

相比来说，我们认为李蕾、陈前瑞（2018）的推测更合理，即xɯ⁵⁵词源应是指"离开指示中心的位移、趋向成分"，而不可能是"短"。原因有二。(1) 形容词"tsʰɯ⁵⁵ 短 > 完结体标记"的拟测不太符合体标记的跨语言演变规律。Bybee et al.(1994)考察了76种语言，完结体标记的词源主要是"完成"义动词或趋向词，没有完结体标记是从形容词演变而来。就相同类型的语言来看，白语像汉语，都是形态不发达的语言，刘丹青（1996）归纳了汉语东南方言的体标记的主要来源：结果补语、趋向补语、处所词语，其中也没有"短"义形容词。(2) 虽然"短"的语义在一定程度上也可以解释白语完结体标记对"获得"义动词的排斥，但难以说明它起初为什么要加在形容词和动词后，进而发生虚化。因为除了少数涉及量变的动词可以加"短"作为补语，比如"剪""折"等，多数动词及形容词后面都很难加形容词"短"，较低的搭配及使用频率难以解释形容词"短"为什么会发生虚化。因此，本书认为"短"不可能是白语完结体标记的词源义。

至于完结体标记不同功能之间的演变关系，李蕾、陈前瑞（2018）的分析也有可商榷之处，其中最可疑的是他们把xɯ⁵⁵用于静态动词和处所宾语之间的功能界定为"结果补语"，并认为这一功能直接或间接发展出了完结体、完成体、完整体标记的功能。本书认为把"静态动词+xɯ⁵⁵+处所宾语"中的xɯ⁵⁵分析为结果补语，主要是受到汉语普通话的影响，实际上这个位置的xɯ⁵⁵并不必然是结果补语；另外，在有的白语方言中，完结体标记无此功能。因此，这个功能不可能早于完结体标记功能而存在。具体分析参见下文。

傅京起（2019）和李蕾、陈前瑞（2018）对白语完结体标记来源和功能演变分析中的问题主要是因为他们都只考察了单个白语方言点的材料，我们认为比较不同白语方言可以揭示出更清晰、更合理的白语体标记的演变路径。下面我们就结合白语方言比较，提出我们认为的更合理的白语完结体标记的演变路径。

5.1.4.1 趋向动词 > 完结体标记

首先，为了方便讨论，我们将前文归纳的不同白语方言的完结体标记的功能分布表重新排列如下：

表 15　白语方言完结体标记的多功能概况（B）

白语方言点	词源	完结体标记	状态实现标记	非将来时标记	状态偏离	高程度	介词附缀	连词
朱柳白语	tʰɯ⁵⁵ "下"	tʰɯ⁵⁵	+	-	-	-	-	-
炼铁白语	-	sɿ⁵⁵	+	+	-	-	-	-
金华白语	-	tsʰɯ⁵⁵	+	+	+	+	-	-
美坝白语	-	xɯ⁵⁵	+	+	-	-	+−	+
城北白语	-	xɯ⁵⁵	+	+	+	-	+−	-
大理古城	-	xɯ⁵⁵	+	+	-	-	+	+

从上表可见，白语完结体标记的形式中，xɯ⁵⁵和sɿ⁵⁵没有实词义，朱柳白语的tʰɯ⁵⁵和金华白语tsʰɯ⁵⁵的实词义分别为"下"和"短"，而如上文所说，我们认为"短"不可能是白语完结体的词源义，所以，本书认为白语完整体的词源义是趋向词"下"，即朱柳白语的tʰɯ⁵⁵"下"是白语完结体标记演变的起点。

从调查材料来看，朱柳白语的完结体标记tʰɯ⁵⁵还有实词义"下"，在个别词汇中可以用作趋向动词。当趋向动词用于动词后时，就发展为趋向补语，朱柳白语的tʰɯ⁵⁵还有趋向动词和趋向补语连用的情况，比如tʰɯ⁵⁵ tʰɯ⁵⁵（下来了），一般指"从山上下来"。趋向补语tʰɯ⁵⁵"下"不仅见于朱柳白语，也见于美坝白语等其他方言。

朱柳白语：

(263) a^{31}　kv^{55}　$tsŋ^{44}$　sa^{35}　$γε^{21}tsɔ^{21}$　$xɯ^{31}$　$γε^{35}$　$tʰɯ^{55}$.
　　　一　　CLF　　是　　从　　永丰坝　　LOC　　流　　下
一条（河）是从永丰坝流下来。

美坝白语：

(264) ne^{J35}　$tsŋ^{55}$　a^{31}　$ɕi^{35}$　a^{31}　$ɕi^{35}$　tio^{44}　$tʰɯ^{55}$　lu^{44}.
　　　STIM　做成　　一　　串　　一　　串　　吊　　下　　IND
（蝴蝶）就一串串地垂下来。（王锋 2016：168）

我们认为朱柳白语的趋向词tʰɯ⁵⁵"下"正是其完结体标记的词源，也是本书所考察的其他白语方言完结体标记的词源。tʰɯ⁵⁵"下"最初是趋向动词，后来用于动词后，作趋向补语，再从趋向补逐渐演变为完结体标记。

朱柳白语：

(265) mo^{31}　$tsʰu^{44}$　$m\tilde{e}^{44}$　$m\tilde{e}^{44}$　$tɕʰi^{44}$　$tɕʰi^{44}$　la^{35}　$tsʰu^{44}$　$tʰio^{44}$　ta^{42}
　　　3SG　　就　　　很快地　　　　　　　　又　　就　　跳　　掉
$tʰɯ^{55}$.
下/COMP
他就很快地跳下来了。

例（263）中的tʰɯ⁵⁵"下"只能解读为"由高往低位移"，用作趋向补语。而例（265）中的tʰɯ⁵⁵"下"，可以解读为趋向补语，表示"tʰio⁴⁴ ta⁴²"（跳掉）这个动作的方向，也可以解读为前面动作事件完结的语法标记，因为"由高往低"的趋向义也可以从动词"跳掉"中获得。由于有例（265）这类两解环境，随着使用频率的增加，发生重新分析，趋向补语tʰɯ⁵⁵

"下"就会虚化成体标记。

动词补语演变为体标记一般都要经历一个逐步虚化的过程，汉语语法研究中把这一过程构拟为"实义补语 > 结果补语 > 动相补语 > 体标记"，不过从现有研究来看，结果补语和动相补语之间的界限不是很清楚，因此，在本书的讨论中，我们认为体标记是逐步虚化的，但不作详细区分，把"不再表具体的补语义，而是表达动作出现了终止点，产生结果或完成，但尚未完全虚化"的补语合记为"结果/动相补语"。

一旦例（265）被重新分析，$t^h ɯ^{55}$"下"不再被看作趋向补语，而是被解读为表动作完成的结果或动相补语，它就开始往体标记演变。$t^h ɯ^{55}$"下"在多种语境下都可以产生趋向补语和结果/动相补语两种解读，从而诱发重新分析，例（265）只是可能语境之一。

当结果/动相补语$t^h ɯ^{55}$开始和不同语义的动词搭配并标记动作事件的结束，甚至可以用于动补结构之后，它就发展出了完结体标记的功能。

朱柳白语：

(266) $ŋu^{31}$　$tɛ̃^{44}$　kui^{42}　$t^h ɯ^{55}$　ki^{42}　pe^{21}.
　　　1SG　打　坏　COMP　碗　CLF
　　　我打烂了一个碗。

把$t^h ɯ^{55}$"下"看作白语完结体标记词源的合理性在于：(1)参考Bybee et al.(1994)的研究，跨语言来看，趋向词（directional）都有演变为完结体标记并进一步虚化的倾向，不论从词义上还是从搭配可能上，白语的$t^h ɯ^{55}$"下"演变为完结体标记符合普遍的语言发展规律；(2)$t^h ɯ^{55}$"下"表示"由高往低位移"时，如果立足点是在高处的起点，那么它表达的就是一个"远离指示中心的趋向成分"，可以解释为什么现在不同白语方言中的完结体标记都排斥"获得"义动词，也符合语法化的规律，即语法成分的分布会受其词源义的制约。

$t^h ɯ^{55}$从趋向补语演变为完结体标记的动因在于：(1)语义上，"空间"关系很容易被引申为"时间"关系，动作有明确的方向也意味着在时间上有终止点，即蕴含完结体的语义；(2)形式上，趋向词独立性较差，一般要搭配动词使用，且可以和很多动词搭配，所以容易虚化成动后语法标记。

$t^h ɯ^{55}$发展为完结体标记后，最初只用于动态动词，随着功能的成熟，它开始和非动态谓语搭配,从而扩展出新的功能。

5.1.4.2 完结体标记 > 状态实现标记 > 状态偏离、高程度

Bybee et al.(1994:74–78)提到不同语言的完结体都会扩展到和静态谓语搭配,不同词源的完结体、结果体、完成体和静态谓语搭配后会产生不同的语义。词源义是"完成"(finish)的体标记和静态谓语搭配时,表达的是"状态的完全实现",词源义是"有"(be or have)的体标记和静态谓语搭配时,则表达的是"状态的起始",是一种静态谓语的状态变化意义(Bybee et al. 1994:74–78),可见,不同词源体标记和静态谓语搭配时的语义略有不同,但都表达状态实现或状态变化义,这和白语的完结体标记和形容词或部分静态动词搭配时的语义一致。

我们认为白语完结体标记的状态实现标记功能是从其完结体标记的功能直接发展而来,是完结体标记功能扩展到和静态谓语搭配的结果。具体来说,白语的趋向词tʰɯ⁵⁵ "下"最初只和具有[+位移]特征的动词搭配,表达动作"从上到下"的动态移动过程,在此基础上逐渐演变为完结体标记,当完结体标记功能逐渐成熟后,母语者开始类推,不再只限于动词,也在形容词后加完结体标记,表达状态实现,这种演变符合Bybee et al.(1994)所讨论的完结体标记和静态谓语的互动规律。

另外,完结体标记发展为状态实现标记也有语义上的根据。完结体强调动作事件的结束,而动作事件结束时往往也伴随状态的变化,尤其就达成情状来说,动作的终止必然会带来某个新的状态,因此,当xɯ⁵⁵标记动作事件的终止点时,常常蕴涵状态的变化,当它表达状态变化的意义被语言使用者意识到并习以为常后,就会被用于形容词,发展出独立的状态实现标记功能。

完结体标记用作状态实现标记时,多用于形容词之后。炼铁、朱柳和城北白语的状态实现标记只能用于形容词之后,个别方言中还可以用于静态动词构成的动宾结构之后,比如美坝白语。在赵燕珍(2012)描写的赵庄白语中,完结体标记甚至可以用于动态动词构成的动宾结构之后,表达状态实现义。

赵庄白语:

(267) pɔ³¹　mɛ⁴⁴　xuɔ⁴⁴ ŋv⁴⁴　xɯ⁵⁵　　lɔ⁴².
　　　他　　买　　东西　　　实现体　了
　　　他买东西(去)了。(赵燕珍 2012:104)

例(267)在美坝白语等其他白语方言中是不合法的。结合不同白语方言中状态实现标记的分布情况来看,白语完结体标记表"状态实现"的功能有一个扩展过程,最初只用于形容词,此后逐渐发展,用于静态动词组成的动宾结构,甚至用于动态动词组成的动宾结构,将动态事件也编码为状态。xɯ⁵⁵之所以用于动宾结构之后,将其编码为状态,主要原因是这类动宾结构,不论是由静态动词还是动态动词构成,本身都不具有终止点,所以一开始不能用完结体标记表达其完成或实现义。只有当完结体标记发展为一个成熟的状态实现标记后,才可以与之搭配,将其编码为状态并表达状态的实现。①

白语完结体标记还常用作状态偏离标记,李蕾、陈前瑞(2018)认为这个功能是它用于形容词后的功能的进一步发展,我们认同这个观点。从用于形容词后表达状态实现到表达状态偏离,主要的差别在于,前者表达的是一种客观的状态变化,后者表达的则是一种主观的状态变化,即偏离了主观认定的标准。只要与完结体标记搭配的形容词从表客观状态扩展到表主观状态,它就从状态实现标记演变为了状态偏离标记。

同样,当形容词所表示的状态与主观期待的标准偏离很多时,状态偏离标记就会进一步发展为高程度标记,如金华白语的tshɯ⁵⁵,可以和形容词搭配,表达"ADJ极了",所表达的语义比状态偏离更加主观。

5.1.4.3 完结体标记 > 非将来时标记

在本书调查中,除了朱柳白语,其他白语方言中的完结体标记都可以用作非将来时标记,即用作"静态动词+X+处所宾语"中的X,并且表达状态义。我们认为这一功能也是从完结体标记发展而来。

李蕾、陈前瑞(2018)把大理古城白语中用于"静态动词+X+处所宾语"的xɯ⁵⁵看作"结果补语",引出动作的处所宾语。汉语的体标记可能从结果补语发展而来,比如"着",吴福祥(2004)提到如下例句:(1)其身作着殿上(《六度集经》);(2)负米一斛,送着寺中(《六度集经》)。这两个例句中的"着"被分析为结果补语,是"着"演变出体标记功能早期阶段,但白语的xɯ⁵⁵未必也经历了这样的发展。

据柯理思(2009)的考察,很多北方汉语方言中都有"静态动词+X+

---

① 赵庄白语中,xɯ⁵⁵能广泛地和活动情状搭配,表示相关动作事件的实现,虽然本书暂时把这种功能看作状态实现标记功能的扩展,但我们认为它实际上比较接近过去时标记。

处所宾语"这个结构，其中处所宾语为静态动词的"位移终点"，但其中的X不一定是引介终点的介词，还可以是无标记的零形式，也可以是兼表完成体、持续体甚至补语标记等和空间位移无关的成分，或者其他一些来源不明的成分。总的来看，"静态动词+X+处所宾语"这个结构中处所宾语为动词的位移终点和X无关，只要在这个结构中，处所宾语就自然是位移终点，整个结构表达的就是静态动词的位移结果，因此，白语中用作"静态动词+X+处所宾语"中X的完结体标记不必然是结果补语（或介词）。

此外，李蕾、陈前瑞（2018）认为：结果补语是白语xɯ⁵⁵功能演变的起点，即结果补语 > 完结体 > 完成体 > 完整体。但从完结体标记多功能性在白语方言中的分布可知，完结体标记用于"静态动词+X+处所宾语"的功能不可能是最早的功能，因为在朱柳白语中，tʰɯ⁵⁵是一个典型的完结体标记，也可以标记状态实现，但不能用于"静态动词+X+处所宾语"表达静态动词的状态。可见，李蕾、陈前瑞（2018）所说的大理古城白语xɯ⁵⁵的"结果补语"的功能实际上是一个后起的功能，完结体标记的功能不可能从它发展而来。①

因此，我们不认为白语完结体标记用于"静态动词+X+处所宾语"表达状态义时的功能是"结果补语"，而认为这是一个晚于完结体标记的功能，本书称之为"非将来时标记"。

本书认为白语完结体标记的"非将来时标记"功能是从其完结体标记功能演变而来，从金华白语的例句中可以看出这两个功能演变的两解环境。

金华白语：

（268）tsṽ⁴² tsʰɯ⁵⁵ nu⁵⁵ ta⁴² tso⁴² lo⁵⁵ v⁴⁴ kõ³³ tu²¹.
放　 COMP/NF　那儿　 泥鳅　 两　 CLF
放在那儿两条泥鳅。（徐琳1988）

---

① 有意思的是，在我们的调查中，朱柳白语的完整体标记 tʰɯ⁵⁵ 完全不能用于"静态动词+X+处所宾语"来表状态义，但发音人赵万宝有时候会用 tsʰɯ⁵⁵（金华白语的完整体标记形式）替代 tʰɯ⁵⁵，tsʰɯ⁵⁵ 就可以用于表达非将来时意义，例如：
mo³¹ kv̩⁴² tsʰɯ⁵⁵ tɕi³¹ pɛ²¹ tɯ⁵⁵ nei²¹ lo⁴⁴ la³⁵ ia³⁵ tsɯ³¹ kʰɯ⁴⁴
3SG　坐　NF　地面　　CLF　LOC　PRT　NEG　站　INCH
他坐在地上，不起来。
可见，只有当完结体标记的形式与其词源义的形式 tʰɯ⁵⁵ "下"区别开之后，它才有非将来时标记的用法。

能带体标记的静态动词本身也含有一个短暂的动态过程，后面如果有量化宾语，实现为成就情状，则也可以带完结体标记。此外，静态动词本身可以带处所宾语，表示静态动作的着落点。一旦静态动词后既有处所宾语又有量化宾语，句子中的完结体标记就会有两解，就可能发生重新分析。比如例（268），静态动词 tsṽ⁴² "放"带了 tsʰɯ⁵⁵，后面还有处所宾语和量化宾语，tsʰɯ⁵⁵ 既可以被解读为完结体标记，标记"放两条泥鳅"这个事件的结束，同时因为后面带了量化宾语，整个句子不能用于非现实语境，就也可以被解读为非将来时。用作非将来时的 xɯ⁵⁵ 不能用于祈使句、情态句等未然语境。

美坝白语：

（269）*xuɔ³³　ŋɣ³³　ia³³　tɕia⁵⁵　xɯ⁵⁵　tɯ³³　ue³³　iɯ³⁵.
　　　　东西　　些　　放　　NF　　这里　　来

（270）*ŋɔ³¹　ka⁴⁴　tsɣ³⁵　pe²¹　tɕia⁵⁵　xɯ⁵⁵　ka³⁵tsʰɣ³¹　ŋɛ²¹
　　　　1SG　DISP　杯子　CLF　放　　NF　　上面　　　去
tɛ³³.
得

上面两个美坝白语的例句表达的都是非现实的语境，因此都不能用 xɯ⁵⁵，无法表达"东西放到这里来"和"我能把杯子放到上面去"这两句话。上述非现实语境下，只能用介词 ke³⁵ "在"引介终点，例（269）（270）中的 xɯ⁵⁵ 被替换为 ke³⁵ 之后，句子就都变得合法而自然了。

吴福祥（2010）提到汉语方言中也有趋向词演变为终点介词（位置与 xɯ⁵⁵ 的非将来时标记功能一致）的现象，他认为终点介词功能是直接从趋向补语功能发展而来，虽然白语完结体标记的词源也是趋向词，但从本书的分析来看，白语 xɯ⁵⁵、tsʰɯ⁵⁵、ʂʅ⁵⁵ 的非将来时标记功能是从完结体标记功能演变而来，与汉语的情况略有不同。

5.1.4.4 完结体标记 > 连词；完结体标记 > 介词附缀

白语的完结体标记还会产生连词和介词附缀的用法，而这两个用法都只见于完结体形式为 xɯ⁵⁵ 的白语方言。xɯ⁵⁵ 为 tʰɯ⁵⁵ 失落舌尖闭塞成分而保留送气成分发展而来，是一个极度弱化的语音形式。这种现象反映了 Bybee et al.（1994）所说的在语言演变中形式和意义/功能的共同演化

(coevolution)，即一般而言，语言形式的意义比较具体、功能狭窄时，其语音形式也比较实在，当它的意义开始虚化、功能不断扩展时，其语音形式也会弱化。功能/意义和语音的变化很难说孰先孰后，跨语言来看，二者存在你变我也变的关系。白语完结体标记的功能越发达（具有介词附缀和连词功能），形式弱化程度越高（xɯ⁵⁵）。

完结体标记发展为连词的动因有二：语义上，完结体表示动作的结束，即前叙事件的完成，因此也强烈暗示后续事件的开始，语义上可以承接前后小句；句法位置上，xɯ⁵⁵常常用于两个动词中间表示顺序事件，如例（271）。xɯ⁵⁵本来是粘附在前一个动词上，表达完结体意义，但随着使用频率的增加，会被重新分析为连接两个顺序事件的标记，其语义关系会变得和后一个动词更紧密，如例（272），从而发展出连词功能。

美坝白语：

（271）ŋɔ³¹　　iɯ⁴⁴　　xɯ⁵⁵　　　　pe⁴⁴ ta⁴².
　　　　1SG　　吃　　COMP　　　　回家
　　　　我吃（完）了回家。

（272）ŋɔ³¹　kʰɯ⁵⁵　tɯ⁴⁴　io⁴⁴　　xɯ⁵⁵　　pe⁴⁴ ta⁴².
　　　　1SG　　开　　RES　　药　　CONJ　　回家
　　　　我开了药之后回家。

xɯ⁵⁵在上述例句中与不同语言成分关系习远近体现在语音停顿上。例（271）中的xɯ⁵⁵只能被分析为体标记，与前面的动词关系更近，所以句中如果有停顿，停顿只能放在xɯ⁵⁵之后。例（272）则可以在xɯ⁵⁵之后停顿，也可以在xɯ⁵⁵之前停顿，前一种停顿方式更自然，从而被重新分析为连词。xɯ⁵⁵具有成熟的连词功能后，可以用来单独引出对话或语篇中的句子，这在王锋（2016）的语料中很常见。

李蕾、陈前瑞（2018）也从这个角度分析了大理古城白语xɯ⁵⁵的连词功能的来源，只是他们认为连词功能从完成体功能发展而来，而本书不单独设立完成体这一功能，认为连词功能是从完结体标记演变而来。参考Bisang（1996）对东南亚语言的分析以及黄阳、郭必之（2014）对壮语方言的考察，我们认为东南亚语言中体标记演变为连词，主要动因是其所表达的语义和所处的句法位置可以被重新分析，不一定只有完成体标记才可以演变为连词，完结体标记也可以演变为连词。

至于介词附缀功能,李蕾、陈前瑞(2018)认为是从结果补语发展而来,本书则认为,从不同白语方言的材料来看,这一功能是语言接触的结果。介词附缀功能在白语方言中分布并不广泛,只见于个别完结体标记形式是xɯ⁵⁵的白语方言,因此,这个功能出现时间应该比较晚,是完结体形式弱化、功能进一步扩展的结果,可能是个别方言的内部创新特征,也可能由语言接触带来。

张成进(2013)结合丰富的历时语料,详细考察了汉语不同类型双音节介词的词汇化和语法化过程,其中有一类双音节介词由句法结构词汇化形成,包括"X了"和"X着"两个子类。对"X了"类双音节介词的考察以"为了"和"除了"为例,对"X着"介词的考察以"照着""沿着"为例,对四个介词的考察都证明上述双音节介词是动词加上体标记"了"或"着"之后词汇化的结果。换句话说,这些双音节介词形成的过程为:V > V+体标记 > 双音节介词。

上述"X了"和"X着"这类双音节介词在汉语普通话和大理当地汉语中都很常见,但在白语中并不常见,只见于李蕾、陈前瑞(2018)调查的大理古城附近的白语以及李雪巧(2019)调查的阳和庄白语,部分见于城北和美坝白语,而完全不见于炼铁和朱柳白语。上述这些白语方言中,大理古城和阳和庄距离通行汉语的大理镇和下关镇最近,其次是城北和美坝,最远是炼铁和朱柳。可见,和汉语接触越密切的白语,其完结体用作介词附缀的用法越发达,而且这种用法常见于不同汉语方言,因此,我们推测白语中完结体标记用于介词附缀的用法是受语言接触影响产生的。

因为长期和汉语接触,白语母语者意识到汉语的"了""着"这样的体标记可以出现在介词中,于是也把完结体标记和不同介词搭配。张成进(2013)的研究表明汉语的"X了"和"X着"中的X是在用作动词时和体标记搭配,然后发生词汇化。白语的"X+xɯ⁵⁵"介词结构则是对汉语"X了/着"类双音节介词的类推,直接仿照汉语,在介词上加体标记,而非动词加体标记,然后动词和体标记发生词汇化。

参考Heine & Kuteva(2005)对借用机制的研究,白语方言中完结体标记受汉语影响发展出介词附缀功能的演变是一种复制性语法化,具体来说:(1)白语使用者注意到汉语中的体标记"了""着"可以和介词搭配,构成双音节介词;(2)他们也注意到白语中有类似的介词,也有部分功能相当于汉语"了"的体标记xɯ⁵⁵;(3)仿造汉语在介词后加完结体标记xɯ⁵⁵用作双音节介词,白语完结体标记xɯ⁵⁵和介词搭配,从而发展出了介词附缀的功能。

5.1.4.5 完结体标记的语音演变

在本书的调查中，白语的完结体标记一共有四个形式：tʰɯ⁵⁵、tsʰɯ⁵⁵、sʅ⁵⁵、xɯ⁵⁵，其中tʰɯ⁵⁵"下"是最早的词源形式，此后出于功能扩展的需要，在不同方言中异化或弱化为其他形式。

tʰɯ⁵⁵ > tsʰɯ⁵⁵：这种语音变化跨语言来看都不太常见，但是这两个形式见于剑川县内相邻的白语方言中（比如：剑川县城金华镇读tsʰɯ⁵⁵，而周边的白族村落读tʰɯ⁵⁵），由于地理位置太近且交通方便（金华镇和朱柳村相距不到5公里），我们认为这不可能是独立发展的结果，而是中间具有演变关系。从这两个形式的语义来看，tʰɯ⁵⁵"下"作为趋向动词的语义更具体，而tsʰɯ⁵⁵虽然可用作完成义结果补语，但本身并无具体的语义，且tsʰɯ⁵⁵是城镇读音，而tʰɯ⁵⁵是农村读音，一般来说，城镇的语音演变比农村快，因此tʰɯ⁵⁵演变为tsʰɯ⁵⁵的可能性比较大。

上文提到，当完结体的形式是tʰɯ⁵⁵时，它和词源义"下"有直接的关联，功能扩展比较受限。完结体标记功能的扩展体现为和更多类型的谓语搭配、分布在更多句法环境中，但是，如果它还有"下"的实词义，和动词搭配后倾向于产生动态趋向义，且能出现的句法位置也比较受限，无法充分扩展出其他功能。因此，我们认为tʰɯ⁵⁵演变为tsʰɯ⁵⁵是出于功能扩展的需要。金华白语中，tʰɯ⁵⁵的语音发生异化，声母从送气塞音变为送气塞擦音tsʰɯ⁵⁵，功能就比tʰɯ⁵⁵更加发达。由于变为tsʰɯ⁵⁵是tʰɯ⁵⁵语音演变的第一步，它还保留了tʰɯ⁵⁵用作补语的功能，同时进一步发展出了tʰɯ⁵⁵所没有的非将来时标记、状态偏离标记、高程度标记的功能。

tsʰɯ⁵⁵ > sʅ⁵⁵：炼铁白语的完结体标记读为sʅ⁵⁵，这应该是从tsʰɯ⁵⁵演变而来，即tsʰɯ⁵⁵的塞擦音声母变为擦音，元音则变为舌尖元音/ʅ/。塞擦音声母弱化为擦音的现象也能在现代白语中观察到，比如美坝白语中，趋向词"出"读为tɕʰi⁴⁴，也可以读为ɕi⁴⁴，年轻人读ɕi⁴⁴比较多，也发生了塞擦音声母弱化为擦音的演变：tɕʰi⁴⁴> ɕi⁴⁴。至于tsʰɯ⁵⁵ > sʅ⁵⁵中元音的变化，很可能也是一种语音弱化的表现，因为[ɯ]的舌位又高又靠后，相比来说舌尖元音[ʅ]舌位偏夹，发音更省力。

tʰɯ⁵⁵>xɯ⁵⁵：在大理古城、美坝、城北三个白语方言中，tʰɯ⁵⁵失落舌尖闭塞成分而保留送气成分，弱化为xɯ⁵⁵。同样，这种语音演变也能在现代白语中观察到，比如本书调查的美坝白语、炼铁白语中，起始体标记都可

以读为 $k^hɯ^{44}$，也可以读为 $xɯ^{44}$，年纪大的发音人多读 $k^hɯ^{44}$，而年轻人多读 $xɯ^{44}$，也发生了塞擦音的塞音成分丢失只保留送气成分的演变：$k^hɯ^{44}$ > $xɯ^{44}$。当 $t^hɯ^{55}$ 弱化为 $xɯ^{55}$ 之后，功能最为发达，除了其他白语方言中的功能，它还发展出了介词附缀和连词的用法。

白语中 $t^hɯ^{55}$>$xɯ^{55}$ 或 $k^hɯ^{44}$>$xɯ^{44}$ 都发生了声母的 -x 化，这种演变也见于不同汉语方言。本书调查的北五里桥话的第三人称代词"她/他/它"读为 xa^{44}，即 t^ha^{44}>xa^{44}，另外，孙景涛（2013）做了较为全面的调查，发现不同汉语方言中不同声母都可能发生 h/x- 化，比如山东烟台方言"邋遢" la^{214} xu^{55}（t^h-→x-）、河南洛阳方言"舞爪" wu^{33} xwa^{31}（tʂ-→x-）等。塞音、擦音或边音声母都可能发生 h/x- 化，孙景涛（2013）指出这种演变是由语义驱动的，即这些词由于使用频率高，语义虚化，从而导致声母 h/x- 化。不论是北五里桥话的第三人称代词，还是白语的完结体标记 $t^hɯ^{55}$ 和起始体标记 $k^hɯ^{44}$，都是使用频率很高的语素，它们的 x- 化与其他汉语方言不同声母 h/x- 化的动因相同。

需要说明的是，上述白语 $xɯ^{55}$ 相关的语音演变都不见于汪锋（2012）归纳的白语声韵母演变规则，这也是为什么我们在语法比较中不要求不同语法形式之间要符合一般的语音演变规律，只存在"可解释的语音关系"即可。

5.1.5 小结

综上所述，我们可以把不同白语方言中完结体标记的功能演变情况绘制为如下示意图，不同功能后括号内标注的是与完结体标记搭配的谓语类型，不同线条的框线代表不同白语方言中完结体标记的功能分布情况。

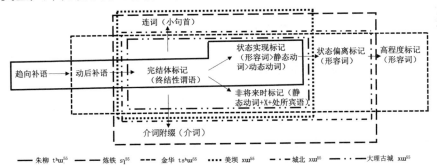

图3 白语完结体标记语义演变示意图

白语tʰɯ⁵⁵"下"在演变初期所经历的"趋向动词>趋向补语>结果/动相补语"发展在上图中被简化为"趋向动词>动后补语"。

从上图可见，跨方言来看，白语完结体标记最常见、最典型的引申功能是状态实现标记和非将来时标记，这几个功能在白语方言中分布最广，产生年代最早，属于早期白语内部的演变。连词、介词附缀、状态偏离标记、高程度标记等功能只见于个别方言，属于不同白语方言晚近的发展，其中有些功能是白语内部的创新特征，有的则是语言接触的结果。

5.2 起始体标记的来源及演变

美坝白语的起始体标记kʰɯ⁴⁴/xɯ⁴⁴具有实词义，指趋向词"起"，词源比较清晰。下面我们首先来讨论其多功能性。

5.2.1 美坝白语 kʰɯ⁴⁴/xɯ⁴⁴ "起"的多功能性

kʰɯ⁴⁴/xɯ⁴⁴在美坝白语中的实词义是趋向词"起"，可以用作动词补语，表达动作的趋向或结果，可以和iɯ³⁵"来"一起表达起始体，可以在祈使句中表达静态动词的状态义，此外，还可以用作祈使标记，我们逐一说明。

美坝白语的趋向词kʰɯ⁴⁴/xɯ⁴⁴"起"没有动词用法，一般用于动词后，作趋向补语，表示动作"从下而上的位移"。iɯ³⁵"来"常和kʰɯ⁴⁴/xɯ⁴⁴"起"连用，但也可以省略。

（273）nɯ⁵⁵　　　sɯ³³　pʰo⁴⁴　ta³⁵　kʰɯ⁴⁴　　（iɯ³⁵），ŋio⁴⁴　ia⁴⁴
　　　2SG:GEN　手　　CLF　　抬　　起　　　（来）　　NEG　　压
　　　kɯ³⁵　pɯ⁵⁵　　nɔ⁴⁴.
　　　在　　3SG:GEN　LOC
　　　你的手抬起（来），别压在它上面。

在王锋（2016）记录的美坝白语长篇语料中，趋向词或体标记都多读为kʰɯ⁴⁴，偶尔读为xɯ⁴⁴，发音人为1928年出生的美坝村老人。而在笔者的调查中，年轻发音人（尤其是30岁以下的青少年）多读为xɯ⁴⁴。不过，所有发音人都觉得读为kʰɯ⁴⁴或xɯ⁴⁴皆可，无语义差别，二者在美坝白语中是自由变体。

kʰɯ⁴⁴/xɯ⁴⁴"起"用于动词后不仅可以表达趋向义，还可以表达结果义及动作状态起始义。"V+ $k^h\mu^{44}/x\mu^{44}$"具体表达何种语义取决于动词的语义特征。

"起"义趋向词和动词搭配时语义的分化现象也见于汉语普通话，很多学者注意到汉语普通话中"V起（来）"结构的语义多样性，并对此做了全面而细致的研究（房玉清 1992；贺阳 2004；李敏 2005；齐沪扬、曾传禄 2009）。当动词的语义特征是[+向上位移，-聚拢/隐存/使凸起，-动态持续]时，"V起来"表达位移义，比如"站起来、扶起来"；当动词的语义特征是[-向上位移，+聚拢/隐存/使凸起，-动态持续]时，"V起来"表达结果义，比如"藏起来、关起来"；当动词的语义特征是[-向上位移，-聚拢/隐存/使凸起，+动态持续]时，"V起来"表达"开始并持续"的体貌义，比如"哭起来、吃起来"；此外，还有一些动词兼具上述不同语义特征，那么"V起来"就会有多个解读（贺阳 2004）。白语的"V+$k^h\mu^{44}/x\mu^{44}$"语义分化的条件与汉语普通话相似。

美坝白语中，动词带[+向上位移]语义特征时"V+$k^h\mu^{44}/x\mu^{44}$（iμ^{35}）"表达趋向义，如例（273）；动词带有[+聚拢/隐存/使凸起]的语义特征时，"V+ $k^h\mu^{44}/x\mu^{44}$"表达动作的结果义，比如"tso^{21} $k^h\mu^{44}/x\mu^{44}$"（藏起来）、"tɕi^{35} $k^h\mu^{44}/x\mu^{44}$"（关起来）。$k^h\mu^{44}/x\mu^{44}$用于动词后表示动作结果时，$k^h\mu^{44}/x\mu^{44}$无潜在的述谓功能，其语义指向只能是动词，按吴福祥（1998）的区分标准，其性质最接近动相补语，但这一功能受动词语义限制很大，且和结果补语有直接的发展关系，为方便论述其演变路径，我们仍将该功能称为"结果补语"（resultative complement，缩写为RESC）。

白语中趋向词作动后补语时，后面都可以带处所宾语，表示动作的位移终点，当动词带有[+位移]义时，可以加处所宾语表动作的位移终点，比如kua^{44} $k^h\mu^{44}$ tsɯ^{31} tsɯ^{31} nɔ^{44} "挂- $k^h\mu^{44}$-树-CLF-LOC"（挂起（在）树上）；动词带有[+聚拢/隐存/使凸起]义时，也可以带处所宾语，表示动作结果的附着点，比如tso^{21} $k^h\mu^{44}$ i^{35} nu^{21} xɯ^{31} "藏-$k^h\mu^{44}$-衣袋-LOC"（藏在衣服口袋里）。上述情况下，"V+ $k^h\mu^{44}/x\mu^{44}$+处所宾语"结构表达的都是动态义，与完结体标记用作非将来时标记的功能不同。

当动词带有[+动态持续]的语义特征时，"V+ $k^h\mu^{44}/x\mu^{44}$"表达的是活动的开始并持续，多数情况下后面还要加iɯ^{35} "来"，用如"V+$k^h\mu^{44}/x\mu^{44}$ iɯ^{35}"。表起始义的$k^h\mu^{44}/x\mu^{44}$也可以和形容词搭配，表示状态的开始并持续。

(274) ŋi⁵⁵　　　 nɔ⁴⁴　　　 kou⁴⁴　 le²¹　 tse⁵⁵ mu⁵⁵　 sʅ³¹　 kʰɯ⁴⁴
     2SG:HON   GEN   脚   CLF   怎么   疼   INCH
     jɯ³⁵.①
     来
     您的脚是怎么疼起来的？（王锋 2016：175）

(275) tsɛ³⁵　 ua⁴⁴　 kuɔ⁴²　 xɯ⁵⁵　 tsʅ⁵⁵　 lu⁵⁵ su⁴⁴　 ue³⁵ uɔ²¹
     春节   过   COMP   PRT   陆续   温暖
     kʰɯ⁴⁴　 iɯ³⁵　 lɔ⁴².
     INCH   来   PRT
     春节过后，慢慢暖和起来了。

此外，美坝白语的 kʰɯ⁴⁴/xɯ⁴⁴ 还有两种功能，这两种功能都只见于祈使句：一是和静态动词搭配，表达静态动词的状态义，由于尚且不是一个成熟的持续体标记，本书称之为"持续标记"（continuity marker），这种情况下 kʰɯ⁴⁴/xɯ⁴⁴ 后面不能加 iɯ³⁵；二是用于祈使句句末，表达祈使语气，本书暂时将这个功能称为"祈使标记"（imperative mood marker），后面也不能加 iɯ³⁵。

(276) nɔ³¹　 tɕʰio⁵⁵ɕi³⁵tɕi³¹　 kv̩⁴²　 xɯ⁴⁴.
     2SG   好好地   坐   CON
     你好好地坐着。（持续标记）

(277) nɔ³¹　 a³³　 xɯ⁴⁴　 sv̩⁵⁵tsv̩⁴⁴ŋv̩³³　 tu²¹,　 ŋio⁴⁴　 zɯ³¹　 pɔ³¹
     2SG   看   CON   小孩   CLF   NEG   让   3SG
     tsʰʅ⁵⁵　 xɯ⁵⁵.
     丢   COMP
     你看（kān）着（这/那个）小孩儿，别把他丢了！（直译：你看着小孩儿，别让他丢了。）（持续标记）

(278) nɔ³¹　 ka⁴⁴　 ŋɔ³¹　 sou³³　 ta³²　 pa⁵⁵　 na³²　 kʰɯ³³.②
     2SG   把，将 1SG   送   SEF   3PL   LOC   IMPM
     你把我送回去他们家吧！（王锋 2016：192）（祈使标记）

---

① 王锋（2016）给零声母音节都记了近音声母，本书都没有记。王锋（2016）记的 jɯ⁵⁵ "来" 与本书所记 iɯ⁵⁵ "来" 的实际音值并无差别。

② 王锋（2016）把声调记为 33，可能是因为用作语气词，其声调稍有弱化，在本书的调查中，用作语气词和起始标记的声调一样，都是 44 调。

用作祈使标记时，$k^hɯ^{44}/xɯ^{44}$前的动词大多为动态动词。综上所述，美坝白语的$k^hɯ^{44}/xɯ^{44}$的功能可以被归纳如下：

表 16　美坝白语 $k^hɯ^{44}/xɯ$ 的功能

功能	结构	动词的类型	$iɯ^{35}$ 的共现情况
趋向补语	V+$k^hɯ^{44}/xɯ^{44}$（+$iɯ^{35}$）/（+处所宾语）	[+向上位移]	可加可不加 $iɯ^{35}$
结果补语	V+$k^hɯ^{44}/xɯ^{44}$（+处所宾语）	[+聚拢/隐存/使凸起]	可加可不加
起始体	V/A+$k^hɯ^{44}/xɯ^{44}$+$iɯ^{35}$	[+动态持续]	多数加 $iɯ^{35}$
持续标记	V+$k^hɯ^{44}/xɯ^{44}$（+处所宾语）	静态动词	不能加 $iɯ^{35}$
祈使标记	VP+$k^hɯ^{44}/xɯ^{44}$	动态动词	不能加 $iɯ^{35}$

5.2.2 白语方言中趋向词"起"的多功能性

同样，我们在其他白语方言中找到了功能和形式都与美坝白语的$k^hɯ^{44}/xɯ^{44}$"起"相对应的体标记，下面逐一介绍其功能分布情况。

赵庄白语的起始体也用趋向词表达，其形式为$k^hɯ^{44}$ $ɣɯ^{35}$"起来"，这个双音节趋向词会合音为$k^hɯ^{35}$，赵燕珍（2012）将其语义描述为"表示动作行为或变化属性的开始并延续"，但没有提及$k^hɯ^{44}$ $ɣɯ^{35}$作为起始体标记之外的功能。杨晓霞（2014）也将白石白语起始体的语义归纳为"表示动作行为或变化属性的开始并延续"，由趋向动词$k^hɯ^{44}$"起来"表达，但同样没有提及$k^hɯ^{44}$用作体标记之外的功能。康福白语的起始体标记是$kæ^{35}$ na^{33} ($nɯ^{33}$)，与趋向词$k^hɯ^{33}$"起"并不同形，赵金灿（2010）没有讨论二者之间的关系。上述研究虽然没有说明不同白语方言的起始体标记是否还有其他语法功能，但从其描写来看，不同白语方言中的起始体标记大多从"起"义趋向词演变而来，而且不仅表达动作或状态的开始，还表达相应状态的持续，这和美坝白语的情况相似。

下面逐一介绍本书调查的朱柳、炼铁、城北三个白语方言中趋向词"起"的功能。

朱柳白语中，"起"义趋向词的形式是$k^hɯ^{33}$，任何时候都是单独使用，后面不加"来"。$k^hɯ^{33}$可以用于动词后，和美坝白语的$k^hɯ^{44}/xɯ^{44}$一样，根据动词的不同语义特征，表达位移、动词结果或起始体意义。

(279) $s^hɯ^{33}$　p^ho^{44}　$tɛy^{33}$　$k^hɯ^{33}$.
　　　手　　CLF　　举　　起

　　　手举起来！（趋向补语）

(280) $ɕiu^{55}$ $t^hã^{55}$　me^{21}　se^{31}　tso^{42}　$k^hɯ^{33}$.
　　　学校　　门　　CLF　　锁　　RESC

　　　学校校门锁起来了。（结果补语）

(281) $mã^{55}$　$tẽ^{44}$　$k^hɯ^{33}$　la^{42}.
　　　3PL　　打　　INCH　　PRT

　　　他们打起来了。（起始体标记）

朱柳白语$k^hɯ^{33}$也可以表达动作的持续或状态，这一功能比所有其他白语方言要发达，我们称之为持续体标记（continuous aspect）。表达动作的持续时，朱柳白语的$k^hɯ^{33}$不限于祈使句，也不限于静态动词，它可以和不同动词搭配用于不同句类表达动作正在进行或持续，是一个语法化程度较高的持续体标记。

(282) no^{31}　ne^{44}　$k^hɯ^{33}$.
　　　2SG　　拿　　CONT

　　　你拿着！

(283) mo^{31}　$kv̩^{42}$　$mã^{55}$　$sa^{31}p^hu^{31}$　ne^{21}　$yɛ^{33}$　tsu^{31}　$k^hɯ^{33}$.
　　　3SG　　在　　3PL　　房檐　　CLF　　下　　站　　CONT

　　　他在他们家房檐下站着。

(284) mu^{55}　　mo^{44}　se^{33}　$k^hɯ^{33}$　i^{55}　lo^{44}.
　　　3SG:GEN　妈　　洗　　CONT　　衣　　PRT

　　　她妈妈在洗衣服。

例（283）（284）在美坝白语中是不合法的，即美坝白语的$k^hɯ^{44}/xɯ^{44}$只能和静态动词搭配表状态持续，并且只能用于祈使句。不过，虽然朱柳白语的$k^hɯ^{33}$可以表达动作进行的语义，但还不是一个典型且使用广泛的进行体标记，朱柳白语的进行体主要通过添加处所短语来表达，因此在下文介绍不同白语方言的进行体时，不把$k^hɯ^{33}$看作朱柳白语的进行体标记。

此外，朱柳白语的$k^hɯ^{33}$和静态动词搭配表达状态义时，后面可以带处所宾语，这时候$k^hɯ^{33}$就同时起到引介位移终点的功能，即用作终点标记，与$xɯ^{55}$用于静态动词和处所宾语之间的功能不同，$k^hɯ^{33}$可以用于未然语境，所以不是非将来时标记，而是终点标记。

(285) mo³¹ mɛ⁵⁵i⁴⁴ iõ⁴⁴ kʰɔ⁴⁴ kʰɯ³³ ɣo⁴⁴ pʰiɛ⁵⁵ lo⁴⁴ ũ̃⁴⁴iẽ⁴⁴.
3SG 明天 要 靠 **GM** 墙 **CLF** **LOC** 喝烟
他明天要靠在墙上抽烟。

朱柳白语的kʰɯ³³也可以用作祈使标记。

(286) lo³¹ ko⁵⁵ ŋu³¹ ɣɛ²¹ kʰɯ³³.
2SG 和 **1SG** 去 **IMM**
你和我走吧！

此外，朱柳白语的kʰɯ³³还可以用作展望体标记，分布条件和美坝白语的kʰɔ⁴²相似，多用于有终结点的终结性动作事件，表达动作事件看起来要发生。

(287) sʰe³¹ kʰuã⁴⁴ tsɿ⁴⁴ la⁵⁵ tu²¹ ɛi³³ tʰɯ⁵⁵ kʰɯ³³.
小狗 那 **CLF** 死 **COMP** **PROSP**
那只小狗快死了。

(288) ŋu³¹ tsʰɛ³³ tʰɯ⁵⁵ a³³ iu⁴⁴ tu³¹ kʰɯ³³.
1SG 睡 **COMP** 一上午 **PROSP**
我快睡了一上午。

炼铁白语的"起"义趋向词可读为kʰɯ⁴⁴或xɯ⁴⁴，和不同语义的动词搭配，表达趋向、结果以及起始体意义，与美坝白语相似。

(289) sɯ³³ pʰɔ⁴⁴ ta³⁵ xɯ⁴⁴ iɯ³⁵.
手 **CLF** 抬 起 来
手抬起来。（趋向补语）

(290) ŋiɔ⁴⁴ ka⁴⁴ gui³³ tsɔ⁴² kv̩³⁵ ne²¹ tsʰɯ⁵⁵ kʰɯ⁴⁴.
要 **DISP** 漾江 **CLF** 堵 状态实现
要把漾江堵起来。（结果补语）

(291) pa⁵⁵ tɛ⁴⁴ xɯ⁴⁴ a³¹, nɔ³¹ pe⁴⁴ ka⁴⁴ kʰɔ³¹.
3PL 打 **INCH** **PRT** **2SG** 去 **DELIM** 拉开
他们打起来了，你去劝一下！（起始体标记）

炼铁白语的kʰɯ⁴⁴/xɯ⁴⁴也可以和静态动词搭配，表达动作持续，但只用于祈使句。

(292) $ŋɔ^{31}$　pe^{44}　k^he^{55}　$a^{31}pɯ^{35}$,　$v^{33}dʑi^{31}$　$tɕ^hiɔ^{55}lɯ^{44}$
　　　1SG　　走　　 开　　 一会儿　　 东西　　 好好地
　　　a^{33}　　$xɯ^{44}$.
　　　看　　CON
　　　我走开一会儿，东西（你）好好看着。

炼铁白语持续标记$k^hɯ^{44}/xɯ^{44}$后也可以带处所宾语。带处所宾语时，$k^hɯ^{44}/xɯ^{44}$相当于终点标记，比如：$dzɯ^{33}$ $xɯ^{44}$ ta^{44} "站- $xɯ^{44}$-这里"（站在这里）、$kɯ^{33}$ $xɯ^{44}$ $ɣuɔ^{33}$ $p^hiɛ^{55}$ $nɔ^{44}$ "靠-$xɯ^{44}$-墙- CLF-LOC"（靠在墙上），这些结构表达的都是静态动词的状态义，$k^hɯ^{44}/xɯ^{44}$可以被分析为终点标记。

炼铁白语的$k^hɯ^{44}/xɯ^{44}$不能用作祈使标记，也不能用作展望体标记，其展望体标记是xa^{44}。

城北白语中"起"义趋向词只能读为$k^hɯ^{44}$，一般单独使用，不论用作起始体标记还是其他功能，后面都不加$iɯ^{35}$ "来"。和美坝白语一样，因不同的动词语义特征，"V+$k^hɯ^{44}$"表达位移、动作结果或起始体意义。

(293) $pɯ^{55}$　　$tɔ^{31}$　kua^{42}　kua^{44}　$tã^{35}$　$k^hɯ^{44}$.
　　　3SG:GEN　大　　棍子　 CLF　　 抬　　 起
　　　他的打棍子（被）抬起来。（趋向补语）

(294) ka^{44}　pa^{31}　$ɣa^{35}$　$tsɔ^{44}$　$kɯ^{31}$　pu^{55}　　ki^{44}　mu^{42}　$k^hɯ^{44}$.
　　　DELIM　拌　 就　　　　　DISP　3SG:GEN　盖子　盖　 RESC
　　　搅拌一下就把盖子盖上。（结果补语）

(295) pa^{55}　$tẽ^{44}$　$k^hɯ^{44}$　$xɯ^{55}$　$lɔ^{31}$,　$nɔ^{31}$　$ŋiɛ^{21}$　ka^{44}　$tɕỹ^{42}$.
　　　3PL　 打　 INCH　 COMP　 PRT　　2SG　 去　　 DELIM　劝
　　　他们打起来了，你去劝一下。（起始体标记）

上述例句中，值得注意的是表达起始体意义的用法。表达起始义时，$k^hɯ^{44}$后面必须跟完结体标记$xɯ^{55}$，也就是说，实际上，城北白语的趋向词$k^hɯ^{44}$不能单独用作起始体标记，它要和完结体标记搭配才能表达动作的开始并持续。

城北白语的$k^hɯ^{44}$也可以用作展望体标记。

(296) se^{31}　$k^huã^{33}$　$tsɿ^{44}$　$tsɔ^{44}$　$ŋɕi^{44}$　$ɕi^{44}$　$k^hɯ^{44}$　$lɔ^{31}$.
　　　小狗　　　　　　　　就要　　　　　　死　　 PROSP　 PRT
　　　小狗快死了。

（297）ŋu³¹　tsʰɛ̃³³　xw⁵⁵　a³³ zu³³ kʰɯ³¹　kʰɯ⁴⁴　lɔ³¹.
　　　1SG　睡　　　COMP　一上午　　　PROSP　PRT
　　　我快睡了一上午了。

城北白语的 kʰɯ⁴⁴ 不太能用作持续标记，下文会提到城北白语有一个成熟的持续体标记 tsã³⁵。tsã³⁵ 可以用于表达动态动词的进行语义，也可以用于表达静态动词的状态义。

（298）no³¹　tɕʰiã⁵⁵ tɕʰiã⁵⁵　nɯ⁵⁵　kv̩⁴²　tsã³⁵.
　　　2SG　　好好　　　　　地　　坐　　CONT
　　　你好好地坐着。

在笔者调查城北白语的过程中，所有表动态进行或静态持续的例句发音人都用 tsã³⁵ 表达，但我们问发音人如果把例（298）中的 tsã³⁵ 换成 kʰɯ⁴⁴ 能不能说，表达的是什么意思，发音人认为也可以说，表达的也是静态动词的状态义。不过，由于该用法不常见也不是发音人最自然的说法，所以我们认为城北白语的 kʰɯ⁴⁴ 并没有持续标记的功能。此外，城北白语的 kʰɯ⁴⁴ 也不能用作祈使标记。

综上所述，我们可以得到美坝、炼铁、朱柳、城北四个白语方言中"起"义趋向词的形式及其功能分布概况，见下表（"+"表示具有该功能，"-"表示不具有该功能）。

表 17　白语方言趋向词"起"的多功能性概况

功能	适用条件	美坝 kʰɯ⁴⁴/xɯ⁴⁴	炼铁 kʰɯ⁴⁴/xɯ⁴⁴	朱柳 kʰɯ³³	城北 kʰɯ⁴⁴
趋向动词	谓语	-	+	-	-
趋向补语	[+向上位移] 义动词	+	+	+	+
结果补语	[+聚拢/隐存/使凸起] 义动词	+	+	+	+
起始体	[+动态持续] 义动词	+	+	+	+（kʰɯ⁴⁴ xɯ⁵⁵）
持续体标记	只用于静态动词和祈使句	+	+	+	-
	用于动态动词	-	-	+	-
终点标记	静态动词和处所宾语之间	-	+	+	-
祈使	祈使句句末	+	-	+	-
展望体	成就和达成情状	kʰɔ⁴²	xa⁴⁴	+	+

如上表所示,"起"义词在不同白语方言中形式相似,在所有方言中都能表达趋向补语、结果补语和起始体,在多个方言中表达动词的持续义,可见白语趋向词"起"的形式及其上述功能产生时间比较早,至于是祖语遗传还是早期借用,需要通过汉语和白语的比较才能判断。

5.2.3 汉白趋向词"起"的功能比较

参考前文的介绍,当地汉语,即大理话和北五里桥话,都用趋向词"起"或"起来"作起始体标记(§4.5.2),而且也可以和静态动词搭配表动作持续,即当地汉语和白语起始体标记的来源及功能演变有相似之处。这种情况下,我们就要进一步考察趋向词"起"在不同汉语方言中的功能分布情况,确定白语和当地汉语中起始体标记的相似性是如何发展出来的?

5.2.3.1 汉语趋向词"起"的功能

参考现有研究,趋向词"起"的多功能性在汉语普通话和不同汉语方言中都很常见。"起"最早在《左传》里就可以用作不及物趋向动词(刘芳2009),此后用于动词后,作为动词补语。①据黄雪霞(2015)的考察,作补语的"起"表趋向义和结果义的用例都是在战国时期就出现了,比如:

(1)卒风暴起,则经水波涌而陇起。(《黄帝内经·素问》)
(2)厥头痛,面若肿起而烦心,取之足阳明太阴。(《黄帝内经·灵枢经》)

而"起"表状态开始或持续(即本书所说的"起始体标记")的用法则在汉代才产生。"起"用作趋向补语、结果补语、起始体标记的功能都是在两宋时期最为鼎盛。

(1)拈起幞头、解下腰带。(《禅林僧宝传卷第二十一》)(趋向补语)
(2)收起一封江北信,明朝。(《宋词·南乡子·咏秋夜》)(结果补语)

---

① 沈培教授在审阅本书稿时指出,在古汉语中"起"用作及物动词更常见,且用作及物动词的语义也与它用作趋向或起始体标记的语义更接近,这里需要再去考证词源是及物动词"起"还是不及物动词"起"。由于目前看到的文献多认为不及物词用法是"起"其他功能的词源,本书暂时采纳这一说法。

（3）圣人教人持敬，只是须着从这里说起。（《朱子语类·大学一》）（起始体标记）

但在宋代，"起来"也发展出了趋向补语、结果补语和起始体标记的功能，而且使用十分广泛，于是就逐渐代替了"起"。从元代开始，"起"的趋向补语和结果补语功能都开始衰退，到了明代，起始体标记的功能也开始衰退。

到了现代汉语普通话中，"起"基本都被"起来"取代了。齐沪扬、曾传禄（2009）考察了汉语普通话"V起来"的语义类型，归纳为五类：

（一）主体或客体发生自下而上的位移，并可以通过隐喻扩展到表达抽象概念的"上升"。

（1）陈玉英从沙发上跳起来。（齐沪扬、曾传禄2009）
（2）主意容易打，执行的勇气却很不易提起来。（齐沪扬、曾传禄2009）

（二）"起来"表示"完成"，"V起来"表示动作的结果，"起来"表"完成"是从其位移义通过隐喻和转喻引申而来，因为"V起来"表位移义时指的物理空间运动是一个有起点、有终点的过程，事件的发生、发展和结束也是一个有起点、有终点的过程，二者具有相似性。

太阳完全被云彩遮起来。（齐沪扬、曾传禄2009）

（三）"V起来"表达动作起始并持续，这一功能也是从"起来"的空间意义通过隐喻引申而来。

他妈给他倒了半碗马奶子，他巴呷巴呷地喝起来。（齐沪扬、曾传禄2009）

（四）"V起来"具有话题功能和衔接功能，这一功能是从"动作事件起始"的体意义引申而来。

金秀，提起别人的事儿来，你说得头头是道，合情合理。（齐沪扬、曾传禄2009）

（五）"V起来"表达主观评价、推测、估量等认识情态（epistemic modality）意义，这一功能是从其"起始"体意义通过隐喻引申而来。

桃源石很硬，磨起来很不容易。（齐沪扬、曾传禄2009）

总的来看,普通话"V起来"所表达的语义演变过程为:位移义→结果义→时体义→情态义,呈现出一个逐渐虚化、主观化的过程。

汉语普通话中"起"被"起来"替代了,但在汉语方言中,"起"仍然很活跃,并具有普通话所没有的功能。蔡瑱(2014)参考方言语法研究文献归纳出"起"在汉语方言中还有如下功能(下面例句都引自蔡瑱2014):

(一)"V起"表达动作持续(和静态动词搭配)或进行(和动态动词搭配)。

重庆话:她经常背起个绿书包。
水流起得,就是流得不快。

(二)"V起"中的"起"是表完成的体标记("V起"并不强调动作结果,而是表述动作的完结或实现)。

广州话:计起嘞(计算完了)。

(三)"起"用于动词和动词补语之间,充当补语标记。

成都话:那条路笔陡的,走起好累哦。
湘乡话:写起手麻解哩。(写得手麻木了。)

(四)趋向补语标记,用于动词后引出趋向补语。

重庆话:把横幅取起下来。

(五)"起"用作比较标记,引出被比较对象。

济南话:他(不)高起我。[他(不)比我高。]

(六)"起"用于引介动作终点。

宁乡话:斗笠挂起那里。

(七)"起"用于动词后表示动作先发生,语义相当于汉语普通话的"先"。

抚州话:看电视起,再来做作业。(先看电视,再做作业。)

在方言材料的基础上,蔡瑱(2014)运用语义地图理论将汉语"起"的语义演变路径构拟如下:

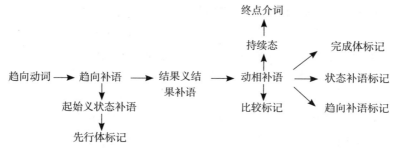

图 4　汉语趋向词"起"的语义演变路径（蔡瑱 2014：110）

可见，汉语的"起"可以通过不同的路径演变出多种不同的语义功能。白语的趋向词"起"有五个功能和汉语一致：趋向补语、结果补语、起始体标记、持续标记、终点标记，后三个功能和蔡瑱（2014）所使用的术语略有出入，分别对应于蔡瑱（2014）所说的起始义状态补语、持续态和终点介词。

关于终点标记的功能，这里我们还要再次说明，白语中动词带趋向补语时后面大多都可以带处所宾语，但是并非所有情况下趋向词都是终点标记，只有"V+趋向词+处所宾语"整体表达状态意义时，且能用于现实和非现实语境时，本书才将趋向词分析为终点标记。①在白语中，当"静态动词+X+处所宾语"结构表达的不是状态义时，其中趋向词X的补语义更显著，不被分析为终点标记，例如：

美坝白语：

(299) kua⁴⁴　kʰɯ⁴⁴　i⁴⁴ tɕia⁵⁵　　le²¹ nɔ⁴⁴　ŋɛ²¹.
　　　 挂　　 起　　 衣架　　　 CLF LOC　 去
　　　（把某物）挂起（到）衣架上去！

(300) nɔ³¹　 kv̩⁴²　tʰɯ⁵⁵ pa⁴² tʰɯ⁵⁵　tu²¹　nɔ⁴⁴.
　　　 2SG　 坐　　 下　　 板凳　　　 CLF　 LOC
　　　 你坐下（到）板凳上。

上述例句中虽然出现了"静态动词+X+处所宾语"结构，但是整体表达动态趋向义，不能和副词 i³⁵ tsɿ³⁵"一直"搭配，趋向词的补语功能比较显著，因此不是终点标记。

---

① 前文讨论完结体标记的功能时就提到，"静态动词+X+处所宾语"这个结构中的X不必然是某类语法成分，只要是进入这个结构的处所宾语必然是动词的位移终点。

虽然趋向词"起"的终点标记功能也见于汉语，但从蔡瑱（2014）的研究来看，这一功能在汉语方言中很少见，因此我们认为白语趋向词"起"的终点标记功能是内部发展的结果，和汉语无关。同样，其他只见于白语而不见于汉语的功能——展望体标记和祈使标记——也是白语内部发展的结果。

终点标记之外的白语和汉语"起"义词的相似功能则可能是早期语言接触的结果，也可能是共同祖语的遗传，下面通过考察其语音关系来作判断。

5.2.3.2 白语和汉语趋向词"起"的语音关系

理想情况下，如果要通过语音关系来判断白语和汉语趋向词"起"的语源关系，则比较的是未分化成不同方言的白语和汉语中"起"的读音，即原始白语和古汉语。汉语"起"的中古音或上古音都有文献可考，但白语"起"的原始形式无现成的参考材料。

本书尚未调查足够用来构拟原始白语"起"的不同白语方言，因此无法得到"起"在原始白语中的准确语音形式。不过，目前有多个白语方言中趋向词"起"的形式是可知的，因此，我们可以就此给出一个暂时的构拟，虽然不准确，但可以用于说明本书提出的白语语法历时研究方法的有效性和可操作性。

除了本书的调查（美坝和炼铁的"起"读$k^h\turnw^{44}/x\turnw^{44}$，朱柳读$k^h\turnw^{33}$，城北读$k^h\turnw^{44}$），赵庄白语的"起"读$k^h\turnw^{44}$，鹤庆康福白语和剑川金华白语的"起"都读$k^h\turnw^{33}$，我们尝试结合对这些已知白语方言材料的分析和汪锋（2012）的研究，来构拟白语"起"的原始形式，并将之与古汉语相比。

不同白语方言趋向词"起"的读音略有不同：（1）声母有k^h和x的区别，美坝和炼铁两个白语中"起"读$k^h\turnw^{44}$或$x\turnw^{44}$，不过这种变异比较好解释，参考上文讨论的完结体标记的语音演变规律（$t^h > x$），我们认为$k^h > x$也是语义驱动的语音弱化现象；（2）韵母基本都是$\turnw$，城北白语中，对应于其他方言$/\turnw/$的音都有央化和复元音化色彩，年轻人的发音接近$/\partial u/$，即他们的$k^h\turnw^{44}$"起"实际读音为$[k^h\partial u^{44}]$，但本书的主要发音人（时年55岁）仍然读$/\turnw/$，故"起"的记音仍然是$k^h\turnw^{44}$；（3）声调有33和44之分，从汪锋（2012）的研究来看，白语的33调和44调之间无明显的演变关系，不过从现有的方言材料来看，这两个声调有早晚之分。

我们猜测白语$k^h\turnw$的33调是早期的声调，而44调是后来产生的，主要原因有两点：（1）从方言分布来看，大理白族自治州北部的剑川或鹤庆白语方言的"起"都读33调，南部的美坝、赵庄或城北读44调，而一般认为北部的鹤庆和剑川白语由于受汉语影响小而更存古一些；(2)在美坝和炼铁白语中，我们都找到了"起"用作趋向动词的用法，用作趋向动词时，它们都读33调，比如美坝白语kʰɯ³³ iɔ⁴² "起夜"（夜间因大小便而起床），以及炼铁白语的下面这个例句。

(301) kua³⁵ i³⁵ pɔ³⁵ xuɔ³³ ne²¹ kʰɯ³³ xɯ⁴⁴ iɯ³⁵ pe⁴⁴ kuɔ⁴²
大观音　　　　火　CLF　起　INCH　来　走　EXP
a³¹.
PRT
观音生起气来，走了。（直译：观音的火起来了，走了。）（《天下第一山的故事》）

例(301)中实词的"起"读为kʰɯ³³，而紧跟其后的起始体标记则读为xɯ⁴⁴，我们认为kʰɯ³³是xɯ⁴⁴的实词形式。

从本书掌握的白语方言材料来看，"起"的读音在现代白语方言中有不同的形式，语音有了新的发展：kʰ可能弱化为x，ɯ可能央化为ɘu，而33调也可能在有的方言中读为44调。如果这些发展都没有出现，则白语"起"的形式为kʰɯ³³，即剑川白语的读音，这大概是白语趋向词"起"在现代白语方言中相对较早的形式。那么，kʰɯ³³如何从原始白语演变到现代白语，我们暂时假设它在白语中的演变和核心词一致，于是参考汪锋（2012）的研究构拟出其原始形式：

（1）现代白语方言的33调一般发展自原始白语的调*2，因此kʰɯ³³ "起"在原始白语中的声调应该是*2。

（2）现代白语方言的kʰ声母可能从原始白语*kʰ演变而来，也可能由*kʰr演变而来，支持从*kʰ>kʰ的例词更多，但是也有符合完全对应的例子支持*kʰr>kʰ的构拟（汪锋 2012：62-63），因此我们暂时认为现代白语kʰɯ³³ "起"在原始白语中的声母可能是*kʰ，也可能是*kʰr。

（3）现代白语方言的ɯ韵母可能有两个来源：*ɯ和*u。*ɯ>ɯ的演变在不同白语方言中比较常见，*u>ɯ的演变则不但少见，而且要求声母必须是双唇塞音（汪锋 2012：68-69），比如"补（衣服）"的声母是双唇塞音，其韵母可能发生*u>ɯ的演变，"补（衣服）"在现代妥洛白语中读为"pɯ³³"、在俄嘎白语中读为"pɯ²²"。但是，kʰɯ³³ "起"的声母不是双唇音，因此，其韵母只可能从原始白语的 *ɯ演变而来。

综上所述，现代白语方言中kʰɯ³³ "起"的原始形式可能有两种：*kʰɯ²或*kʰrɯ²。

参考汪锋（2012）的研究，汉语和白语的对应可以分出不同层次，至少可以分为最早层次和晚近层次，只有符合最早层次的语音对应规律才能说明二者可能是同源词。而原始白语的声母*kʰr不符合汉白最早语音对应规律，因此如果现代白语的kʰɯ³³"起"和汉语的"起"是同源词，则其原始形式要符合最早汉白对应，那么，白语"起"原始形式的声母不可能是*kʰr。综合考虑，白语"起"的原始形式可能为*kʰɯ²。

参考汪锋（2012）的构拟，原始白语的*kʰɯ²这个形式的声韵调和汉语的早期对应关系为：（1）原始白语的调*2对应于中古汉语的上声；（2）原始白语的声母*kʰ对应于上古汉语的*kʰ/*kʰʷ，对应于中古汉语的*kʰ；（3）原始白语的韵母*ɯ可能对应于上古汉语的"之""职""侯"三个韵部的字，但如果对应于"职"部字则原始声调一定是调*4，因为kʰɯ³³"起"的原始声调是*2，所以其韵母不可能对应上古汉语的"职"部字，只能对应于"之"或"侯"部字。如果原始白语的*kʰɯ²和古汉语"起"符合上述语音对应规律，那么二者就是同源词。

我们把白语kʰɯ³³"起"的原始拟音和汉语"起"的中古及上古拟音，以及汉白早期对应规律列如下表：

表18　原始白语 *kʰɯ² "起" 和汉语 "起" 的语音关系

原始白语	汉白最早语音对应	上古汉语	中古汉语（音韵地位）
*kʰɯ² "起"	*² ◇ 中古：上	起：*khjəʔ（Baxter 1992）	起：溪之开三上 *khɨ（Baxter 1992）
	*kʰ ◇ 中古：*kʰ，上古：*kʰ/*kʰʷ		
	ɯ ◇ 上古："之"部或"侯"部		

从上表来看，原始白语*kʰɯ²"起"和汉语"起"的声调、声母和韵母都符合早期汉白对应，二者是同源词，其功能的相似性属于同源形态成分。

不过，需要再次指出的是，由于本书并没有全面考察和比较不同白语方言趋向词"起"的语音形式，上述参考汪锋（2012）构拟出的*kʰɯ²有可能不准确，即它有可能实际上并不符合汉白早期对应，和汉语的"起"不是同源词。如果未来进一步考察发现白语和汉语的"起"不符合早期汉白语音对应规律，那么还要考虑二者之间是否有可解释的语音关系。因为"起"是一个高频的趋向词，其语音演变规律可能与核心词的演变规律不同，比如在第三章讨论语气词和体标记的关系时提到，白语中语气词和体标记会发生合音，从而发展出新的体标记形式。那么，有没有可能白语的$k^h\text{ɯ}^{33}$在演变过程中也曾经和语气词发生过合音？或者有没有哪些因素会影响它的形式？但凡能找出白语$k^h\text{ɯ}^{33}$和古汉语"起"的形式之间具有可解释的语音关系，它们都仍有可能是同源词。

如果进一步研究发现，白语$k^h\text{ɯ}^{33}$和汉语"起"的语音对应关系不成立，且二者之间也无可解释的语音关系，那么鉴于二者功能的相似性不具跨语言普遍性，且白族很早就接受汉文化，汉白接触广泛而深远，白语和汉语"起"的功能相似性就是语言接触的结果。[①]如果是接触带来的相似，因为汉语自古以来就是强势语言，所以借用的方向是从汉语借入白语，而非相反。

我们尝试结合方言材料和汪锋（2012）的研究，考察了白语和汉语趋向词"起"的语音关系，证明二者具有同源关系。虽然这一分析不完全准确，但我们主要是用以检验本书提出的白语历时研究方法是否有效，未来材料的新增及对结论的修改并不影响方法的可行性和有效性。

下面，我们就基于白语和汉语的趋向词"起"是同源词这一假设，来讨论其不同功能的演变和发展。

5.2.4 白语趋向词"起"的演变路径

白语和汉语趋向词"起"主要有四个相似的功能：趋向补语、结果补语、起始体标记和持续体标记，这些功能都普遍见于不同白语和汉语方言，属于汉白同源形态演变。

5.2.4.1 汉白同源形态演变

如果说白语的$k^h\text{ɯ}^{33}$和汉语的"起"是同源词，那么它们相似的功能是什么时候产生的？以及产生的机制是什么？

首先，关于功能产生的时间。如果白语的$k^h\text{ɯ}^{33}$和汉语"起"是同源词，那么它们的功能发展的时间有可能相近，我们可以参考汉语"起"的

---

① 曹凯（2012）调查了不同壮语方言的起始体标记，北部方言中复合趋向动词hum^3tau^3"起来"用于动词后可以表示趋向补语、结果补语，并进一步发展出起始体标记的功能；但是在南部方言中，"起来"虚化为起始体标记的情况比较少见，大多只能用作趋向词。从壮语的情况来看，"起"义趋向词发展为起始体标记、持续标记的功能并不普遍，佐证了本书的推测——白语"起"和汉语相似的功能要么源自祖语遗传，要么源自借用。

演变，来大致猜测白语的k^{h}ɯ^{33}发展出不同功能的时间。①

从前文对汉语"起"的发展和演变的综述可知，汉语的"起"在战国时期就可以用作趋向动词、趋向补语和结果补语，在汉代产生了起始体标记的功能，趋向补语、结果补语、起始体标记的功能都是在两宋时期最为鼎盛。但在宋代，"起来"也发展出了趋向补语、结果补语和起始体标记的功能，而且使用十分广泛，逐渐代替了"起"。从元代开始，"起"的趋向补语和结果补语功能都开始衰退，到明代，起始体标记的功能也开始衰退（黄雪霞 2015）。

汉语普通话的"起"迄今没有发展出持续标记的功能，虽然黄雪霞（2015）将"起"的起始体功能称为状态义补语功能，但从其所举的例子来看，都只能表动作或状态的起始，而不能表动作的持续或进行。汉语方言则很多都可以用"起"表达动作的持续或进行（蔡瑱 2014）。

一般认为，隋唐之后，几个大的汉语方言就开始分化（李如龙 2001：16-27）。汉语方言分化后，"起"义词可能会有新的发展。据罗自群（2003）、王红梅、詹伯慧（2007）的考察，"起"表持续态的用法主要分布于西南官话和部分湘语中，比如前文提到，大理话（属于西南官话）的"起"也可以表达动作持续，例如：

(302) ni^{53}　tsuɔ^{35}　tɕ^{h}i^{55}.
　　　你　　坐　　　起（你坐着！）

也就是说，汉语西南官话分化出来之后，其趋向词"起"发展出了新的功能，可以用作持续体标记。曾晓渝、陈希（2017）的研究表明主流西南官话形成于明代，也就是说汉语方言中"起"用作持续标记的功能产生不早于明代。

如果白语k^{h}ɯ^{33}和汉语"起"是同源词，且它们的功能发展大致同步的话，白语k^{h}ɯ^{33}的趋向补语、结果补语、起始体标记等功能产生时间也比较早，应该在宋代或以前，而它用作持续标记的功能则产生不早于明代。

另外，关于不同功能之间的演变机制。"起"本身是趋向动词，不论在

---

① 不同语言的同源词有相同语法功能存在两种可能的成因，一是这些功能在它们共同的祖语中就已经产生了，现在被保留在同源语言中，二是这些功能是它们分化后的平行演变。第一种情况下，同源词的相同功能产生时间相同，第二种情况下则可能相同也可能不同。由于白语无文献可考，我们暂时假设白语和汉语同源词的相同功能产生时间相近。

白语还是汉语中,也都可以和具有[+向上位移]义的动词搭配,用作动后趋向补语。由于动作从下往上的移动,往往也蕴含动作有结果,于是 "起"开始和有[+聚拢/隐存/使凸起]语义动词搭配,表达动作产生了某种结果,从趋向补语演变为结果补语。①动作从下往上移的空间意义可以引申出时间上的从无到有,于是,当 "起" 和具有[+动态持续]义的动词搭配时,就产生了活动或状态 "从无到有" 的起始义,用作起始体标记。

从黄雪霞(2015)的考察来看,汉语历史上 "起" 用作结果补语的功能早于起始体标记功能,但从蔡瑱(2014)的研究来看, "起" 的结果补语和起始体标记功能在现代汉语方言中看不出先后,而是同时从趋向补语发展而来。由于在本书考察的白语方言中,趋向词 "起" 也都具有结果补语和起始体标记的功能,因此,我们暂时认为其产生年代比较接近,都是直接从趋向补语的功能发展而来。

而持续体标记的功能,即蔡瑱(2014)所说的 "持续态" 的功能,我们认为是从起始体标记和结果补语的功能共同发展而来。

起始体标记发展出持续标记的原因是,从文献和本书的调查来看,白语的起始体实际上都表达的状态的开始并持续,即所谓的 "始续态"。因此,起始体标记本身就表达了一定的动作或状态持续意义,在特定语境下会被重新分析。从美坝和炼铁白语的材料来看,祈使句提供了起始体标记 "起" 被重新分析为持续标记的语境。

美坝白语:

(303) na^{55} ɕie^{42} iɯ^{44} kʰɯ^{44}.
   2PL 先 吃 INCH/CON
  你们先吃起/着。

当 "起" 和动态动词搭配,并且用于祈使句时,比如例(303),可以被解读为是起始体标记,命令或劝告听话人开始 "吃",但因为 "吃" 动作一旦开始,就会持续一段时间,因此也可以被解读为持续标记,命令或劝告听话人继续 "吃"。在祈使句的语境下,起始体标记容易被解读为持续标记,因此,美坝和炼铁白语中的kʰɯ^{44}/xɯ^{44}只在祈使句中才可以和静态动词搭配表达状态持续义。

---

① 用作结果补语时,白语与汉语不同的是,如果说话人要强调动作的结果位置,可以在补语后加上处所宾语,比如美坝白语 kua^{44} kʰɯ^{44} i^{44} tɕia^{55} le^{21} nɔ^{44} "挂 - 起 - 衣架 -CLF-LOC"(挂到衣架上)。

但是，起始体标记不是白语趋向词"起"用作持续体标记的唯一来源，因为"起"用作结果补语的功能也很容易发展出持续体标记功能。

结果补语演变为持续体标记因为二者句法位置相同，而且在语义上关联性很强：动作一旦有结果，结果不会马上消失，就会引申出状态持续义。具有[+聚拢/隐存/使凸起]义的静态动词带上"起"之后，主要表达动作结果的实现，但由于动作结果往往具有可持续性，因此很容易发展出持续义。

美坝白语：

(304) nɔ³¹   tso²¹   kʰɯ⁴⁴,   ŋio⁴⁴ zu³¹ pɔ³¹ a³³ tɯ⁴⁴.
     2SG   藏   状态实现/CON NEG   让   3SG   看   RES
     你躲起来，别让他看到。

上例可以理解为说话人劝听话人去实现tso²¹"藏/躲"这个本身有结果义的动作，也可以理解为建议听话人保持tso²¹"藏/躲"这个结果状态。一旦"起"和没有[+聚拢/隐存/使凸起]义的动词搭配，也被解读为表达动作持续或状态时，它就发展出了持续体标记的功能，这种演变目前只见于朱柳白语。

朱柳白语：

(305) ma⁵⁵   kv̩⁴²   tsɿ⁴⁴   lo⁴⁴   pe⁴⁴   kʰɯ³³.
     3PL   在   街   LOC   走   CONT
     他们在街上走着。

上述"起"的功能普遍见于不同汉语和白语方言，因为从语音关系来看，白语和汉语的"起"是同源词，因此趋向补语、结果补语、起始体标记、持续标记这四个功能属于同源形态成分，是同源语言语法成分的相同演变。

5.2.4.2 白语内部的发展

除了上述和汉语相似的功能，白语的趋向词"起"在朱柳和城北白语中还可以用作展望体标记，在美坝、朱柳白语中可以用作祈使标记，在朱柳和炼铁白语中可以用作终点标记。这些功能要么完全不见于汉语（展望体标记和祈使标记），要么只见于个别汉语方言（终点标记），所以属于白语内部发展的结果。展望体标记分布于所有白语方言中，应是较早发展出的功能，而祈使标记和终点标记只见于个别白语方言，应是这些方言中晚近才发展出的功能。

5.2.4.2.1 展望体标记

我们先来看展望体标记的功能：虽然只有朱柳白语和城北白语的展望体标记与起始体标记同形，其他白语方言的展望体形式都不同于起始体标记，但我们认为所有白语方言的展望体标记都从起始体标记演变而来。不同白语方言中展望体标记的分布都比较相似，用于具有终止点或起点的谓语，后面不能带宾语，能带句末语气词。本书调查的不同白语方言的展望体标记及可搭配的句末语气词如下表所列：

表 19　不同白语方言的展望体标记及句末语气词

展望体标记及其功能	朱柳白语	城北白语	炼铁白语	美坝白语
"起"	$k^h ɯ^{33}$	$k^h ɯ^{44}$	$k^h ɯ^{44}/xɯ^{44}$	$k^h ɯ^{44}/xɯ^{44}$
展望体标记	$k^h ɯ^{33}$	$k^h ɯ^{44}$	xa^{44}	$k^h ɔ^{42}$
句末语气词	la^{42}	$lɔ^{31}$	a^{31}	$lɔ^{42}$

从上表可见，炼铁白语和美坝白语的展望体标记不是$k^h ɯ^{44}$，但它们展望体标记的形式的规律性很明显，即声母是k^h或x，和$k^h ɯ^{44}/xɯ^{44}$ "起" 相同，而韵母则和句末语气词相同。可见，这两个白语方言中的展望体标记极有可能是$k^h ɯ^{44}/xɯ^{44}$和句末语气词合音的结果。这种合音过程可以在城北白语中直接观察到：城北白语中的展望体标记是$k^h ɯ^{44}$，但年纪小的发音人也会说$k^h ɔ^{31}$，发音人能自己意识到$k^h ɔ^{31}$是合音的结果，能把$k^h ɔ^{31}$还原为$k^h ɯ^{44} lɔ^{31}$，反映了合音正在发生：$k^h ɯ^{44} lɔ^{31} > k^h ɔ^{31}$。

城北白语：

（306）ŋuo³¹ tshɛ̃³³ xɯ⁵⁵   a³³ tu²¹ ŋi⁴⁴ tu³¹ khɯ⁴⁴ lɔ³¹(>kʰɔ³¹).
1SG   睡   COMP   一上午   PROSP PRT（>PROSP）
我快睡了一上午了。①

---

① 本书调查该例句时，发音人杨志孝认为有两种表达方式，即展望体可以用$k^h ɯ^{44} lɔ^{31}$表达，也可以用$k^h ɔ^{31}$表达。另外，"上午" 一词在城北白语中有不同的说法，前文例句发音人是杨现珍，这句话发音人是杨志孝，两个发音人用了不同的说法。

上述例句证明，起始体标记和句末语气词的合音在城北白语中正在发生，还没有完成。这个合音过程在朱柳白语中还没有开始，但在炼铁和美坝白语中已经完成了。炼铁和美坝白语中起始体标记和语气词的合音过程已经完成，其展望体标记的形式已经不同于起始体标记。炼铁白语：xɯ⁴⁴ a³¹ > xa⁴⁴，美坝白语：kʰɯ⁴⁴ lɔ⁴² > kʰɔ⁴²。合音规律是：起始体标记的声母和语气词的韵母组合，声调可能保留起始体标记的（炼铁白语），也可能保留语气词的（美坝白语）。也就是说，实际上，本书调查的所有白语方言中起始体标记kʰɯ³³/kʰɯ⁴⁴/xɯ⁴⁴"起"都可以用作展望体标记，只是有的还是保留了kʰɯ⁴⁴这个形式，有的则和句末语气词发生了合音（美坝白语），或者先弱化成xɯ⁴⁴，再和句末语气词合音（炼铁白语），所以形式稍别于kʰɯ³³/kʰɯ⁴⁴/xɯ⁴⁴。

另外，赵庄白语的展望体标记是xɔ⁴⁴，起始体标记是kʰɯ⁴⁴"起"，且不能读为xɯ⁴⁴，句末语气词是lɔ⁴²。①参考其他白语中展望体的来源，我们认为现在看到的赵庄白语的展望体标记最初也是由起始体标记和句末语气词合音而成，即kʰɯ⁴⁴ lɔ⁴² > kʰɔ⁴⁴。合音之后，由于用作展望体标记，语法化程度比较高，使用频繁，其语音形式进一步虚化，声母发生了x-化，即kʰɔ⁴⁴>xɔ⁴⁴。

从语义上看，起始体标记"起"为什么会发展出展望体标记的功能呢？动作事件的"起始"和"将然"这两个语义之间的联系在于：未然语境下，动作的开始就意味着动作的发生。

朱柳白语：

(307) ma⁵⁵　tsʰu⁴⁴　io⁴⁴　tẽ⁴⁴　kʰɯ³³.
　　　 3SG　 就　　要　　打　INCH
他们就要打起来了。

例（307）中的kʰɯ³³是起始体标记，表达tẽ⁴⁴"打"这个动作事件的开始，但因为这个动作事件跟在助动词tsʰu⁴⁴ io⁴⁴"就要"之后，表达的是将然事件，tẽ⁴⁴"打"这个事件即将开始也可以被理解为即将发生，于是起始体标记kʰɯ³³就有可能被重新分析为展望体标记。一旦重新分析发生，起始体标记就开始广泛地和原来不可与之搭配的具有终结性的谓语搭配，表达动作事件即将发生，用作展望体标记。

---

① 感谢赵燕珍老师帮忙指出赵庄白语的起始体标记读音只有kʰɯ⁴⁴，不能读为xɯ⁴⁴。

朱柳白语：

(308) $s^he^{31}\ k^hu\tilde{a}^{44}\ ts\eta^{44}$　　la^{55}　　tu^{21}　　εi^{33}　$t^hw^{55}\ k^hw^{33}$.
小狗　　　　　　那　CLF　　死　COMP PROSP
他们就要打起来了。

不同白语方言中，展望体标记都只用于有终止点或起点的动作事件，表达将然语义，没有终止点的动作事件也可能会用于未然语境，只是它的将然语义不用展望体表达，而是用起始体标记表达。起始体标记和展望体标记对谓语终结性的不同选择，也可以侧面说明二者之间的语义联系。

5.2.4.2.2 祈使标记

至于祈使标记，在林亦、覃凤余（2008），覃东生（2012），郭必之（2014）等的研究中，广西粤语和壮语中的"去"义词也会发展出类似的功能，他们分别称之为"祈使语气"的事态助词、事态发展助词和使令事态助词，都是指语法成分用于句末表达说话者希望、请求、建议，或警告听话人朝着所指的方向发展的功能。[①]郭必之（2014）认为广西粤语中"去"表使令事态助词的功能是从其动相补语的功能发展而来，原因是：（1）"去"用作动相补语时，有时可以放在句末，本身承担了祈使语气；（2）"去"用作动相补语时也可以表"将来实现"，这和祈使句所表达的"未然"语义相契合。白语的趋向词"起"也可以用作结果补语，结果补语本身和动相补语的界线很模糊，也可以被分析为动相补语。虽然白语$k^hw^{33}/k^hw^{44}/xw^{44}$的词源是"起"而不是"去"，但我们认为其发展出祈使标记的路径和广西粤语/壮语的"去"相似。

参考郭必之（2014）的分析，白语趋向词"起"用作结果补语时可以在句法和语义上提供发展为祈使标记的桥接语境。

（1）用作结果补语时，$k^hw^{33}/k^hw^{44}/xw^{44}$可以不带宾语用于句末，这时候它也承担了"祈使"的功能，例如：

美坝白语：

[①] 吴福祥（2004）提到汉语文献中，"着"也有表达祈使语气的用法，比如"拽出这个死尸着"（《祖堂集》），不过我们暂时不知道汉语中"着"和白语"起"的祈使标记功能之间有无联系。

(309) ka^{44}　　ke^{42} $\eta\varepsilon^{33}$　　ia^{33}　　$to^{35}so^{35}$　　$k^h\textuu^{44}$.
　　　DISP　　碗筷　　　　CLF　　收拾　　　起
把碗筷收起来！

（2）用于祈使句时，结果补语"起"表达的是"将来实现"语义，这和祈使句表达的语义相契合。所以，一旦例（309）中的宾语放回到动词后，后面再加 $k^h\textuu^{33}/k^h\textuu^{44}/x\textuu^{44}$"起"表示动作结果时，$k^h\textuu^{33}/k^h\textuu^{44}/x\textuu^{44}$就会被重新分析为祈使标记，例如：

美坝白语：

(310) ηia^{55}　　$to^{35}so^{35}$　　ke^{42} $\eta\varepsilon^{33}$　　$k^h\textuu^{44}$.
　　　1PL:INCL　　收拾　　　　碗筷　　　　　起
我们去收拾碗筷吧！

有意思的是，在美坝白语中，$k^h\textuu^{44}$甚至可以单独使用，表达说话人对听话人的请求或建议，比如当说话人在建议听话人做某事，说完了之后，要催促听话人，他就可以说"$k^h\textuu^{44}$！"，表达催促和祈使。①祈使标记本身是一个独立性很差，只能依附于前面句子的语法成分，但它开始独立使用表祈使意义时又恢复了独立性，即实际上经历了一个去语法化（degrammaticalization）的过程：从黏着语素（clitic）演变为可独立使用的词汇成分。

5.2.4.2.3 终点标记

炼铁和朱柳白语中趋向词"起"还可以用作终点标记，这个功能是从持续标记的功能演变而来。

在说明白语"起"终点标记的功能时，我们就多次提到，这个功能是在它发展出了持续标记的功能后带上处所宾语的结果。也就是说，当白语的趋向词"起"一旦可以和静态动词搭配表达状态，也就可以带上处所宾语，并有可能被重新分析为终点标记，只是从持续标记到终点标记的演变在不同白语方言中的进度不同。朱柳白语的$k^h\textuu^{33}$和炼铁白语的$k^h\textuu^{44}/x\textuu^{44}$可以和静态动词表状态义，也可以带处所宾语，所以具有可识别的终点标记功能；美坝白语的$k^h\textuu^{44}/x\textuu^{44}$可以和静态动词搭配表状态义，但多

---

① 另外，我们注意到，在现代汉语网络用语中（也可能是来自某地区的汉语方言），会有"走起！"这样的说法，"起"在这种语境下的功能也属于本书所说的祈使标记，也许是发生了和白语类似的演变，但具体有待进一步研究。

用于祈使句,带宾语能力较弱,还没发展出终点标记的功能;城北白语的 $k^hɯ^{44}$ 则不太用于表达静态动词的状态义,也就没有终点标记的功能。

5.2.5 小结

我们可以把不同白语方言中趋向词"起"的功能演变情况绘制为如下示意图。不同功能后括号内标注的是与"起"搭配的谓语类型,不同线条的框线代表的是不同白语方言中"起"的功能分布情况。

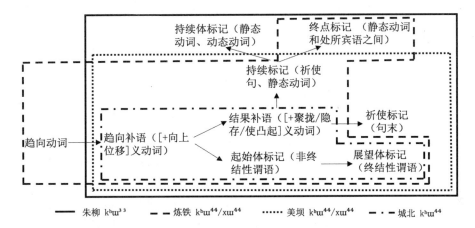

图5 白语趋向词"起"的语义演变示意图

白语趋向词"起"最常见的功能是用作趋向补语、结果补语、起始体标记以及展望体标记,前三个功能是白语和汉语的同源演变,而展望体标记的功能为白语独有,反映了白语内部的语义创新。上述见于不同方言的功能在白语中产生的年代早于持续体标记和祈使标记这两个功能。

本书判断白语的$k^hɯ^{33}$"起"和汉语的"起"是同源词,且其同时存在于两种语言不同方言中的功能是同源形态成分,这一判断基于两个假设:(1)白语和汉语具有同源关系,只要语言形式符合汪锋(2012)提出的汉白最早语音对应规律,它就是汉白同源词;(2)基于本书掌握的白语方言材料,现代白语方言中"起"的相对较早的形式是$k^hɯ^{33}$,该形式在原始白语中的形式为$*k^hɯ^2$。不论是上述两个假设哪一个被证伪,都可能推翻白语$k^hɯ^{33}$和汉语"起"是同源词的结论,如果二者不是同源词,那么功能的相似一定是语言接触带来的,因为汉语和白语之间的接触非常深刻,这种多功能重叠的现象不太可能是平行演变的结果。

即使白语的$k^hɯ^{33}$"起"和汉语的"起"是同源词的假设被推翻,但本书的讨论仍然是有意义的，因为上述分析主要是为了说明考察语音关系可以辅助厘清白语体标记的来源，最终目的是构建一个行之有效的白语语法历时研究方法。未来研究中，可以补充材料，也可以修正分析结论。

5.3 进行体标记的来源

美坝白语的进行体语义可以用处所结构表达，也可以用tɕiɛ³¹标记，其形式可以扩展为tsʅ⁴⁴tɕiɛ³¹mɯ⁵⁵，(tsʅ⁴⁴)tɕiɛ³¹(mɯ⁵⁵)也可以和静态动词搭配，被称为持续体标记（§2.2.3）。从Bybee et al.(1994)的跨语言研究来看，进行体标记一般都先和动态动词搭配表达，之后再发展出和静态动词搭配的用法，成为持续体标记。美坝白语的持续体标记tɕiɛ³¹也是从进行体标记演变而来，因为它与动态动词的搭配更为常见，是较早的用法。

从本书的调查及现有的参考语法来看，不同白语方言表示动作状态持续的语法标记的形式差别较大，有的白语方言只有进行体标记，有的则只用词汇手段表达动作状态的持续。进行体是白语持续体产生的早期阶段，相应语言形式在不同白语方言中可比性更高。因此，本节的讨论，我们主要从美坝白语持续体tɕiɛ³¹的进行体功能出发，来看其他白语方言中是否有与此相似的表达动作状态持续的语言形式，如若没有，则如何表达动作的进行语义，以此来分析白语进行体标记产生的过程。

5.3.1 不同白语方言的进行义体标记

炼铁白语中最常见的进行体表达手段是在动词前加副词tsɯ⁵⁵tsɛ⁵⁵"正在"，没有进行体或持续体标记。少数情况下，也可以在动词前加副词mɯ⁵⁵"才"或处所短语（比如：dzɯ³³ ɣɯ³⁵ ta⁴⁴"在那里"）表达动作的正在进行。

(311) pɯ⁵⁵   mɔ³³   tsɯ⁵⁵ tsɛ⁵⁵   ua³³ i³⁵.
3SG:GEN   妈   正在   洗   衣服
他妈妈正在洗衣服。

(312) ŋɔ³¹   mɯ⁵⁵   iɯ⁴⁴   pe⁴⁴,   pɔ³¹   dzɯ³³   ɣɯ³⁵ ta⁴⁴   se³³
1SG   才   吃   晚饭   3SG   在   那里   洗
sɯ³³.
手
我在吃晚饭，他在洗手。

朱柳白语的进行体主要通过添加处所短语来表达，这是不论调查例句还是长篇语料中最自然和最常见的进行体表达手段，不用进行体或持续体标记。

(313) ŋu³¹ kv̩⁴²   a⁵⁵ ta⁴⁴ iɯ⁴⁴ pe³³,   mɔ³¹ kv̩⁴²   na⁵⁵ tɯ⁵⁵
      1SG 在   这里   吃晚饭   **3SG** 在   那里
      xɯ³¹   se³³   mu⁵⁵   sʰɯ³³   sʰv̩⁵⁵.
      LOC   洗   **3SG:GEN** 手   **CLF**
      我在（这里）吃晚饭，他在（那里）洗手。

此外，由于功能的扩展，朱柳白语的趋向词 kʰɯ⁴⁴ "起"有时候也可以和动态动词搭配，表达进行体语义。不过这种用法并不典型，因此我们不把 kʰɯ⁴⁴ "起"看作朱柳白语的进行体标记。

(314) ŋu³¹   pʰo⁴⁴   kʰɯ⁴⁴,   la³⁵   ia³⁵   kã²¹.
      1SG   跑   **CONT**   **PRT**   **NEG**   冷
      我跑着呢，不冷。

城北白语也可以通过在动词前添加处所短语来表达进行体，比如 ɣɯ³⁵ a⁵⁵ ta⁴⁴ "在这里"、ɣɯ³⁵ na⁴² "在那里"，但这不是最典型的表达手段。城北白语最常用 tsã³⁵ 表达持续体。tsã³⁵ 既可以和动态动词搭配表达进行体，也可以和静态动词搭配表达状态。

(315) pu⁵⁵   mɔ³³   se³³   tsã³⁵   i³⁵ kuã³⁵.
      3SG:GEN 妈   洗   **CONT**   衣服
      他妈妈正在洗衣服。

(316) me²¹   kʰɯ⁵⁵   tsã³⁵,   pu⁵⁵   xɯ³¹   ŋi²¹kɛ³⁵   a³³ mu³³.
      门   开   **CONT**   **3SG:GEN** **LOC**   人   **NEG**
      门开着，里面没人。

综上可见，本书调查的所有白语方言都可以通过添加处所短语来表达动作的正在进行，部分方言点可以在动词前或在动词后加语法标记来表达持续体。此外，赵庄白语的进行体标记是在动态动词后加 tɕɛ³³ nɯ⁵⁵，如果动词有宾语，则 tɕɛ³³ nɯ⁵⁵ 大多加在动宾结构之后（赵燕珍 2012：

109），不能用处所结构表达进行体语义；①康福白语的进行体标记是（tsə̃r⁴²) kua⁵⁵，赵金灿(2010)认为这相当于汉语的"正在"，加在动词之前，有时候也可以用处所结构表达进行体；②白石白语最常见的进行体表达手段是在动词前加进行体标记kua⁴⁴，但也可以通过添加处所短语表达动态动作正在进行(杨晓霞 2014)；阳和庄白语的进行体标记是tsɿ⁴⁴ tɛɛ³³，不能用处所结构表进行体(李雪巧 2019)。③

赵庄白语：

(317) pɔ³³ kʰo⁴⁴ tɛɛ³³ nu⁵⁵, a⁵⁵ tɛʰɛ³³ɲi⁵⁵ pu³³ ɣw⁴⁴.
她   哭   着   一样   也   不   吃
她哭着，什么也不吃。[赵燕珍 2012，例(151a)]

康福白语：

(318) ŋa⁵⁵ tsə̃r⁴² kua⁵⁵ to⁴⁴ tɕi³¹.
我们   正在   挖   田
我们正在挖田。[赵金灿 2010：98]

白石白语：

(319) ŋw⁵⁵ kua⁴⁴ ju⁵⁵tɕʰi³³, pu⁵⁵ kua⁴⁴ she³³ xw³³.
我   体   吃饭   他   体   洗   手
我在吃饭，他在洗手呢。(杨晓霞 2014：69)

阳和庄白语：

(320) ŋɔ³¹ ju⁴⁴ tsɿ⁴⁴ tɛɛ³³ tsʰa⁵⁵.
1SG   吃   PROG   午饭
我正在吃饭。[李雪巧 2019：140]

---

① 关于赵庄白语的处所结构是否能表达进行体语义，笔者曾请教赵燕珍老师（赵庄白语母语者），特此致谢。

② 关于康福白语的处所结构是否能表达进行体语义，笔者咨询了母语者赵林福（1993年生），特此致谢。

③ 关于白石白语的处所结构是否能表达进行体语义，笔者咨询了母语者杨晓霞博士，特此致谢。

可见,有的白语方言的进行体标记可以和静态动词搭配,有的不能,还有的白语方言只能用词汇手段表达进行体语义。下表为已知的不同白语方言进行体语义表达方式的概况("+"表示有这一表达方式,如果有通用进行体标记,则也在"+"后列出体标记的形式;"-"表示无这一表达方式)。

表20 白语进行体语义的表达方式

表达方式	朱柳	康福	白石	炼铁	美坝	阳和庄	赵庄	城北
处所短语	+	+	+	+	+	-	-	+
X+V	-	+[(tsə̃r⁴²) kua⁵⁵]	+(kua⁴⁴)	+(tsɯ⁵⁵ tsɛ⁵⁵)	-	-	-	-
V+X	-	-	-	-	+[(tsʅ⁴⁴) tɕie³¹ (mɯ⁵⁵)]	+(tsʅ⁴⁴ tɛɛ³³)	+(tɕɛ³³ nɯ⁵⁵)	+(tsã³⁵)

从上表可见,白语中分布最广泛的进行体表达手段是添加处所短语,是一种词汇表达手段,进行体标记则在不同白语方言中差异较大,有的加在动词前,有的加在动词后,且同为动词前或后其语音形式也差别较大。

从进行体的表达方式来看,南部的赵庄白语、阳和庄白语只能用语法标记表达进行体,其他白语方言则都可以用处所结构表达动作正在进行。也就是说,在动词前添加处所短语是白语中使用最广泛、最一致的进行体表达手段。多个白语方言都有专门的进行体标记,但是它们的形式以及分布都差异很大,来源不同。康福白语的进行体标记是在动词前加"kua⁵⁵",有时候还在kua⁵⁵前加上汉语借词"tsə̃r⁴²"(正),相当于汉语的"正在"。白石白语的进行体标记也是kua⁴⁴,形式与康福白语相似。炼铁白语的进行体标记是直接借用了汉语的"正在",由于该白语方言中无鼻尾,"正在"读为"tsɯ⁵⁵ tsɛ⁵⁵"。炼铁以南的白语的进行体标记都放在动词后,美坝白语在动词后加(tsʅ⁴⁴) tɕie³¹ (mɯ⁵⁵),城北白语在动词后加tsã³⁵,赵庄白语在动词后加tɕɛ³³ nɯ⁵⁵,阳和庄白语在动词后加tsʅ⁴⁴ tɛɛ³³。如此大的方言差异表明白语的进行体标记是一个至少在上述白语方言分化后才产生的语法范畴,因为如果它产生得早就会被遗传到不同白语方言中,不同白语中的进行体标记就会比较相似,而不是如此形式和分布都参差迥异的情况。

从不同进行体表达方式的地理分布来看，词汇手段在朱柳白语中最发达，该白语中迄今无进行体标记，只能用处所短语表达进行体意义，相反，语法手段则在南部赵庄白语、阳和庄白语中最发达，这两个方言中动作的进行语义只能用进行体标记来表达，不能用处所短语表达。大理白族自治州的州政府在大理州南部，即南部为大理州的政治、经济中心，和外界交流多，本书提及的白语方言点中，赵庄以及阳和庄距离大理市政府所在地下关镇最近，和当地汉语的接触最为频繁，这种环境下的白语方言有发达的进行体标记。也就是说，白语的进行体标记很可能是受汉语接触影响才产生的，而且和汉语接触越深，该体标记发展越成熟。

总的来说，白语中固有的进行体表达手段是在动词前加处所短语，而进行体标记是语言接触的结果，主要有两点原因：（1）处所短语表进行体的用法在现代白语方言中分布最普遍，而进行体标记的分布虽然也很广泛，但是它们在形式、句法位置上差异很大，而且大多和汉语有关；（2）从地理分布上来看，和汉语接触相对较少的白语方言中，处所短语是唯一的表进行体的手段，而作为语法手段的进行体标记则在和汉语接触较频繁的白语中最为发达。

5.3.2 汉白进行体标记比较

不同白语方言中进行体标记的形成都和汉语有关，有的体标记是借自汉语，比如炼铁白语的 tsɯ^{55} tsɛ^{55} "正在"，有的相当于汉语的"着"，比如赵燕珍（2012）将赵庄白语的进行体标记 tɕɛ^{33} nɯ^{55} 标注为"着"，李雪巧（2019）认为阳和庄白语进行体标记中的 tɕɛ^{33} 是借自汉语的"着"，其他进行体标记的词源不太明确。既然白语的进行体标记和汉语的"正在""着"相关，那我们就先来看"正在"和"着"在不同汉语方言中分布如何，白语中"正在"或"着"义进行体标记有没有可能借自汉语？

从前文（§4.5.2）的描述来看，大理话和北五里桥话的进行体标记都是"（正）在"和"着"：大理话分别读为（tʂən^{35}） tsai^{35} 和 tʂɔu^{44}，北五里桥话分别读为（tsən^{35}） tsai^{35} 和 tsɔ^{44}/tsuɔ^{44}（tsɔ^{44} 和 tsuɔ^{44} 是自由变体）。不论在大理话还是北五里桥话中，"（正）在"和"着"可以搭配使用，也可以分别单独和动态动词搭配表示动作正在进行，"着"还可以和静态动词搭配，实际上是一个持续体标记。

"在"和"着"也见于汉语普通话，传统的研究认为汉语普通话中"在"和"着"的差别在于前者和动态动词搭配，后者和静态动词搭配

(Li & Thompson 1989; Smith 1997; 郭锐 1993; 戴耀晶 1997; 等等）。但实际上，"着"也可以用于动态动词，比如"他吃着一个苹果"，"着"和"在"也可以共现，比如"他在吃着一个苹果"。因此，王媛（2011）指出上述这种基于"动态/静态"二元对立的语义解释无法真正描写清楚汉语普通话中"在"和"着"的分布规律及其差别。参考大理话和北五里桥话中"（正）在"和"着"的分布情况（"着"可以和动态动词搭配，也可以和静态动词自由搭配），我们也认为仅凭"动态/静态"这组参数无法解释汉语中"（正）在"和"着"的分布规律，但是我们也不否认在汉语中存在这样的搭配倾向："（正）在"多用于动态动词，"着"多用于静态动词。

除了汉语普通话及本书调查的大理话、北五里桥话，"（正）在"和"着"也在很多汉语方言中用来表达动作正在进行或持续。参考曹志耘（2008）《汉语方言地图集 语法卷》对进行体和持续体的调查，"在"是一个汉语方言中常见的进行体标记，广泛分布在南方汉语方言中（湖北、安徽、江苏、上海、浙江、江西、福建、台湾、四川、云南、贵州、广东、广西、香港等省市的汉语方言），"在"大多数情况下加在动词前，部分会加在动词后（《汉语方言地图集 语法卷》图066），而"着"则广泛分布于南北不同省市的汉语方言中，表达动作正在进行或持续（《汉语方言地图集 语法卷》图066、067）。

综上可见，"在"和"着"是两个广泛分布于汉语方言中的表动作进行或持续的功能词。参考Heine & Kuteva（2005: 33）提出的判断程序，大理白语和当地汉语中都有词源是"（正）在"或"着"的进行体标记，而这类体标记广泛分布于不同汉语方言，却不常见于白语方言（词源可能是"（正）在"或"着"的进行体标记的形式和分布在不同白语方言中差异很大），白语和汉语又有非常密切的接触关系，白语中词源是"（正）在"或"着"的进行体标记大概率都是从汉语中借进来的。

下面我们就来逐一说明，不同白语方言中的进行体标记分别是如何发展而来。

5.3.3 白语进行体标记的来源

下表所列为本书调查及文献中所见到的不同白语方言的进行体标记的形式（"–"表示无此类体标记，有则直接列出体标记的形式。）：

表 21 白语表达进行体语义的标记

体标记	朱柳	康福	白石	炼铁	美坝	城北	赵庄	阳和庄
X+V	–	(tsə̃r⁴²) kua⁵⁵	kua⁴⁴	tsɯ⁵⁵ tsɛ⁵⁵	–	–	–	–
V+X	–	–	–	–	(tsɿ⁴⁴) tɕie³¹ (mɯ⁵⁵)	tsã³⁵	tɕɛ³³ nɯ⁵⁵	tsɿ⁴⁴ tɕɛ³³

炼铁白语的进行体标记tsɯ⁵⁵ tsɛ⁵⁵ "正在"是一个汉语借词,同时向汉语借入了进行体范畴的形式和意义,朱柳白语没有进行体标记。下面我们来分别讨论康福、白石、美坝、城北、赵庄、阳和庄几个白语方言中进行体标记的来源。

5.3.3.1 康福白语和白石白语的 kua⁴⁴/⁵⁵:复制性语法化

康福白语的进行体标记是加在动词前的(tsə̃r⁴²) kua⁵⁵, tsə̃r⁴²是汉语借词"正", kua⁵⁵的来源较为复杂。在康福白语中kua⁵⁵还可以用作处所介词,比如kua⁵⁵ tsə̃r⁵⁵tsɿ³³ nɯ³³ "在-桌子-上"(在桌子上)(赵金灿 2010)。kua⁵⁵是一个康福白语中固有的处所介词,是ko⁴² kæ³⁵ "住在"的合音形式。①也就是说,在康福白语中,"居住"义动词ko⁴²和处所介词kæ³⁵发生合音,合音形式kua⁵⁵为新的处所介词,kua⁵⁵又进一步发展为进行体标记。白石白语的进行体标记kua⁴⁴形式与之非常接近,大概也是来源于处所介词。

"处所词(locative)>进行体标记(progressive)"是一种跨语言普遍存在的语法化模式(Kuteva et al. 2019:272–274),那么,康福白语和白石白语中 kua⁴⁴/kua⁵⁵发展为进行体标记是不是白语固有且符合语言共性的演变?

---

① 笔者在分析康福白语的进行体标记 kua⁵⁵ 时,由于其形式和其他白语差异很大,所以起初怀疑它是从彝语中借来,但查了彝语的材料,发现彝语的进行体标记是一个后置成分,比如 kɯ³³(胡素华 2001),和 kua⁵⁵ 也不相似。正在毫无头绪之际,碰巧和赵金灿老师(云南民族大学)交流,他提到 kua⁵⁵ 在康福白语中也用作处所介词"在",而且比另一个见于美坝白语的处所介词"tsɯ³⁵"更常见,并也为笔者指出 kua⁵⁵ 是 ko⁴² kæ³⁵ "住在"的合音。赵老师的意见对笔者梳理白语进行体的来源起到很关键的作用,谨此致谢。

我们认为不是，原因在于：其他白语方言中也都有处所介词，比如美坝白语的tsɯ³⁵、城北白语的ɣɯ³⁵、朱柳白语的kɤ⁴²、炼铁白语的dzɯ³³，但这些处所介词都没有发展为进行体标记，只有康福白语及白石白语有这个发展；相反，在汉语中，我们却看到处所介词"在"普遍都发展出了进行体标记的用法。因此，康福白语和白石白语的进行体标记应该是语言接触的结果，准确说，是和汉语的接触诱发了这两个白语方言中处所介词kua⁴⁴/kua⁵⁵演变为进行体标记的语法化过程。

参考Heine & Kuteva（2005）的分类，康福白语和白石白语的处所介词kua⁴⁴/⁵⁵演变为进行体标记的过程属于复制性语法化，这个过程具体为：（1）白语使用者注意到汉语的处所介词"在"可以用作进行体标记；（2）白语使用者也注意到白语中有处所介词kua⁴⁴/kua⁵⁵，于是复制汉语中"处所介词 > 进行体标记"的演变模式，也把kua⁴⁴/kua⁵⁵用作进行体标记；（3）白语的处所介词kua⁴⁴/kua⁵⁵就发展出了进行体标记的功能。

此外，康福白语有时候还在kua⁵⁵前加上汉语借词"tsə̃r⁴²"（正），tsə̃r⁴²是汉语借词，借用了汉语的"正"这个语素（音义结合体），属于语法借用。相似的，炼铁白语的tsɯ⁵⁵ tsɛ⁵⁵也是直接借用了汉语的"正在"，只是由于该白语方言无鼻尾，"正"的鼻尾丢失，读为"tsɯ⁵⁵"。

5.3.3.2 美坝、赵庄、阳和庄白语的进行体标记

赵庄白语的进行体标记是tɕɛ³³ nɯ⁵⁵，赵燕珍（2012）将其汉语释义标注为"着"；李雪巧（2019）介绍阳和庄白语的进行体标记tʂʅ⁴⁴ tɕɛ³³时，提到该进行体标记的形式和赵庄白语的tɕɛ³³ nɯ⁵⁵相似，可能都借自汉语的"着"。美坝白语的进行体标记是(tsʅ⁴⁴) tɕiɛ³¹(mɯ⁵⁵)，跟阳和庄的形式比较接近，如果说阳和庄与赵庄白语的进行体标记都借自汉语的"着"，那么美坝白语的(tsʅ⁴⁴) tɕiɛ³¹(mɯ⁵⁵)也是，但问题是它们是如何借来，以及现在形式为什么不完全相同？

上文提到当地汉语方言中的进行体也用"着"表达，大理话读为tʂuo⁴⁴，北五里桥话读为tso⁴⁴/tsuo⁴⁴，如果说白语的进行体标记是借汉语的"着"，那它的读音和被借入形式的读音应该相似，但直观来看，白语的tɕɛ³³ nɯ⁵⁵、(tsʅ⁴⁴) tɕɛ³³ᐟ³¹(mɯ⁵⁵)和汉语的tʂuo⁴⁴/tso⁴⁴/tsuo⁴⁴并不很相似。那赵庄、美坝及阳和庄白语的进行体标记到底是不是借自汉语的"着"？

这三个白语方言点中，赵庄位于市郊，和汉语的接触最深，我们从它出发来分析这一问题。赵庄白语的进行体标记是tɕɛ³³ nɯ⁵⁵，此外，它还

有两个持续体标记：tɕɔ³³和nɯ⁵⁵。赵燕珍（2012）从语义上对此做了区分，进行体标记tɕɛ³³ nɯ⁵⁵表达"动作行为正在进行"，而持续体标记cɔ³³和nɯ⁵⁵表达的是"动作完成后造成的状态在长时间内的持续"。从赵燕珍（2012）举的例句来看，不论是进行体标记还是持续体标记，它们都只和未终结的谓语搭配。进行体标记tɕɛ³³ nɯ⁵⁵主要和动态动词搭配，如果动词带宾语，tɕɛ³³ nɯ⁵⁵可以用于动词和宾语中间，但更常见的是用于动宾结构之后，例如：

赵庄白语［赵燕珍2012，例（152）］：

(321) a. pɔ³¹   ɯ³³ɕy³³ tɕɛ³³nɯ⁵⁵, nɔ³³   ȵo⁴⁴pɯ³³   to³⁵ɔ⁴⁴   sɔ³³.
　　　她   喝水   着   你别   逗她受事格   笑
　　　他正在喝水，你别逗她笑。（使用频率更高）

(322) b. pɔ³¹   ɯ³³ tɕɛ³³nɯ⁵⁵ ɕy³³, nɔ³³   ȵo⁴⁴pɯ³³   o³⁵ɔ⁴⁴   sɔ³³.
　　　她   喝   着   水   你别   逗她受事格   笑
　　　他正在喝水，你别逗她笑。

持续体标记则既可以和静态动词搭配，也可以和动态动词搭。如果动词有宾语，持续体标记一般都用于动宾结构之间，结构为"V+ tɕɔ³³/nɯ⁵⁵+O"。例如：

赵庄白语：

(323) nɔ³¹ tsʰɛ⁴⁴ tɕɔ³³/nɯ⁵⁵, ŋɔ³³ kʰhi⁴⁴ kɯ⁴⁴ nɔ³³.
　　　你   睡   着   我   拿   给   你
　　　你睡着，我拿给你。［赵燕珍 2012, 例（155）］

(324) ŋv³⁵ a⁴⁴   tsɯ³⁵ kuo³⁵ pe²¹xɯ³³ tsv³³ cɔ³³/nɯ⁵⁵ na²¹.
　　　鱼 类称后缀 在   锅   个里   煮   着   还
　　　鱼还在锅里煮着呢。［赵燕珍 2012, 例（156）］

(325) pɔ³³ pɔ⁵⁵ tɕɔ³³ se³³ kʰua⁴⁴-tsi⁴⁴ tu²¹ sɯ⁴⁴ pɯ³³ tsi⁴⁴.
　　　他   抱   着   小狗-小称   只   就   不   放
　　　他抱着那只小狗就不放手。［赵燕珍 2012, 例（158）］

据母语者（赵燕珍）介绍，例（324）中的tɕɔ³³/nɯ⁵⁵可以被替换为tɜɛ³³ nɯ⁵⁵，但例（323）则不可以，即赵燕珍（2012）所说的赵庄白语持续体tɕɔ³³/nɯ⁵⁵和进行体tɜɛ³³ nɯ⁵⁵在本书的分析中也基本对应于持续体和进行体：tɕɔ³³/nɯ⁵⁵是可以和动态动词或静态动词搭配的持续体标记，tɜɛ³³ nɯ⁵⁵则是和动态动词搭配的进行体标记，不过二者的区分并不严格，因为有些情况下tɜɛ³³ nɯ⁵⁵不能被tɕɔ³³/nɯ⁵⁵替换。

参考前文对当地汉语体系统的介绍，赵庄白语中的持续体标记tɕɔ³³/nɯ⁵⁵的功能和当地汉语的"着"相似，都既可以和动态动词搭配表进行体，也可以和静态动词搭配表达状态持续。读音上，赵庄白语的tɕɔ³³和大理话的"着"tʂuo⁴⁴比较接近（北五里桥话的"着"读为tsɔ⁴⁴或tsuo⁴⁴，也与tɕɔ³³相似，但大理话在当地的通行度更高、影响更大），具体来说：

（1）声调：赵庄白语持续体标记tɕɔ³³和大理话的"着"（tʂuo⁴⁴）的声调都是中平调，听感相似；

（2）声母：由于赵庄白语音系中没有卷舌声母，于是将汉语的/tʂ/读为/tɕ/。据汪锋（2012）对白语声母演变规律的考察，从原始白语到现代白语方言也会有tʂ > tɕ的演变，条件是与之搭配的元音具有[+后]和[+圆]的特征。大理话的tʂuo⁴⁴"着"的元音正好具有这两个特征，因此借入白语后会被自然地转读为/tɕ/；

（3）韵母：/uɔ/和/ɔ/的音色十分相近，比如北五里桥话的"着"既可以读为tsɔ⁴⁴，也可以读为tsuɔ⁴⁴。tsuɔ⁴⁴"着"的声母在白语中变为了/tɕ/之后，元音读为/ɔ/与之搭配更自然。

赵庄白语的tɕɔ³³和当地汉语的"着"读音相似，功能也相似——既可以和动态动词搭配表达进行体，也可以和静态动词搭配表达非进行体。而且，"着"在很多汉语方言中被用来表达动作行为的进行或持续意义，但在白语中却不普遍。因此，可以判定，赵庄白语的持续体标记tɕɔ³³是借自大理话的"着"（tʂuo⁴⁴）。

至于持续体标记nɯ⁵⁵，除了用作持续体标记，它在赵庄白语中主要的语法功能是话题标记（赵燕珍 2013），例如：

(326) tɕʰy⁴⁴　zɛ⁴⁴　nɯ⁵⁵　ŋɛ²¹　pɯ⁵⁵　mu⁵⁵　ne⁴⁴.
　　　抽　烟　话题标记　去　他领格　那里　拿
抽烟呢就去他那里拿。[赵燕珍 2013, 例(6)]

目前，我们尚不清楚 nɯ⁵⁵ 的话题标记功能和持续体标记功能之间的关系。不过，从形式上看，nɯ⁵⁵ 和大理话的"呢"（nə⁴⁴）很相似，而大理话的语气词"呢"（nə⁴⁴）常和持续体标记"着"共现，而且有时候还是不可删除的完句成分，例如：

(327) a. 你们家　　　　娃娃　　　给　　有　　学　　画画.
ni⁵⁵ mən⁴⁴ tɕia⁴⁴　ua³¹ua⁴⁴kɯ⁵⁵　iou⁵⁵　ɕyo³¹ xua³⁵ xua³⁵.
（你们家小孩儿有没有学画画？）
b. 学　　着　　呢.
ɕyo³¹ tʂuɔ⁴⁴ nə⁴⁴.
（学着呢。）

因此，我们猜测，在赵庄白语借用大理话的进行体标记"着"时，注意到了其中"着呢"常常一起搭配的现象，于是也将这种模式借用到白语中。由于赵庄白语的 nɯ⁵⁵ 在语音上和大理话的"呢"（nə⁴⁴）相似，而且作为话题标记，nɯ⁵⁵ 在语义和分布上不会和进行体标记有冲突，于是可以和 tɕɔ³³ 搭配使用，从而形成了赵庄白语的进行体标记 tɕɔ³³ nɯ⁵⁵。tɕɔ³³ 后加了 nɯ⁵⁵ 之后，所表达的"动作正在进行"语义更显著，因此，倾向于和动态动词搭配。

当 tɕɔ³³ nɯ⁵⁵ 用作进行体标记的频率不断增加后，母语者会对其作出重新分析，认为 nɯ⁵⁵ 和 tɕɔ³³ 一样，可以单独使用表达动作的持续，由于不是和 tɕɔ³³ 一起使用，不强调"动作正在进行"语义，nɯ⁵⁵ 可以用于动态动词，也可以用于静态动词，无显著的搭配倾向，但其使用频率不如 tɕɔ³³。[①] 由于使用频率高，在使用过程中 tɕɔ³³ 的元音会发生弱化，舌位前移，变为 tɕɛ³³，这个演变见于阳和庄白语，其持续体标记的形式为 tɕɛ³³（李雪巧 2019），也见于赵庄白语的进行体标记：tɕɔ³³ nɯ⁵⁵ > tɕɛ³³ nɯ⁵⁵，不过赵庄的持续体标记 tɕɔ³³ 倒没有发生弱化。

综上所述，就形成了现在赵庄白语的持续义体标记的格局：tɕɔ³³ 和 nɯ⁵⁵ 表达持续体，tɕɛ³³ nɯ⁵⁵ 主要表进行体，但由于三者在历史上有演变关系，所以从使用上来看，它们和动词的搭配偏好不同，但也并非严格对立，

---

① 赵燕珍老师指出用作持续体标记时，tɕɔ³³ 比 nɯ⁵⁵ 更常用。

整体呈现一个各有分布偏好但也可以交错替换的局面。①

  至于阳和庄白语和美坝白语，这两个白语方言中进行体标记的主要形式都是tɕ(i)ɛ$^{31/33}$，这应该是"着"从汉语中借入白语后元音舌位前移的结果，即tɕɔ^{33} > tɕɛ^{33}。阳和庄白语进行体标记的主要形式就是tɕɛ^{33}，美坝白语的tɕiɛ^{31}与它略有出入。tɕɛ^{33}和 tɕiɛ^{31}的主要差别在于介音/i/的有无，但这并不意味着它们实际音值相差很大，因为舌面音/tɕ/和元音相拼时，中间都有介音/i/的色彩，是否标出/i/只是不同的音系处理方式。此外（杨海潮 2024：121–122），tɕɛ^{33}和 tɕiɛ^{31}的声调也不同，但33调和31调在南部白语中有合并的趋势，即有些31调的字读为33调并不影响其意义的表达，因此tɕɛ^{33}和 tɕiɛ^{31}的声调也可能反映的是白语声调的共时变异。总的来说，美坝白语及阳和庄白语中进行体标记的主要形式tɕ(i)ɛ$^{31/33}$是汉语"着"被借入白语后进一步演变的结果。

  但是除此之外，阳和庄白语和美坝白语的进行体标记要在tɕ(i)ɛ$^{31/33}$前面加tsɿ^{44}，美坝白语有时候还可以在tsɿ^{44} tɕiɛ^{31}后加mɯ^{55}，tsɿ^{44}和mɯ^{55}是什么意思？从何而来？我们从美坝白语的材料来分析进行体标记前加tsɿ^{44}及后加mɯ^{55}的动因。

---

① 需要指出的是，关于赵庄白语持续体标记 nɯ^{55} 的来源，本书只是提出一种尝试性的分析，并非定论。因为在本书写作过程中，城北白语发音人（杨志孝）给笔者指出，城北白语中的 nɯ^{55} 也可以表达持续体，而且笔者也询问了另一发音人（杨现珍），她指出 nɯ^{55} 确实既可以和静态动词搭配，比如 tshẽ^{33} nɯ^{55} "躺着"，也可以和动态动词搭配，比如 sei^{44} nɯ^{55} i^{35} kuã^{35} "洗着衣服"，但只有少数老人这么说，她本人（时年 55 岁）都不这么说。本书曾多次调查城北白语，另外还调查过附近的上朋村白语、醒狮村白语，而且不仅调查例句，还调查了长篇语料，但在调查中，这些祥云县禾甸镇白语的持续体标记（同时表达进行体和非进行体）都是 tsã^{35}，没有发现有用 nɯ^{55} 的情况。我们尚不确定 nɯ^{55} 在城北白语体貌系统中的意义，因此上述分析是就现有材料来看可能性最大的演变情况。城北白语中部分老人会把 nɯ^{55} 用作持续体标记可能和他们是外来人口或曾在下关长期生活有关，因为迄今还把 nɯ^{55} 用作持续体标记的赵庄就位于下关镇，而下关镇是大理白族自治州的政府所在地，也是经济、文化中心，而祥云县隶属于大理州，会有很多由于进城务工或婚嫁等带来的人口流动现象，带来不同白语方言之间的接触和相互影响。但是，城北白语发音人所说的情况也有可能意味着 nɯ^{55} 曾经是持续体标记（老年人的用法），而现在被 tsã^{35} 替代了（年轻人的用法）。如果确实如此，那么就意味着 nɯ^{55} 在城北白语中是一个年代更早的体标记，并且可以独立使用，而不是上文分析所说，nɯ^{55} 是在"着"被借进来之后，被当作是白语中对应于汉语"呢"的形式，先和"着"搭配使用，然后再经过重新分析，才独立用作持续体标记。

美坝白语的进行体标记 tɕiɛ³¹也会用于部分静态动词，比如zɯ³¹ tɕiɛ³¹ "忍着"、tɕi⁴⁴ tɕiɛ³¹ "记着"，这种时候就一定不能加tsŋ⁴⁴。只有当tɕiɛ³¹和动态动词搭配时，前面才可以加上tsŋ⁴⁴，比如iɯ⁴⁴ (tsŋ⁴⁴) tɕiɛ³¹ "吃着"、tsŋ⁵⁵ (tsŋ⁴⁴) tɕiɛ³¹ "做着"。除了加tsŋ⁴⁴，还可以在tɕiɛ³¹之后加上mɯ⁵⁵，比如iɯ⁴⁴ (tsŋ⁴⁴) tɕiɛ³¹ mɯ⁵⁵ "吃着"、tsŋ⁵⁵ (tsŋ⁴⁴) tɕiɛ³¹ mɯ⁵⁵ "做着"，都表达的是动作事件的进行体。

作为功能词，tsŋ⁴⁴在美坝白语中是一个小称后缀，如se³¹ kʰua³³ tsŋ⁴⁴ "小狗"；mɯ⁵⁵则是一个常见的处所助词，一般用于名词或名词性成分后，构成处所短语，比如ŋɯ⁵⁵ mɯ⁵⁵ "1SG:GEN-mɯ⁵⁵"（我这里）、sʮ⁴² ko⁴⁴ mɯ⁵⁵ "山-脚-mɯ⁵⁵"（山脚）。这些功能都与进行体意义无直接关联，因此，不论在tɕiɛ³¹之前加tsŋ⁴⁴或在其后加mɯ⁵⁵，都可能是语用因素促发的。就句子信息结构而言，新信息一般处于句末，当说话人说 "V+ tɕiɛ³¹" 时，其主要信息是动作的正在进行这个体意义，但如果只是用单音节的tɕiɛ³¹和动词搭配，其长度不占优势，无法凸显其所表达的进行体意义，于是就会在前面加一个无意义的音节tsŋ⁴⁴，或还在后面加上mɯ⁵⁵，通过增加音节长度来凸显其信息的重要性。主要证据在于，在美坝白语的母语者语感中，一般表达动作的进行体意义可以在动词后加tɕiɛ³¹，如果要强调 "正在进行" 这个语义，可以在tɕiɛ³¹之前加tsŋ⁴⁴，如果是加了tsŋ⁴⁴再加mɯ⁵⁵，就表达出非常强烈的 "正在进行" 语义，即下面这三个进行体结构所表达的进行体语义逐渐加强：V+ tɕiɛ³¹< V+ tsŋ⁴⁴ tɕiɛ³¹ < V+ tsŋ⁴⁴ tɕiɛ³¹ mɯ⁵⁵。①

tsŋ⁴⁴加在进行体标记后时，本身无特别意义，只是起到增加音节长度的作用；mɯ⁵⁵则在意义上也有一定作用，它用作处所助词时，表达 "处于某个空间位置"，当它用于进行体标记后时会被引申为 "处于时间中"，加强了进行体的意义。同理，阳和庄白语的进行体标记前加tsŋ⁴⁴也是为了增加音节凸显进行体意义，因为阳和庄白语中tɕɜɣ³³也可以单独表达动作的进行，只是不强调动作正在进行，常和静态动词搭配，一旦tɕɜɣ³³之前加了tsŋ⁴⁴就会表达显著的动作进行语义，倾向于和动态动词搭配。

总的来说，赵庄、美坝及阳和庄白语中进行体标记的主体形式是借自汉语的 "着"，被借入后读为tɕɘ³³，然后又进一步演变为tɕ(i)ɛ³³/³¹，但这并不是我们现在看到的白语进行体标记的形式。从现在的调查来看，赵庄白语的进行体标记是tɕɜɣ³³ nɯ⁵⁵，持续体标记是tɕɘ³³和nɯ⁵⁵，美坝及阳和庄白

---

① 以上美坝白语及阳和庄白语进行体标记的形成过程只是就已有调查得出的初步假设，语用或韵律因素在白语体标记演变中的作用需进一步研究和证明。

语的进行体标记则是(tsʅ⁴⁴) tɕiɛ³¹ (mɯ⁵⁵)，这些形式都是语言接触和内部演变共同作用的结果。

5.3.3.3 城北白语 tsã³⁵

城北白语的持续体标记是tsã³⁵，其功能和当地汉语方言的"着"一致，既可以和动态动词搭配，表达进行体意义，也可以和静态动词搭配，表达非进行体意义；但是，它的形式和汉语的"着"差别比较大，最主要的是它的韵母是个鼻化元音。

此外，城北白语中也有汉语借词"着"，读为tsɔ⁴²，其语音形式和大理话的"着"（tʂuo⁴⁴）比较接近，而且也具有当地汉语"着"的持续体标记之外的功能，比如：表被动、表动作曾经发生，例如：

(328) ŋɯ⁵⁵   tɕʰĩ⁵⁵   tsɔ⁴²   tsɯ⁴²   ta³¹   xɯ⁵⁵   lɔ³¹.
      1SG:GEN   钱   PASS   贼   偷   COMP   PRT
      我的钱被贼偷了。

(329) nɔ³¹   a⁵⁵ mu³³   ŋiɛ⁴²   tsɔ⁴²   kʰɯẽ³³ miɯ⁴².
      2SG   Q   去   EXP   昆明
      你去过昆明吗？

如果说城北白语的tsã³⁵也是借自汉语的"着"，不仅要解释它借入白语后为什么带有鼻化，而且要解释它和tsɔ⁴²之间的关系。初步分析来看，我们认为城北白语及其周边禾甸镇的其他白语中持续体标记tsã³⁵是汉语借词tsɔ⁴² "着"和语气词na³⁵合音的结果，即tsɔ⁴² na³⁵ > tsã³⁵。①

这个演变有以下几方面的证据：(1) 从前文对完结体标记、展望体标记的分析可知，白语中体标记和语气词合音的现象非常常见，主要因为体标记位于动词后、和语气词紧邻，加之二者共现具有强制性和高频性，很容易在语流中发生合音，比如：美坝白语中完结体标记xɯ⁵⁵和语气词lɔ⁴²合音，形成新的完结体标记xɔ⁵⁵，起始体/展望体标记kʰɯ⁴⁴和语气词lɔ⁴²合音，形成新的展望体形式kʰɔ⁴²；(2) 从上文对赵庄白语进行体标记的分析可知，当白语母语者借用汉语的"着"时，也注意到汉语的"着"后常常跟随语气词"呢"（nə⁴⁴），而且有时候"呢"是不可省略的，于是就会在白语中找与汉语"呢"对应的形式na³⁵，把它和被借进来的"着"搭配使用，前文提到赵庄白语也会用音值和汉语的"呢"相似的nɯ⁵⁵，与进行体标记

---

① 城北村隶属于祥云县禾甸镇。

tɕɔ³³/tɕɛ³³搭配使用；(3)城北白语语气词la³⁵有和汉语"呢"相似的功能，比如表疑问或和持续体标记共现，la³⁵在禾甸镇有的白语中读为na³⁵，比如上朋村白语。①

(330) pɔ³¹　ɕi³¹ xuã³⁵　tẽ⁴⁴ ma⁴² tɕiã⁵⁵,　nɔ³¹　la³⁵.
　　　 3SG　喜欢　　打　麻将　　　　2SG　　Q
　　　 他喜欢打麻将，你呢？（城北白语）

(331) me²¹　kʰu⁵⁵　tsã³⁵　la³⁵,　pu⁵⁵　xu³¹ ȵi²¹kɛ³⁵
　　　 门　　开　　　着　　呢　　3SG:GEN　LOC　人
　　　 a³³ mu³³.
　　　 NEG
　　　 门开着呢，里面没人。（城北白语）

(332) pɔ³¹　ɕi⁴² kuã⁵⁵　uɛ⁴²　fã⁴² tʰi³¹ tsɿ⁵⁵,　nɔ³¹　na³⁵.
　　　 3SG　习惯　　　写　　　繁体字　　　　　　2SG　　Q
　　　 他习惯写繁体字，你呢？（上朋白语）

因此，当地白族很有可能也会把白语的na³⁵或la³⁵对应于汉语的"呢"，并把它和进行体标记搭配使用。我们可以拟测，在借用初期，汉语的"着"被借入禾甸镇的白语时都读为tʂɔ⁴²，音值和汉语的"着"（tʂuo⁴⁴）相似，而且不论用作被动标记、经历体标记还是持续体标记，都读这个音。但当tʂɔ⁴²被用于持续体标记时，白语母语者还注意到汉语中"着呢"搭配使用的情况，于是也将这一模式借进白语，当tʂɔ⁴²用作持续体标记时，后面也常常要加一个相当于汉语"呢"的白语语气词na³⁵（该语气词在有的白语方言中演变为了la³⁵），例如：

(333) *me²¹　kʰu⁵⁵　tsɔ⁴²　na³⁵ (> tsã³⁵), pu⁵⁵　xu³¹ ȵi²¹ kɛ³⁵
　　　 门　　开　　　着　　呢　　　　　　　　　3SG:GEN LOC 人
　　　 a³³ mu³³.
　　　 NEG
　　　 门开着呢，里面没人。（构拟例句）

由于tsɔ⁴² na³⁵共现频率高且有时候必须共现，久而久之，二者就发生了合音：tsɔ⁴² na³⁵ > tsã³⁵。合音时，tsɔ⁴²的声母和na³⁵合并，na³⁵的韵母和声调变为合音形式的韵母和声调，而其声母n则退化为鼻化成分附着在音节

---

① 上朋村白语的材料为笔者于2018年2月去当地调查所得。

上。现在很多禾甸镇白语中的进行体标记tsã³⁵已经不能被还原为tsɔ⁴² na³⁵了，比如城北白语。但是据本书发音人（杨志孝）介绍，在个别白语方言中，比如上赤村白语中，tsɔ⁴²仍然可以用作持续体标记，其与语气词的合音过程也许还没发生，也许是正在进行中还没有完成。此外，在进行体标记的演变中，后字音节的鼻音声母演变为体标记的鼻音成分的现象也见于很多汉语方言，比如广东梅县话"着(te) 儿(n) > 等(ten)"，江西于都话"着(tɕi)儿(n) > 紧(tɕin)"（罗自群 2003）。

因此，我们认为城北白语的进行体标记tsã³⁵是汉语借词tsɔ⁴²和语气词na³⁵合音的结果。不过这个构拟也并非定论，因为虽然有上述证据，但是有一个语言事实不太能佐证上述演变，即虽然城北白语的语气词la³⁵、上朋白语的语气词na³⁵表疑问的功能和汉语的"呢"相当，而且该功能使用很频繁，但是和持续体标记的搭配却不是它最自然、最主要的用法。在本书考察的两个白语方言中，能和持续体标记自然搭配使用的语气词都是lɯ⁴⁴，这是因为"tsɔ⁴² na³⁵ > tsã³⁵"这个演变发生后，跟持续体标记共现的语气词也发生了变化，lɯ⁴⁴替代了原来的na³⁵/la³⁵，还是说最开始和持续体标记搭配的语气词就是lɯ⁴⁴而不是na³⁵？如果是后者，那本书构拟的合音过程就不可能存在。不论哪种可能都有待进一步研究，就本书调查到的材料而言，我们暂时认为现在禾甸镇白语中，"tsɔ⁴² na³⁵ > tsã³⁵"这个合音发生之后，语气词lɯ⁴⁴才开始和进行体标记搭配使用。

5.4 白语体标记的来源及演变机制

本章讨论了白语三个体标记的演变，结合白语内部比较和跨语言比较（主要是汉白比较），分析了体标记的来源，并揭示了体标记会进一步演变出哪些新的功能以及演变的机制，现在再作归纳。

表22 白语完结体标记的来源及演变

功能演变	演变机制	来源
趋向词 tʰɯ⁵⁵> 完结体标记	重新分析：语法形式的范畴标签的变化	早期白语遗传（且没有被借入当地汉语）
完结体标记 > 状态实现标记	扩展：从和具有终结性的情状搭配扩展到和状态情状搭配	早期白语遗传（且没有被借入当地汉语）
状态实现标记 > 状态偏离标记 > 高程度标记	扩展：从和客观状态搭配扩展到和主观状态搭配	白语方言内部创新

续表

功能演变	演变机制	来源
完结体标记 > 非将来时标记	重新分析：语法形式的范畴标签的变化	早期白语遗传（且没有被借入当地汉语）
完结体标记 > 介词附缀	借用：复制性语法化	晚近借用（汉语借入白语）
完结体标记 > 连词	重新分析：组成关系或层级结构的变化	白语方言内部创新

从表22可见，白语完结体标记的演变过程涉及三种语法演变机制：重新分析、扩展、借用。其中值得注意的是，前文提到，白语完结体标记从趋向词 $tʰɯ^{55}$ "下" 演变而来，当它的语音形式和词源形式一致时，功能扩展比较受限（朱柳白语），而当它的形式与词源形式不同，且弱化程度比较高之后，就发展出多种虚化程度较高的语法功能（美坝、城北、大理古城白语），这体现了 Bybee et al.(1994) 所说的语音形式和语法功能共同演变的规律。

从不同功能的来源来看，白语完结体标记形式及其核心功能源自早期白语遗传，在不同白语方言中分布比较广泛，而部分只分布于个别方言的语法功能则有的是白语方言的创新，有的是语言接触的结果。

表 23　白语起始体标记的来源及演变

功能演变	演变机制	来源
趋向词 $kʰɯ^{33}/kʰɯ^{44}/xɯ^{44}$ "起" > 结果补语、起始体标记、持续体标记	扩展和重新分析	汉白同源词的相同语法演变
起始体标记 > 展望体标记	重新分析：语法形式的范畴标签的变化	早期白语遗传（且没有被借入当地汉语）
结果补语 > 祈使标记	重新分析：语法形式的范畴标签的变化	白语方言内部创新
持续标记 > 终点标记	重新分析：语法形式的范畴标签的变化	白语方言内部创新

从表23可见，白语趋向词"起"的演变过程主要涉及扩展和重新分析两种语法演变机制。此外，"起"从起始体标记演变为展望体标记过程中，体标记和语气词合音所带来的表层形式变化起到了加速重新分析的作用。

从本书分析来看,白语的"起"和汉语的"起"是同源词,二者相似的功能是同源形态成分,而白语独有的功能则是其内部的创新发展——在结果补语和起始体标记功能之上发展出了展望体标记和祈使标记的功能,从持续标记功能发展出终点标记的功能。

表 24　白语进行体标记的来源及演变

进行体标记	演变机制	来源
康福白语的（tsə̃r⁴²）kua⁵⁵	借用:复制性语法化	晚近借用(汉语借入白语)
炼铁白语的 tsɯ⁵⁵ tsɛ⁵⁵	借用:功能词借用	晚近借用(汉语借入白语)
赵庄白语等中 tɕɛ³³ 类的形式	借用:功能词借用	晚近借用(汉语借入白语)
城北白语的 tsã³⁵	借用:功能词借用	晚近借用(汉语借入白语)

从表24可见,白语进行体标记的产生主要受语言接触的影响,其产生机制都是借用。不过,虽然不同白语方言的进行体标记都是较晚才从汉语中借进来,但从上文的分析来看,进行体标记的形式被借入白语后,会根据白语的音系及语法规则进行调适,并出现新的发展。

总的来看,白语完结体、起始体和进行体标记演变是白语内部发展和语言接触的共同结果。另外,白语体标记演变的一大特点是:语气词常伴随体标记出现,于是二者会发生合音,而这种合音带来的体标记表层形式的变化会促发其功能的扩展。

第六章 白语体标记语义演变的类型学意义

上一章详细分析了三个白语体标记的来源及演变,这一章我们再结合其他语言的材料来讨论其功能扩展所反映的语义演变的普遍性和特殊性。

6.1 完整体和非完整体的语义演变路径

对体范畴的语义演变研究主要见于时体语法化研究,陈前瑞、孙朝奋(2012)梳理了时体语法化研究的发展,大致可分为四个阶段:(1)语法化理论框架形成前的时体演化研究,一般是在讨论其他语法化问题时涉及时体的演化;(2)语法化理论框架形成时期的时体演化研究,出现了讨论罗曼语将来时和英语体貌发展的专著及时体语法化的理论性论文;(3)语法化理论成熟时期的时体演化研究,出现了专门讨论世界语言时体语法化的专著;(4)语法化理论多元期的时体演化研究,出现了一批讨论某种语言特定时体标记语法化的专著。四个阶段反映了体貌研究从微观到宏观再到微观的过程,研究不断深化和细化。

Bybee et al.(1994)是第三个阶段的代表作,考察了76种语言中的体貌范畴,归纳了一组普遍的体范畴功能的演变路径,最广为后来研究所应用和参考。本章对白语体标记语义演变的讨论大致属于上述第四阶段的研究,主要参考Bybee et al.(1994)的研究讨论白语体范畴演变的特点。

上一章我们分析了白语三个主要体标记的发展,其中只有完结体标记和趋向词$k^hɯ^{44}/xɯ^{44}$"起"具有多功能性,因此,下面我们主要讨论这两个体标记的语义演变路径的类型学意义。这两个体标记的演变涉及完成义和进行义体标记的演变,与类型学研究中的完整体和非完整体的演变相关,下面我们先简述Bybee et al.(1994)归纳的完整体和非完整体的语义演变路径。

6.1.1 完整体的跨语言演变路径

和完整体的功能演变相关的体标记有:完结体(completive)、完成体(anterior)、结果体(resultative)、过去时(past tense)。①Bybee et al.(1994: 53-78)梳理了这些范畴之间的区别,并跨语言考察了其间的演变关系。

"完结体、完成体、结果体、完整体、过去时"这五个范畴都是描述发生在某个参考时间点之前的事件,只是它们的含义不同。出于共时和历时两方面的考虑将上述体范畴放在一起讨论:(1)共时来看,很多语言中语法形式会表达两个或更多上述五个范畴中的功能;(2)历时来看,一是有些文献丰富的语言中确实记录了这些体范畴之间的发展关系,二是这些不同的体范畴有共同的词源,比如"完成"(finish)义动词。

上述体标记的词源有两类:(1)静态动词,一般是系动词,比如英语的be,但也包括"有"(have)、"保持"(remain)、"等"(wait)这几个语义的词源;(2)动态动词,主要有移动动词(movement verbs)(包括趋向词)和"完成"(finish)义动词。

不同词源的成分都可能发展出完成体和完整体功能,但是演变路径不同,即来源决定了语法形式的演变路径。静态动词会演变为结果体,但是它发展不出完结体的功能;完结体一般都来源于动态动词,要么是移动动词,要么就是趋向词。结果体和完结体都可能发展出完成体的功能,由这两个不同来源发展而来的完成体在具体分布上有差别,但核心功能是一致的。跨语言来看,大量文献数据中记录了结果体、完结体和完成体的词源,但Bybee et al.(1994)调查到的语言中只有20%可以找出完整体和过去时的词源,因为这两个语法范畴语法化程度高,词源难以确定。

不过,由于很多语言中的完成体标记都会发展出完整体或过去时的功能,因此如果语法演变的单向性(unidirectionality)假设是真的,那么就可以把上述五个体范畴的演变关系建立起来:

图6　完整体/过去时的演变路径(Bybee et al. 1994: 105)

---

① Bybee et al.(1994)认为文献中把"完成体"称为perfect会混淆它和完整体(perfective)的关系,故将完成体称为anterior,以示区分。

从 Bybee et al.(1994)的考察来看,结果体和完结体都很有可能发展出完成体的功能,而完成体也会进一步演变为完整体或过去时标记。因此,很有可能存在一个静态动词词源,先发展出结果体,再演变为完成体,最后演变为完整体或过去时标记;或者一个动态动词词源,先发展出完结体,再演变为完成体,最后也发展为完整体或过去时标记。不过,以上演变路径并不都是必然的,即同是静态动词词源发展出的结果体,未必都会发展为完成体,如 Bybee et al.(1994:105)所述,结果体也会演变为示证标记(evidential markers),而完结体也有可能不经过完成体而直接演变为派生完整体。

6.1.2 非完整体的跨语言演变路径

和完整体相对的是非完整体,Bybee et al.(1994)讨论到的和非完整体相关的语法范畴有:进行体(progressive)、现在时(present)、惯常体(habitual)、重复体(iterative)、反复体(frequentative)、继续体(continuative)。

重复体指的是动作在特定场合下重复发生,一般用于有终结性的谓语;而反复体则指的是一段时间内频繁发生的动作事件。继续体特指动作主体有意使之继续进行的动作事件(Bybee et al. 1994: 127)。在 Comrie(1976)的体系统中,非完整体首先被分为惯常体和持续体,持续体又进一步被分为进行体和非进行体。但 Bybee et al.(1994)取消了持续体和非进行体这两个体范畴,主要原因是在他们的考察中,找不到典型的持续体。在 Comrie(1976)的系统中,进行体只和动态动词搭配,非进行体只和静态动词搭配,而持续体同时可以和动态动词及静态动词搭配,但是在 Bybee et al.(1994)考察的语言中,没有只限于和动态动词搭配与不限于和动态动词搭配的进行义体标记的对立,即不存在 Comrie(1976)所谓的进行体和持续体的区分。因此,Bybee et al.(1994)所说的进行体实际上性质接近 Comrie(1976)所说的持续体,是一个既可以和动态动词搭配,也可以和静态动词搭配的表动作正在进行的体标记。

但是跨语言来看,进行体确实更常用于动态动词,Bybee et al.(1994)认为这是因为大多数进行体标记都来源于处所成分,而处所成分不太用于静态动词,因为静态动词本身就有处所意义。

Bybee et al.(1994)取消持续体这一概念是出于跨语言描写的简洁性,但就个别语言来说,这个概念有其存在的价值。正如 Bybee et al.(1994)

也提到,词源是处所成分的进行体不大能和静态动词搭配,而词源不是处所成分的进行体就可以和静态动词搭配,即体现了进行体和持续体的差别。从前文的考察来看,白语中既有来自处所成分的进行体标记,也有来自非处所成分的进行体标记,后者和静态动词搭配的能力更强,为了体现这种区别,本书仍然采用Comrie(1976)对进行体和持续体的区分。

在Bybee et al.(1994)考察的非完整体相关的语法范畴中,非完整体和现在时是两个比进行体更抽象的体范畴。一般时体研究会把现在时归入时制范畴,但由于有的体范畴也表达发生在说话时间的动作事件,比如进行体,和现在时产生联系,所以 Bybee et al.(1994)在讨论非完整体的演变时也讨论现在时。

非完整体和现在时的语法化程度要比进行体高,进行体一般通过惯常体发展出非完整体或现在时标记,即如果进行体标记可以表达惯常体意义,那么它就发展出了非完整体或现在时的功能。重复体、反复体、继续体这几个范畴的语法化程度相对较低,它们有两条语法化路径:(1)重复体 > 继续体 > 进行体 > 非完整体 > 不及物化标记(intransitivizing use);(2)重复体 > 反复体 > 惯常体 > 非完整体 > 不及物化标记(Bybee et al. 1994: 172)。

从Bybee et al.(1994)的考察来看,进行体、持续体等表动作持续的体标记最后会发展为更为成熟的非完整体标记,而非完整体标记则可能进一步发展为不及物化标记。下面我们来看,白语体标记所反映的语义演变路径与Bybee et al.(1994)归纳的有何异同?

6.2 白语体范畴类型学比较思路

白语完结体标记的词源是$t^h\text{w}^{55}$"下",起始体标记的词源是$k^h\text{w}^{44}$/$x\text{w}^{44}$"起",都是趋向词。

趋向词演变为体标记的现象并不罕见,相关研究也非常多,很多学者从共时和历时角度都详细论述过上述演变在汉语中的典型性及普遍性(刘丹青 1996; 吴福祥 1996; 梁银峰 2007; 胡晓慧 2012)。那么,本章节的讨论有何意义?

第一,就目前来看,白语、汉语等形态不发达的语言的材料仍然没有被集中放入类型学研究的框架,其在语言共性和语言类型研究中的作用没有得到揭示。陈前瑞(2008)指出汉语普通话属于体貌突出的语言,因为汉语的完整体和非完整体都有标记。但是在时体类型学研究中,汉语及其方言没有得到足够的重视，Dahl(1985)、Bybee et al.(1994)都分别提到过汉语的材料，但只限于汉语普通话，而且描写不够细致。陈前瑞(2008)在介绍汉语普通话的完结体和结果体时，详细描写了"了"和"着"的演变路径，认为"了"的演变正好印证了Bybee et al.(1994)提出的"完结体 > 完成体 > 完整体 > 过去时"的语法化路径；"着"的演变则扩充了Bybee et al.(1994)对非完整体的研究，汉语的"着"演变为表达动作结果的动相补语之后，一方面会凸显动作完结义，进一步发展为完成体和完整体；另一方面则凸显动作的状态持续义，进一步发展为进行体和非完整体，这种由结果义向完整体和非完整体的双向语义演变路径也见于日语、韩语中，具有重要的类型学意义。可见，汉语等形态不发达语言的体范畴研究能扩充我们对该语法现象的认识。与汉语相似，白语等我国境内的很多少数民族语言也是形态不发达的语言，没有时制范畴，相对来说，体范畴比较发达，也值得类型学研究的关注。迄今，不少文献在类型学框架下描写汉语方言或少数民族语言的体系统，但鲜有研究把这些材料集中起来进行类型学比较。因此，下面我们将从本书讨论的白语的体范畴出发，跨语言比较相应的体范畴的语义演变路径，阐述白语对类型学研究的意义。

第二，现有在类型学框架下体范畴的研究，大多拿某种语言的单个方言点的材料去修正已有的语义演变路径，这很可能会把因语音相似而借用的功能也构拟到一般的语义演变路径上。类型学比较的目的是探究普遍的语义演变路径，但并非所有的功能扩展都能反映一般的语义演变规律，比如语言接触带来的功能扩展就未反映自然的语义演变规律。按Heine & Kuteva(2005)的划分，除非发生了接触引发的语法化，否则语言接触带来的语法变化不能反映自然的语义演变规律。复制性语法化虽然有可能反映自然的语义演变路径，但这主要是施借语言的语义演变规律，不应被看作是受借语言的语义演变规律。因此，在类型学比较中，如果语言形式的某个功能是语言接触导致的，那么就需要仔细鉴别：这种功能扩展是否反映了自然的语义演变？反映的是哪一种语言中的语义演变规律？是否可以直接用于增补已有的语义演变路径？由于我国境内少数民族语言和汉语的接触非常频繁，在用少数民族语言的材料研究语义演变时尤其要注意语言接触的影响。下文比较中会以白语为例，说明在讨论一般的语义演变路径时应剔除由语言接触带来且不反映语义关系的功能。

第三，现有的跨语言比较把不同趋向词的演变放在一起讨论，归纳趋向词语义演变的普遍规律，但这可能会忽略不同语义趋向词语义演变的差异。Bybee et al.(1994)通过考察76种语言的时体范畴,证明时体范畴的语法化路径受其词源影响,词源不同的体标记有不同的演变路径。宏观来看,所有趋向词演变为体标记具有相似的表现,区别于"完成"义动词;微观来看,趋向词可分为多种不同小类,比如汉语的趋向词有"上、下、来、去、起、进、出"等,但并非所有这些词都发展出了体标记的功能,即使都发展为了体标记,其演变路径也不尽相同。虽然对汉语不同趋向词的语义演变路径早有很多详细的讨论,比如刘月华(1998)、吴福祥(2010)、胡晓慧(2012),但这些研究主要是就汉语趋向词的演变规律来看,没有作跨语言比较,也没有和时体类型学研究结合起来。下文从白语的材料出发,分别比较趋向词"下"和"起"的语义演变规律及其类型学意义。

由于迄今汉语方言及其周边少数民族语言的材料都尚未被充分纳入时体类型学研究中,所以理想的研究是能把汉语、白语以及我国境内其他少数民族语言的情况都放在一起比较,这就可以揭示趋向词演变为体标记这种语法变化的主要规律及不同细则。不过,少数民族语言大多无文字,且语法比较研究文献较少,体标记的来源和演变路径大多不清楚,无法直接用于本书的比较。我国境内有涵盖汉藏、阿尔泰、南岛、南亚等语系的100多种语言(孙宏开等 2007: 2)。我们分别查阅了每个语系下不同语族代表性语言点的参考语法或时体研究论文,几乎所有语言都有体范畴,比如藏语(江荻 2005)、彝语(胡素华 2001)、景颇语(岳麻腊 2006)、载瓦语(朱艳华 2011)、苗语(李云兵 2019)、满语(杜佳烜、吴长安 2019)等,但文献都没有介绍体标记的来源,有的文献详细介绍了少数民族语言的体系统,也分析了其词源,但其词源与白语不同,比如壮语的完整体标记词源是"去"(梁敢 2010;曹凯 2012)。个别研究详细介绍了少数民族语言中词源与白语相似的体标记的演变,比如Lin(2011)描写了嘉戎语的趋向词"下"可以同时演变为完整体和过去非完整体(past imperfective),下文讨论时会提到。因此,要想比较我国境内少数民族语言的体意义的演变模式,还有待未来先对不同少数民族语言的体系统作详细的共时描写和历时分析,本书主要比较白语和汉语。

本书比较的是具有完成义体标记功能的趋向词"下"和具有体标记功能的趋向词"起"在白语和汉语中的演变情况。①白语趋向词

---

① 很多汉语方言中"V+下"可以表达短时体,但是这里的"下"是由动量词演变而来,因此不在本书讨论范围之内。

tʰɯ⁵⁵"下"的核心功能是表达完结体,但本书界定的完结体在有的文献中被称为完成体、实现体或完整体。另外,表达完成义的不同体标记之间的区分也有模糊性,所以只要文献中提到趋向词"下"发展出了体标记的功能,表达动作事件的完成,不论称之为完成体、完整体还是实现体等哪种术语,都可以用来和白语的tʰɯ⁵⁵"下"比较(下文介绍材料时都引用原文的体范畴术语,讨论时则将其统称为完成义体标记);非进行体持续体趋向词"起"在白语中的主要体功能是表达起始体,但还发展出持续体、展望体等功能,因此,只要文献中提到趋向词"起"也用于表达体意义,且有和白语重叠的体意义,就可以拿来和白语作比较。

6.3 汉语和白语趋向词"下"的语义演变异同

汉语普通话的趋向词"下"没有发展出纯体标记的功能,但也有准体标记的功能,即可以用作动相补语,和没有趋向义的动词搭配,表达动作的完成,比如"他如愿买下了这栋老房子"。而在汉语方言中,"下"则可能会发展出体标记的功能。下面我们先介绍汉语中趋向词"下"的演变情况,然后再将其与白语作比较。

6.3.1 汉语趋向词"下"的演变

我们查找了大量的不同汉语方言语法研究文献及时体研究专著,发现趋向词"下"发展为体标记的现象集中在西北地区的汉语方言,这种分布规律也可以在黄伯荣主编的《汉语方言语法类编》中看到,书中记录了涵盖不同方言区的近五十个不同汉语方言点的完成体标记,其中只有新疆汉语方言的完成体标记是"下"(黄伯荣 主编 1996:175–191)。

不少文献提到西北汉语方言中的"下"发展出了体标记的功能,比如:(1)甘肃兰州方言的"下"可以用于动词后表示动作的完成或结束(何天祥 1987);(2)宁夏隆德方言的"下"[xa⁵⁵]是一个高频的完成体标记(吕玲玲 2014);(3)宁夏原州区回族汉语中的"下"可以和动词或形容词搭配,表达"完成—已成事实"的体貌意义(蒙丽娜 2015);(4)陕北府谷、佳县、神木等晋语中"下"[xa⁴/a⁴/aº]也从趋向动词语法化为体标记,和动词或形容词搭配表示动作已经完成(邢向东 2006);(5)陕西潼关方言中读轻声的"下"可以和动词或形容词搭配,表示完成体(姚亦登、李明敏 2016);(6)陕西宝鸡方言中的"下"可以用作完成体标记(任永辉 2017）；（7）山西河津方言的"下"[xaº]可以用于动词或形容词后，表达动作、事件的完成，或表达结果、状态的呈现，并且强调结果（刘晓刚 2014）；（8）山西夏县方言的"下"具有完成体标记的功能（李小芬 2017）等。上述文献都提到汉语方言中"下"用作体标记（或者近似体标记）的功能，说明该演变在西北汉语方言中普遍存在，下面我们先介绍"下"在汉语普通话中的语义及演变，然后再以新疆汉语方言、青海甘沟方言、甘肃天水和庆阳方言、山西盂县和临猗方言为代表来说明"下"在汉语方言中的功能发展。①

6.3.1.1 汉语普通话的"下"

汉语普通话中常见的有关趋向词"下"的研究有两类：一是在讨论趋向词的功能时分析"下"及相关趋向词（"下来""下去"）的语义和功能异同，比如杉村博文（1983）、刘月华（1988b,1998）；二是注意到汉语普通话中"上"和"下"在功能上的对称性和不对称性，从语义演变的角度加以解释，比如任鹰、于康（2007），萧佩宜（2009），胡伟（2011），李思旭、于辉荣（2012）。

从上述研究来看，汉语普通话的"下"在古汉语时期（《尚书》《论语》）就用作动词，表达"从高往低的移动"，在近代汉语早期（唐代）开始用作趋向补语，在近代汉语中晚期补语功能进一步发展，从趋向补语演变为动相补语（萧佩宜 2009）。"下"的语义扩展及与动词的搭配都和它的词源义有关，作为动词，"下"表示"由高处向低处移动，立足点可在高处，也可在低处，'下'后的处所词既可指向起点，也可指出终点"（刘月华 1998：137）。很多学者都注意到，趋向词"下"表位移义时其最显著的特点在于既可以强调动作的起点，也可以强调终点，比如"跳下车"中"车"是动作的起点，而"跳下水"中"水"是动作的终点（刘月华 1988b,1998；李思旭、于辉荣 2012）。这个语义特征使得"下"在演变为动相补语时，可以表达两种截然相反的动作结果义：(1)事物通过动作而脱离某处/物；(2)事物通过动作而接近某处/物。"下"在汉语普通话中语法化程度最高的功能就是用作动相补语，在汉语方言中则进一步发展为体标记。

6.3.1.2 新疆汉语方言的"下"[xa]

王景荣（2004）和陈志国、董印其（2014）都提到新疆汉语方言中

---

① 选择这几个点，主要是因为相关文献对这几个点的"下"的功能及其演变介绍得比较详细。

"下"除了用作动词和趋向补语,还可以用作体貌助词。新疆汉语中"下"用作动词时读为[ɕia],其余情况下都读为[xa]。

乌鲁木齐汉语方言(王景荣 2004):

(1)下开山咧不咧急,慢慢走。(动词)
(2)有底人头朝西跪下念底呢。(有的人头朝西跪着念经。)(趋向补语)
(3)东西给她买下两个月咧。(体助词)

从趋向补语演变为体标记的过程中,"下"也经历了"结果补语"的阶段,比如:他在别底地方挣下大钱啊。(陈志国、董印其 2014)。

从王景荣(2004)和陈志国、董印其(2014)所举的例子来看,新疆汉语方言的"下"表达完成意义时,可以和具有终结性的谓语搭配,也可以和未终结的谓语搭配。此外,陈志国、董印其(2014)还提到"下"有以下四个用法:(1)"下"和形容词搭配,表达状态的实现或变化,比如"会开底好好底,让他那么一说,大家都凉下咧";(2)"下"和动词搭配表达起始体意义,比如"他哭下了",这种情况下的"下"可以被起始体标记"开"替换,意义不变;(3)(准)持续体标记,可以跟动词搭配表示状态的持续,但后面一般不能带宾语,比如"你不咧着急,妈把你饭给你留下底呢"(你不要着急,妈给你留着饭呢);(4)音节助词,用在动词后,但在句中无任何词汇或语法意义,可以被删除,比如"他是教(下)书底"。虽然"下"可以表达起始体、进行体和完成体,但都不是这些体意义的主要表达方式,新疆汉语方言有专门的起始体标记"开"、进行体标记"底"、完成体标记"咧"。因此,我们推测新疆汉语方言中"下"的上述体标记功能是其结果补语功能进一步虚化的结果,类似动相补语,在有的语境下虚化程度又稍比动相补语高。陈志国、董印其(2014)指出新疆汉语方言"下"用作音节助词的功能从体貌功能发展而来,随着"下"的体标记功能使用频率的增加,"V+下"会产生构式义,一旦产生构式义,构式中某成分意义的丢失也不会影响其整体意义,因此"下"的意义就脱落了,但也不影响"V+下"表达体意义。

总的来说,新疆汉语方言的"下"有如下功能:趋向动词、趋向补语、(准)完成体标记、起始体标记、持续体标记、音节助词,从趋向补语发展为体标记的过程中必然会经过结果/动相补语的结果。因此,我们推测新疆汉语方言中"下"的演变路径是:趋向动词 > 趋向补语 > 结果补语 > 动相补语/(准)完成体标记、起始体标记、持续体标记 > 音节助词。

6.3.1.3 青海甘沟方言的"下"[xa]/[a]

赵绿原(2015)介绍了青海甘沟方言中用于动词后的"下"的功能及其演变。甘沟方言的"下"有不同的读音：[ɕia]、[xa]、[a]，但用作动后附加成分时只能读为[xa]或[a]。

甘沟方言的"下"可以用作中心动词，表示从高到低的位移，比如"嗳家山上些下了"（他从山上下来了）。"下"也可以用作结果补语：（1）不及物动词后加"下"表示主体或客体与目标终点的接触，比如"她我啊炕上捂下给了"（她把我捂在了炕上）；（2）不论动词本身有无[+获得]义，及物动词加"下"表示动作主体因动作的发生而获得某物，"下"一般指向终点，而不指向起点，比如"烧哩烧哩一锅油炼下了说"（烧着烧着就炼了一锅油）。

甘沟方言的"下"也发展出了完成体标记的功能，可以和动词搭配，表示动作的完成，也可以和形容词搭配，表示状态的实现。

甘沟方言（赵绿原 2015）：

(1) 嗳家今年这个摩托车碰下了。（他今年被这个摩托车撞了。）
(2) 屁脸蛋儿上一些儿脏下[a]着。（屁股位置上脏了。）

甘沟方言中"过"和"掉"也可以表状态实现或动作完成，但是赵绿原(2015)指出，"下"的语法化程度要比这两个形式高，是更为典型的完成体标记。

此外，甘沟方言的"下"还可以用作能性标记：（1）在未然语境下，用作能性补语，比如"他明天来下哩"（他明天能来）；（2）用于述补结构之后，充当可能补语标记，比如"今儿个作业啊写完下哩"（今天作业写得完）。赵绿原(2015)认为"下"的能性标记功能是其结果补语功能用于未然语境下发展出来的，所以，甘沟话"下"的演变路径就可归纳如下：

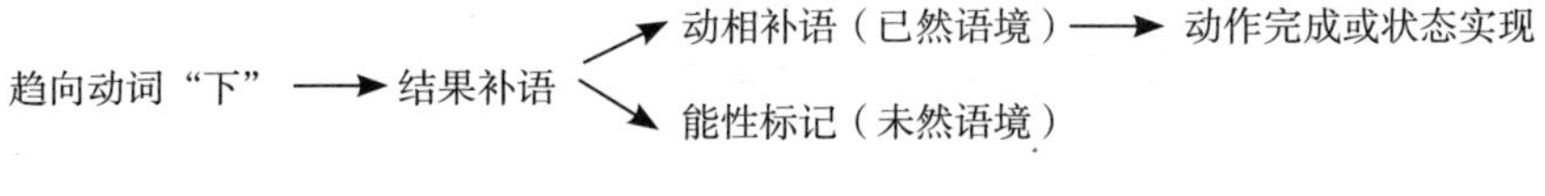

趋向动词"下" ⟶ 结果补语 ⟶ 动相补语（已然语境）⟶ 动作完成或状态实现
　　　　　　　　　　　　　　　⟶ 能性标记（未然语境）

图 7　甘沟方言"下"的演变路径（赵绿原 2015）

6.3.1.4 甘肃天水和庆阳方言的"下"

天水方言和庆阳方言是甘肃省东部两个相邻不远的汉语方言点。黄冬丽(2007)和曹小丽(2015)分别介绍了这两个汉语方言中"下"的语法功能。天水方言的"下"用作动词时读[ɕia⁴]，其他情况下都读为[xa⁵¹]，庆阳方言"下"的读音曹小丽(2015)没有介绍。黄冬丽(2007)和曹小丽

(2015)对"下"的体貌功能的命名不完全一致,但其描述的功能相似。这两个汉语方言的趋向动词"下"都可以放在动词后作趋向补语,比如"坐下",在此基础上又进一步发展出表动作实现、动作曾经发生、动作持续三种体意义。

天水方言和庆阳方言的"下"都可用于动词或形容词后,表达动作的完成和状态的实现。曹小丽(2015)指出表达这个体意义时,动词后必须要接数量短语,比如"他睡下一下午咧,还莫起来"(他睡了一下午了,还没有起来);"听说她喝减肥茶瘦下二十斤"(听说她喝减肥茶瘦了二十斤)。黄冬丽(2007)没有说明天水方言和"下"搭配的谓语情况,但从其所举的例子来看,情况和庆阳方言相似,动词或形容词要么带数量宾语,要么动词本身具有终结性,才能和"下"搭配,表达动作的完成或状态的实现。

天水方言和庆阳方言的"下"表达的第二种体意义是"经历体",而且黄冬丽(2007)认为这是天水方言"下"最常见、最典型的体貌功能。用作经历体标记时,"下"都要和"的"搭配出现,"V+下(+O)+的"中的"的"不可省略,比如天水方言"人家务下农的"(表示曾经做过"农民");庆阳方言"云南额去下的,那达美得很"(云南我去过的,那里很美)。

天水方言和庆阳方言的"下"还都可以和静态动词或形容词搭配,表达状态的持续。天水方言中,"下"的这种功能只见于用"把"引出的祈使句。比如:"把窗户开下"(把窗户开着)。在庆阳方言里,不仅用于祈使句,"下"也可以用于一般陈述句表达状态持续。

庆阳方言(曹小丽 2015):

(1)你把饭拿罩子盖下,不要叫苍蝇飞到上头。
(2)门大开下,你们就在屋里骂仗,也不嫌丢人。
(3)客厅里坐下几个你的中学老师。(客厅里坐着几个你的中学老师。)
(4)他怕自己看书打瞌睡,就站下看。(他怕自己看书打瞌睡,就站着看。)
(5)台灯亮下,他却趴在桌子上呼呼大睡。(台灯亮着,他却趴在桌子上呼呼大睡。)

黄冬丽(2007)和曹小丽(2015)都指出在天水方言和庆阳方言中,"下"用作趋向补语或结果补语的功能和体标记的功能可以用能否转换为可能式"V+不+下"来区分开,前者有可能式,后者没有。

曹小丽(2015)参考刘丹青(1996)确定的判断体标记虚化程度的标准,认为庆阳方言的"下"处于补语性体标记和纯体标记之间,正是因为这种过渡性,"下"不是一个语义单一的体标记,而是一个一标多义的泛体标记。而这种泛体标记属性是对"下"所表示的"从高处向低处运动"语义的不同方面(起点、过程、终点)的关注及引申的结果。曹小丽(2015)还进一步指出类似庆阳方言"下"这样的"泛体标记"普遍存在于官话、吴语、闽语、粤语等不同汉语方言中。

黄冬丽(2007)还提到天水方言的"下"和形容词搭配,可以表示状态的起始,比如:"天黑下了"(天黑了)。此外,天水方言的"下"还可以用作语气词,放在形容词、动词后表感叹语气,也可用于疑问代词之后,但后面都需要加"的",即"X+下+的",比如:"蚊子多下的""手咋下的?长虫咬下的"。

总的来看,甘肃天水和庆阳方言的"下"都从趋向动词发展出了近似体标记的功能,而且可以表达"完成、经历、持续"等多个体意义。参考趋向词的一般语义演变规律,甘肃天水和庆阳方言"下"的完成体标记的功能也应是从其结果补语的功能发展而来,持续体标记也是,这两个体标记是结果补语和动态动词或静态动词搭配后得到的不同解读。至于经历体标记,由于其主要表达的是动作的完成和结束义,而且黄冬丽(2007)指出在天水方言中这个功能比其他体标记更频繁、更典型,因此,我们猜测"下"的经历体功能是其完成体功能后加上"的"的演变结果。这一假设也能解释天水方言"下"语气词功能的发展,语气词是"下"虚化程度最高的功能,而表达这一功能时,"下"出现的结构是"X+下+的",即和经历体出现的结构一致。联系新疆汉语方言"下"的音节助词功能的演变,我们认为天水方言"下"的语气词功能的产生和经历体的高度虚化及经历体意义的构式化有关,由于经历体标记使用频率高,"V+下+的"产生了构式义,"下"的语义脱落了也不影响其整体意义,于是"下"就演变为了一个无实义的语气词。

6.3.1.5 山西盂县和临猗方言的"下"[xa⁰]

山西方言包括晋语区和中原官话两大片,盂县方言属晋语并州片,而临猗方言属官话汾河片,史秀菊(2014)介绍了这两个方言点的体系统,并提到在这两个方言中"下"[xa⁰]都可以用作完成体标记。盂县方言"下"的语法化程度比临猗方言高,其语音已经虚化为了[a⁰]。

孟县方言(史秀菊 2014):

(1)你见下局长来没啦?(你见了局长没有?)
(2)戳下乱子咧。(闯了祸了。)

临猗方言(史秀菊 2014):

(1)你见上局长啦么?(你见了局长没有?)
(2)㨃下乱子啦。(闯了祸了。)

虽然孟县方言"下"的语法化程度比临猗方言高,但它也不是最主要的完成体标记。在这两个方言中,最典型的用于动词后表示完成体的形式是"唠"。史秀菊(2014)指出孟县和临猗方言中"下"(以及"上")表达完成义时和"唠"最大的区别在于:"唠"所表达的是动作在说话时间之前完成,一般没有持续;而"下"(以及"上")则经常在表达完成义的同时还带有持续义,如"蒸上馍馍啦"指的是"蒸"这一动作仍然存在。

史秀菊(2014)没有归纳"下"的演变路径,只是说它处于正在虚化的阶段。参考"下"在汉语方言中的表现,我们推测,山西孟县和临猗方言中用作完成体标记的"下"也是从趋向动词"下"发展而来,经历了"趋向动词 > 趋向补语 > 动相补语"的演变,目前处于动相补语或比它虚化程度稍高的阶段,但还没发展为体标记。

6.3.1.6 小结

我们可以将汉语普通话及西北方言中"下"所反映的语义演变路径归纳如下,其中"下"表示完成义体标记的功能在不同研究中有不同的名称,其性质在不同方言中未必完全相同,我们统称为"完成义体标记"。

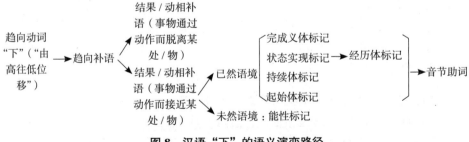

图8 汉语"下"的语义演变路径

由于"下"表达位移时既可以强调终点,也可以强调起点,所以发展为结果补语时,可以表达两种对立的意义。从西北汉语方言的材料来看,汉语的"下"主要沿着"事物通过动作而接近某处/物"这一语义发展出体标记的功能,因为上述方言用"下"表示动作完成义时,偏好"获得"义动词,即使和没有"获得"义动词搭配也会产生强调动作结果的语义,即接近或占有某处/物。

6.3.2 汉语和白语中"下"的语义演变模式比较

从上一章分析可知,白语完结体标记的来源是 $t^h ɯ^{55}$ "下",并发展出完结体标记之外的多个功能,其中介词附缀的功能借自汉语,不反映白语趋向词自然的语义演变,因此在跨语言语义比较中我们不考虑这一功能。

图 9　白语 $t^h ɯ^{55}$ "下"的语义演变路径

白语的趋向词 $t^h ɯ^{55}$ "下"也表示"由高往下的位移",但与汉语方言相反,它强调的是"事物通过动作脱离某物/处",因为在不同现代白语方言中,由"下"演变出来的完结体标记都明显排斥"获得"义动词。

白语和汉语趋向词"下"的演变有同有异:

相似的地方在于:(1)语音形式上,白语的 $t^h ɯ^{55}$ "下"和汉语的 $ɕia^{55}$ "下"的实词读音不同,但当它虚化为体标记之后,语音形式都发生了弱化,且声母都发生了x/h-化,在大多数白语和汉语方言中,"下"都有用作趋向词和体标记的两种读音;(2)功能上,白语的 $t^h ɯ^{55}$ "下"和汉语的"下"都发展出了完成义体标记的功能。上述共性是因为二者词源相同,在形式和功能上有相似的发展方向。

不同的地方在于:(1)白语的 $t^h ɯ^{55}$ "下"和汉语的"下"发展为完成义体标记之后,都对动词的词义有选择,但是二者的选择正好相反,西北汉语方言中用作体标记的"下"倾向于和"获得"义动词搭配,而白语的 $t^h ɯ^{55}$ "下"演变为完结体标记之后,则排斥"获得"义动词;(2)同样经历了结果补语的状态,汉语的"下"不仅发展出了完成义体标记的功能,而且还发展出了持续义体标记的功能,但白语的 $t^h ɯ^{55}$ "下"只发展出完成义体标记的功能;(3)除了相似的功能,白语的 $t^h ɯ^{55}$ "下"和汉语的"下"还有一些各自独特的发展，白语的 $t^hɯ^{55}$ "下"还从完结体标记发展出了连词和非将来时标记功能，从状态实现标记发展出了状态偏离和高程度标记的功能，这几个功能都不见于汉语，同样，汉语的"下"也有白语不具备的功能，比如：从结果/动相补语发展出能性标记功能和起始体标记功能、从完成义体标记进一步虚化为经历体标记、所有体标记功能都可以进一步虚化为音节助词。汉语和白语不同的功能属于各自内部的发展，而至于上面第（1）（2）两点差异则和趋向词"下"的语义多元性有关。

从汉语"下"的语义演变路径可知，趋向词"下"表示"由高往低位移"，但是说话人在使用"下"这个趋向词时，可以立足于位移的终点，也可以立足于位移的起点。因此，当"下"发展为结果补语时，会出现两个不同的演变方向：(1) 立足于位移的终点，则表达由高往低移动并接近终点，从而虚化后表达动作结果时，表达的语义是"事物通过动作而接近某物/处"；(2) 立足于位移的起点，则表达由高往低移动并远离起点，从而虚化后表达动作结果时，表达的语义是"事物通过动作而脱离某物/处"。

西北汉语方言的完成体标记"下"是从其立足于位移终点的语义演变而来，因此表达动作完成义时，强调动作产生结果，也倾向于和具有"获得"义的动词搭配。而且，如果结果补语表达的是动作结果的实现，那么由于结果实现后不会马上消失，一般会持续到说话时间，因此，"下"有可能演变为持续义体标记。"下"和动词搭配时，如果说话人强调动作出现结果，"下"会进一步发展为完成义体标记，如果说话人强调动作结果的持续，"下"就会演变为持续义体标记。

白语的完结体标记是从"下"立足于位移起点的语义演变而来，因此表达动作的完成义时，强调动作的失去义，排斥"获得"义动词。也正因为如此，白语的 $t^hɯ^{55}$ "下"用作结果/动相补语时只强调动作的完成，只能虚化为完成义体标记，而无法发展出持续义体标记的功能。

白语和汉语"下"的语义演变揭示了一个现有语法化研究没有重视的现象：即使是同一个词源，如果在语言使用中被强调和突出的语义特征不同，也会有不同的语义演变结果。

6.4 汉语和白语趋向词"起"的语义演变异同

前文讨论白语 $k^hɯ^{33}/k^hɯ^{44}/xɯ^{44}$ "起"的语义演变时，我们就提到相似的演变也普遍见于汉语方言。

蔡瑱（2014）对此做了详细考察，并归纳出汉语方言"起"的语义演变路径。不过,蔡瑱(2014)对"起"的功能命名与本书略有出入,为了比较,我们将其统一为本书所使用的术语:"始续义状态补语"功能类似本书所说的"起始体标记","持续态"相当于"持续体标记",而其所说的"完成体标记"主要是指表达完成义的体标记,并非类型学界定的完成体标记,因此,我们也将其改为"完成义体标记"。

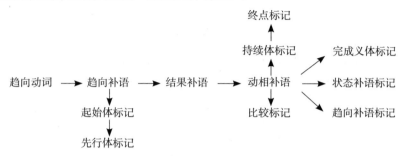

图10 汉语"起"的语义演变路径(修改版)(蔡瑱 2014:110)

从上一章的分析可知白语趋向词"起"($k^h\mathrm{w}^{33}/k^h\mathrm{w}^{44}/x\mathrm{w}^{44}$)的语义演变路径如下:

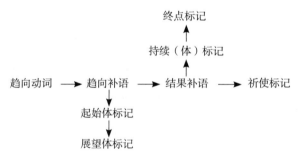

图11 白语趋向词"起"的语义演变路径

上述语义演变路径中,"趋向动词'起'>结果补语、起始体标记>持续体标记"这一发展链实际上反映的是白语和汉语同源的语义演变规律,此外的功能则反映的是白语的语义创新。白语的"起"会从持续标记发展为终点标记,这种演变也见于个别汉语方言。白语的"起"还可以从起始体标记演变为展望体标记、从结果补语演变为祈使标记,这两个演变并不见于汉语方言,属于其独有的语义创新。

相比于白语,汉语的"起"还会发展出先行体标记、比较标记、完成义体标记、状态补语标记、趋向补语标记等多个功能。其中值得注意的是,与"下"类似,汉语方言的"起"也既能虚化为完成义体标记,也可能虚化为持续义体标记，具有语法化双路径，而这不见于白语。下面我们结合"下"和"起"来进一步讨论白语和汉语趋向词语义演变的类型学意义。

6.5 "趋向词 > 体标记"的类型学意义

为了综合比较趋向词"下"和"起"的语义演变路径，我们首先结合白语和汉语的情况，归纳这两个趋向词在汉语和白语中的语义演变路径。

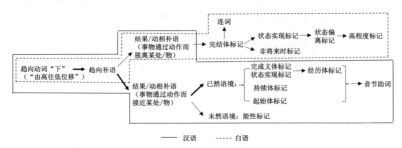

图 12 白语和汉语趋向词"下"的语义演变路径

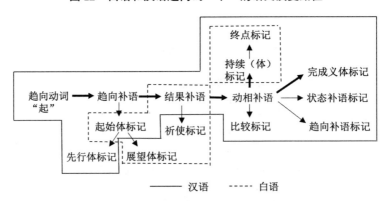

图 13 白语和汉语趋向词"起"的语义演变路径

综合比较白语和汉语趋向词"下"和"起"的语义演变路径，我们有四个观察：(1)白语和汉语的趋向词"下"和"起"经历了相似的语义演变路径：趋向动词>趋向补语>结果/动相补语>完成义或持续义体标记；(2)汉语的"下"和"起"都既可以演变为完成义体标记，也可以演变为持续义体标记，但在白语中，"下"只有完成义体标记的功能，而"起"只有持续义体标记的功能；(3)"下"和"起"都会从体标记功能进一步发展出用于静态动词和处所宾语之间的功能，但前者是从完结体标记发展为非将来时标记,而后者则是从持续体标记发展为终点标记;(4)"下"和"起"发展为体标记之后,在白语和汉语中都会进一步虚化,发展出连词、能性标记、比较标记、祈使标记等更为虚化且不共享的功能。

上述发现至少可以从两方面深化Bybee et al.(1994)的时体类型学研究:(1)Bybee et al.(1994)提出了"来源决定论",即体标记的分布受其词源的影响,相同的词源一般会有相同的语义演变路径,但是从白语和汉语趋向词"下"和"起"来看,相同词源也可能有不同的演变路径,主要是和词源的多义性有关;(2)在Bybee et al.(1994)归纳体范畴语义演变路径中,完整体和非完整体之间没有联系,陈前瑞(2008)做了补充,指出具有结果义的成分既可以发展为完整体标记,也可以发展为非完整体标记,这种语法化双路径现象也常见于汉语及其他亚洲语言。本书可以对此稍加补充,具有结果义的语言成分可能同时演变出完整体和非完整体标记的功能,比如汉语的"下"和"起",但是并非所有情况都如此,具有"离开、消减、去除"等消极语义的结果无法发展出非完整体的语义,比如白语的 $t^h ɯ^{55}$ "下",壮语的pai"去"(曹凯 2012),南宁地区粤语、平话等的"去"义语素(郭必之 2014),吴语的"脱"(范晓 1988)等。①

词源的多义性(或者说语义概念本身的多元性)是产生不同语义演变方向的基础。Lin(2011)介绍了嘉戎语中完整体标记和非完整体标记同源的现象,比如:草登嘉戎语的nɐ-"下"既可以和动词词根搭配表达完整体意义,也可以表达过去非完整体意义。Lin(2011)指出嘉戎语中这种现象的语义基础在于:趋向词nɐ-"下"这个概念在人的感知中是多方面的,它可以表达动作从高往低向某个目标位移,从而使得动作有终止点,表达完整体意义;同时,因为由高往低位移符合地心引力,无须太多外力也可以持续进行,因此,"下"蕴含动作一直持续,可引申出非完整体意义。

---

① 汉语的"去"一般会被对应于英语的"go",从Kuteva et al. (2019:203–213)的考察来看,"go"这个语义在有的语言中可以演变出持续(durative)和进行(progressive)的非完整体语义,不过这和本书的论述并不冲突。因为虽然Kuteva et al. (2019: 203–213)讨论"go"的演变时也提到了汉语的"去",不过在说明"go"演变出持续或进行标记时都没有举任何汉语及汉语方言的例句,这主要原因在于,虽然汉语的"去"大致对应于英语的"go",但并非完全对应。汉语的"去"有明显的"离去"(go away from the speaker)的语义,即着眼点在起点,"去"表达了一种"失去"语义,而英语的"go"可能着眼于终点,并无"离去"义,所以可以演变出非完整体的语义,这也从另一个角度证明本书提出的"相同词源因其语义的多解性而有不同演变路径"的说法。

嘉戎语趋向词"下"发展出非完整体功能的语义引申模式和白语、汉语并不相同，但这同样说明：同一个词源，会从不同语义特征发展出不同的功能。

最后，趋向词"下"和"起"发展为体标记之后，在白语和汉语中分别进一步发展出不同类型的更加虚化的语法功能，这些功能反映了语言之间的差异，同时也反映了不同语言内部的一致性，比如本书考察的所有白语方言的"起"都发展出了展望体标记的功能，但这不见于任何汉语方言。

此外，比较汉语或白语中趋向词的演变及Bybee et al.(1994)归纳的普遍语义演变路径，前者是"趋向动词 > 趋向补语 > 结果补语 > 动相补语 > 完成义或持续体标记"，后者则是"词源（包括趋向词）> 结果体/完结体 > 完成体 > 完整体或过去时"，这两种演变都很常见且都有文献证据。汉语或白语的演变和Bybee et al.(1994)的归纳的相似之处在于词源和最后的结果，即"趋向词 > 完成义体标记"，即语义演变的方向是跨语言相似的，但就语义的范畴化方式，或者说是不同语言中属于同一个大类的语法范畴的语法化程度，则不同语言中往往是差异大于共性。

第七章 结 论

罗仁地(2020)指出,语言类型学、历史语言学和语言接触学之间是"你中有我,我中有你"的关系,不管讨论其中哪一方面,都应该同时顾及三方面的研究。比如,在进行类型学研究时,必须考虑语言历史演变和语言接触的影响;反之亦然。本书正是实践了上述思路,尝试结合语言类型学、历史语言学和语言接触学多角度、综合性地分析白语的体系统。

基于现有体相关的类型学研究,我们首先界定并描写了美坝白语的体范畴,详细描写了不同体标记的共时分布规律,然后结合多功能性分析和语言比较,分析了体标记及其功能的历史演变路径以及语言接触在其中的作用,从中可见本书提出的白语语法历时研究方法的可行性及有效性。下面我们简要归纳研究的发现及理论意义,并讨论几个由此延伸出的问题。

7.1 研究发现及理论意义

首先,基于现有的体相关研究成果,界定出美坝白语的不同体范畴。所谓的体范畴是指美坝白语专门表达某个体意义的语言形式,美坝白语中一共有7个体范畴:完结体($-xw^{55}$)、结果体($-tw^{44}$)、持续体($-tɕiɛ^{31}$)、起始体($-k^hw^{44}/xw^{44}$)、经历体($-kuɔ^{42}$)、展望体($-k^hɔ^{42}$)、短时体($ka^{44}-$)。除了短时体标记之外,其他体标记都用于动词后,用于动词后表达体意义时,这些体标记都没有潜在的述谓功能,语义指向只能是动词,且都可以用于动结式之后,所以并非补语,而是虚化了的体标记。短时体标记ka^{44}用于动词前,本身无实词义,ka^{44}和动词之间无法插入任何其他的语言成分,所以并非副词,而是一个表达动作短暂持续的体标记。

其次,本书从多方面详细描写了美坝白语不同体标记的分布规律,结合分布规律讨论其语法化程度,进而构建出美坝白语的体系统。体范畴的界定要首先考虑语法形式在具体语言中的分布规律及语义,再以类型学的理论框架为参考,给其定位和定性。本书通过对比句子添加体标记前后的语义差别来讨论体标记的功能,并从体标记与动词的搭配、体标记的句法分布环境、体标记的连用规律、体标记与时间及情态成分的搭配规律、体标记与语气词的互动等多方面详细描写了美坝白语体标记的分布特点。从与动词的搭配规律、分布环境来看，美坝白语的完结体（$xɯ^{55}$）、结果体（$tɯ^{44}$）、持续体（$tɕiɛ^{31}$）和起始体（$kʰɯ^{44}/xɯ^{44}$）的语法化程度不高，被归为阶段体，表达动作事件发展中的不同阶段；从体标记的连用规律及体标记与情态助词的搭配规律来看，美坝白语的经历体（$kuɔ^{42}$）和展望体（$kʰɔ^{42}$）的语法化程度高于阶段体，被归为透视体，表达从某个参考时间来观察动作的发展状态；短时体（ka^{44}）表达动作的短暂持续，被归入动量体。美坝白语的体系统由三部分组成：透视体、阶段体、动量体。

另外，白语有丰富的语气词系统，体标记出现时，其后常伴随不同的语气词。语气词不仅在共时层面影响体标记的分布，而且会涉及体标记的演变和发展。比如句末语气词 $lɔ^{42}$，由于它和体标记共现频率高，一方面 $lɔ^{42}$ 会吸附与之共现的体标记的语义，比如因为常和完结体标记共现，个别情况下，$lɔ^{42}$ 可以表达完结体意义；另一方面，$lɔ^{42}$ 会和体标记合音产生新的体标记，比如美坝白语中，$lɔ^{42}$ 和完结体标记合音发展为新的完结体标记，$lɔ^{42}$ 和起始体标记合音发展为展望体标记。

在共时描写基础上，本书提出了白语语法的历时分析方法，该方法主要结合对功能词/结构共时分布的详细描写和系统性语言比较，来判断语言成分的来源及其演变路径，除了白语，也适用于其他文献缺乏而深受接触影响的语言。第四章详细介绍了白语语法历时分析的每一个步骤，预测了白语功能词的七种可能来源：（1）汉语和白语的同源形态成分；（2）早期白语遗传，且没有被借入当地汉语；（3）早期白语遗传，且被借入当地汉语；（4）早期汉语借入白语；（5）晚近从当地汉语借入白语；（6）白语方言内部创新；（7）区域特征。参考 Harris & Campbell（1995）的研究，白语语法演变机制可能有三种：重新分析、扩展、借用。

接着，我们以完结体标记、起始体标记、进行体标记（持续体标记的早期形式）为例检验了上述分析方法的有效性。分析结果表明：白语体标记的功能演变涉及重新分析、扩展及借用三种不同的机制，来源可能是内部演变，也可能是语言接触。具体来说，白语完结体标记形式及其核心功能是早期白语遗传，即属于白语固有的功能词，个别晚近发展出的功能既有方言内部的创新，也有汉语借用；白语的"起"和汉语的"起"是同源词，二者相似的功能属于同源形态成分，而白语异于汉语的功能则有的是早期白语的内部发展，有的是个别白语方言晚近的创新；白语无固有的进行体范畴，不同白语方言中的进行体标记都是较晚才从附近的汉语方言中借来。

　　从本书对上述三个体标记的来源及演变分析来看,白语体标记的功能发展中,不论是早期的还是晚近的功能(对应于在白语方言中分布广泛与否),都既可能是白语自身的演变,也可能由语言接触带来。白语体标记(或者是其他的任何多功能语素)对跨语言语义研究的价值主要体现在它特有的语义演变模式,即早期和晚近的内部发展。就完结体标记、起始体标记和进行体标记三个语法形式来说,其中体现白语特点的演变主要有(为白语自身的演变,且不见于汉语或至少不见于周边的汉语方言):(1)完结体标记会进一步演变为非将来时标记,在个别方言中还会发展出连词功能;(2)起始体标记会进一步演变为展望体标记,并在部分方言中发展出祈使标记的功能。

　　最后,我们比较了白语和汉语相同词源体标记的语义演变路径,指出更细致的跨语言比较可以揭示出更具体的体意义演变规律。白语多功能的体标记——完结体和起始体标记——都从趋向词演变而来,因此,本书比较了汉语和白语发展出体标记功能的趋向词的语义演变路径。白语和汉语趋向词语义演变的异同对类型学的研究有两点启示:(1)相同词源产生相异演变路径主要是因为很多词源成分的语义都不是单方面的,都可以被细分为不同的语义特征,语言使用中侧重不同的语义特征会促发不同的演变路径;(2)Bybee et al.(1994)的跨语言研究及陈前瑞(2008)对汉语的研究都表明,结果义成分具有双语法化路径,即既可以发展出完整体标记的功能,也可以发展出非完整体标记的功能,但从白语和汉语趋向词"下"和"起"的语义演变来看,只有表达非消极的结果义成分才会产生双语法化路径。

7.2　回顾与展望

　　最后,我们简单讨论几个由本书延伸出的问题,作为对研究的回顾与展望。

　　第一,"完整体、非完整体、完结体、完成体"等类型学研究中使用的术语是否能用于描写白语的语法? 即这些用于语言比较的概念是否也可以用作白语的描写范畴?从本书的研究来看,这些范畴虽然不能概括白语功能词的所有功能,但能帮助我们分离和识别功能词的不同语义特征及分布环境,进而梳理不同功能之间的关系,区分核心与非核心功能。比如:美坝白语的功能词xɯ^{55},除了完结体标记,它还可以用作状态实现标记、非将来时标记和连词,从本书分析来看,这些功能都是从完结体标记发展而来,可见"完结体"虽没有概括xɯ⁵⁵的所有功能,但有助于建立xɯ⁵⁵不同功能之间的语义关联,找到它的核心功能。其次,白语语法共时分布规律的解释及历时分析都离不开语言比较,而"完结体"之类的概念正是为语言比较而提出,方便白语和其他语言的比较,通过比较白语完结体和其他语言的完结体、完整体,我们能清晰看到人类语言在范畴化相似语义时表现出来的共性和差异。类型学归纳的语法范畴一般不能完美地概括某种语言中具体语法形式的功能,但有助于描写该语法形式的语义及分布特点。

第二,白语的体研究对我们认识"体"这一语法范畴有何启示? 经前文分析,白语的材料在不同方面扩充或完善了我们对体的认识:(1)白语有一个有别于印欧语也有别于汉语的体系统——没有完整体和非完整体范畴,体系统主要由透视体、阶段体和动量体三部分组成;(2)共时分布上,除了情状类型、动词语义、句法位置等因素,白语的材料表明,语气词也会影响体标记的分布,不仅在共时层面上与之搭配使用,还会介入体标记的演变和发展;(3)历时演变上,白语完结体标记和起始体标记都有不见于其他语言的演变,比如:起始体标记会演变为展望体标记或祈使标记;(4)跨语言比较来看,虽然白语体标记和汉语有相同的词源,却会有不同的语义演变路径,体现了同一词源会沿着不同语义特征发展出不同的语法功能。上述发现表明白语的确在不同层面丰富了我们对"体"这一语法范畴的认识,一定程度上实现了本书开篇提到的研究目的。

第三,白语体标记的历时分析能否对其语源问题提供旁证? 本书提出了白语语法的历时分析方法,借此可知功能词/结构的来源。我们只分析了三个体标记的来源,其中不同白语方言的进行体标记都借自汉语,而完结体标记有的功能借自汉语,也有白语内部发展的结果,起始体标记则和汉语的"起"是同源词,其部分功能是和汉语的同源演变,有的则是白语的创新。虽然上述三个体标记的来源还无法对白语语源问题提供充分的辅证,不过,假如能系统性分析更多白语功能词或语法结构的来源,就可以借此对白语语源作出合理的推测:如果大多功能词的核心功能(甚至形式)都和汉语有关,或同源或早期借用,就说明白语在语源上和汉语相近;相反,如果白语功能词的核心功能都是自身发展的结果,则意味着白语和汉语很可能只是接触关系。不过,上述都只能作为推测和旁证,因为目前我们尚未提出严格的建立语法对应的规则,语法成分在白语语源判断上只能起到辅助作用,但是逐步厘清不同语法成分的来源也有益于我们对整个白语语言系统的认识。

  第四，白语体标记在语篇中的分布规律如何？白语语法标记没有绝对的强制性，很多语法语义的表达方式很灵活，可以通过添加功能词表达，也可以通过词汇手段或上下文关联来表达。本书对白语体范畴的共时描写主要在句子层面，没有考察语篇，但语境会影响体标记的分布，以及与体标记关系密切的语气词更是只能结合语篇才能描写清楚。因此，毫无疑问，白语体标记未来的深入研究必须结合语篇。白语体标记在语篇中的分布规律如何，或者说白语体标记的用法全解，有待我们调查更多的白语语篇材料并作细致分析。

参考文献

Arkadiev, Peter M. 2014. Towards an areal typology of prefixal perfectivization. *Scando-Slavica* 60(2): 384-405.

Baxter, William H. 1992. *A Handbook of Old Chinese Phonology*. Berlin: Mouton De Gruyter.

Benedict, P. K. 1982. Sinitic and Proto-Chinese, Part II: Bai and loans to Proto-Tai. Paper presented to the 15th International Conference on Sino-Tibetan Languages and Linguistic, Beijing, Aug 17-19.

Bickel, Balthasar. 1997. Aspectual scope and the difference between logical and semantic representation. *Lingua* 102:115-131.

Binnick, Robert I. 1991. *Time and the Verbs: A Guide to Tense and Aspect*. Oxford: Oxford University Press.

——. 2001. A bibliography of tense, verbal aspect, Aktionsart, and related areas: 6600 works, Project on an annotated bibliography of contemporary research in tense, grammatical aspect, and related areas.

——. 2002. Introduction. *The Oxford Handbook of Tense and Aspect*, New York: Oxford University Press, 3-56.

Bisang, Walter. 1996. Areal typology and grammaticalization: processes of grammaticalization based on nouns and verbs in East and mainland South East Asian languages. *Studies in Language* 20:574-577.

Bhat, D.N. Shankara. 1999. *The Prominence of Tense, Aspect and Mood*, Amsterdam/Philadelphia: John Benjamins Publishing Company.

Bhat, D.N. Shankara & M.S. Ningomba. 1997. *Manipuri Grammar*. LINCOM publishers.

Boas, Franz. 1911. Introduction. *Handbook of American Indian Language*, Vol. 1. (Bureau of American Ethnology, Bulletin 40.) Washington, DC: Government Printing Office.

Bybee, Joan, Revere Perkins, & William Pagliuca. 1994. *The Evolution of Grammar: Tense, Aspect and Modality in the Languages of the World*, Chicago: University of Chicago Press.

Campbell, Lyle. 1990. Syntactic reconstruction and Finno-Ugric. In Henning Andersen & Konrad Koerner (eds.), *Historical Linguistics: Papers from the Eighth International Conference on Historical Linguistics* [Current Issues in Linguistic Theory 66], 51-94. Amsterdam: John Benjamins.

Campbell, Lyle & Alice C. Harris. 2002. Syntactic reconstruction and demythologizing 'myths and the prehistory of grammars'. *Journal of Linguistics,* 38:599-618.

Carlson, Gregory N. 1979. Generic and atemporal *when*. *Linguistics and Philosophy*, 3:49-98.

Chirkova, Ekaterina & Dehe Wang. 2017. Verbal aspect in Ganluo Ersu. *Language and Linguistics*, 18(3): 355-382.

Chomsky, Noam. 1965. *Aspects of the Theory of Syntax*. Cambridge, Massachusetts: The MIT Press.

Comrie, Bernard. 1976. *Aspect*. Cambridge: Cambridge University Press.

——. 1989. *Language Universals and Linguistic Typology: Syntax and Morphology* (2nd edition). Oxford: Basil Blackwell. First published in 1981.

——. 1985. *Tense*. Cambridge: Cambridge University Press.

Croft, William. 2003. *Typology and Universals* (2nd edition). Cambridge & New York: Cambridge University Press. First published in 1990.

——. 2000. Parts of speech as language universals and as language-particular categories. In Petra Vogel & Bernard Comrie (eds.), *Approaches to the Typology of Word Classes*, 65-102, Berlin: Mouton de Gruyter.

——. 2001. *Radical Construction Grammar*. Oxford: Oxford University Press.

——. 2009. Methods for finding language universals in syntax. In Sergio Scalise (ed.), *Universals of Language Today*, Elisabetta Magni, & Antonietta Bisetto, 145-164. Dordrecht: Springer.

——. 2012. *Verbs: Aspect and Causal Structure*, Oxford: Oxford University Press.

Dahl, Östen. 1974. Some suggestions for a logic of aspects. In G.Jacobsson (ed.), *Göteborg Contribution to the Seventh International Congress of Slavists in Warsaw*, August 21-27, 1973. (Slavica Gothoburgensia 6. Acta Universitatis Gothoburgensis.)

——. 1981. On the definition of telic-atelic (bounded-unbounded) distinction. In Philip Tedeschi & Annie Zaenen (eds.), *Tense and Aspect,* 79-90. New York

City: Academic Press.

——. 1985. *Tense and Aspect Systems*. Oxford: Blackwell.

——. 2000. *Tense and Aspect in the Languages of Europe*. Berlin: Mouton de Gruyter.

——. 2007. From questionnaires to parallel corpora in typology. *Sprachtypologie und Universalienforschung*, Vol. 60. No 2, 172-181.

——. 2014. The perfect map: investigating the cross-linguistic distribution of TAME categories in a parallel corpus. In Benedikt Szmrecsanyi & Bernhard Walchli (eds.) *Aggregating Dialectology, Typology, and Register Analysis: Linguistic Variation in Text and Speech*. 268-289. Berlin: Walter de Gruyter.

Davies, H. R. 1909. *Yün-nan: The Link between India and the Yangtze*. Cambridge: Cambridge University Press. Reprinted in 1970, Taipei: Ch'eng Wen Publishing Company.

Declerck, Renaat. 1989. Boundedness and the structure of situation, *Leuvense Bijdragen*, 78: 275-308.

——. 1991. *Tense in English: Its Structure and Use in Discourse*. Routledge: London.

Depraetere, Ilse. 1995a. On the necessity of distinguishing between (un)boundedness and (a)telicity. *Linguistics and Philosophy*, Vol. 18, 1: 1-19.

——. 1995b. The effect of temporal adverbials on (a)telicity and (un)boundedness. In P.-M. Bertinetto, V. Bianchi, J. Higginbotham, ö. Dahl & M. Squartini (eds.), *Temporal Reference, Aspect and Actionality*, Vol. 1, 43-54. Torino: Rosenberg & Seiler.

Dik, Simon C. 1997. *The Theory of Functional Grammar Part 1: The Structure of the Clause* (2nd). Berlin: Mouton de Gruyter.

Dowty, David. 1979. *World Meaning and Montague Grammar*. Dordrecht: Reidel.

Dryer, Matthew S. 1992. The Greenbergian word order correlations. *Language*, 68:81-138.

——.1997. Are grammatical relations universal? In Joan Bybee, John Haiman & Sandra A. Thompson (eds.), *Essays on Language Function and Language Type*, 115-143. Amsterdam: Benjamins.

Ghesquière, Lobke, Lieselotte Brems, & Freek Van de Velde. 2014. Intersubjectivity and intersubjectification: typology and operation. In Lieselotte Brems, Lobke Ghesquière & Freek Van de Velde (eds.), *Intersubjectivity and*

Intersubjectification in Grammar and Discourse. Amsterdam: John Benjamins.

Garey, Howard B. 1957. Verbal aspect in French. *Language,* 33: 91-110.

Greenberg, Joseph H. 1953. Historical Linguistics and Unwritten Languages. In A. L. Kroeber (ed.), *Anthoropology Today,* 265-286. Chicago:University of Chicago Press.

———. 1963. Some universals of grammar with particular reference to the order of meaningful elements. In Joseph H. Greenberg (ed.), *Universals of Grammar,* 73-113. Cambridge, MA: MIT Press.

Guillaume, Guatave. 1965. *Temps et verbe: théorie des aspects, des modes et des temps suivi de L'architectonique du temps dans les langues classiques.* Paris: Champion.

Harris, Alice C. 2008. Reconstruction in syntax: reconstruction of patterns. In Gisella Ferraresi & Maria Goldbach (eds.), *Principles of Syntactic Reconstruction* [Current Issues in Linguistic Theory 302], 73-95. Amsterdam: John Benjamins.

Harris, Alice C. & Lyle Campbell. 1995. *Historical Syntax in Cross-linguistic Perspective.* Cambridge: Cambridge University Press.

Haspelmath, Martin, Matthew S. Dryer, David Gil, & Bernard Comrie. 2005. *The World Atlas of Language Structures.* Oxford: Oxford University Press.

Haspelmath, Martin. 2007. Pre-established categories don't exist: consequences for language description and typology. *Linguistic Typology.* 11.1: 119-132.

———. 2010. Comparative concepts and descriptive categories in cross-linguistic studies. *Language,* 86 (3): 663-687.

Hawkins, John A. 1983. *Word Order Universals.* New York: Academic Press.

Heine, Bernd & Tania Kuteva. 2002. *World Lexicon of Grammaticalization.* Cambridge & New York: Cambridge University Press.

———. 2005. *Language Contact and Grammatical Change.* Cambridge: Cambridge University Press.

Hopper, Paul J. 1982. *Tense and Aspect: Between Semantics and Pragmatics.* Amsterdam: John Benjamins.

Hopper, Paul J. & Sandra A. Thompson. 1980. Transitivity in grammar and discourse. *Language,* Vol. 56 (2): 251-299.

Klein, Wolfgang. 1994. *Time in Language.* London & New York: Routledge.

Kuteva, Tania, Bernd Heine, Bo Hong, Haiping Long, Heiko Narrog & Seongha

Rhee. 2019. *World Lexicon of Grammaticalization* (2nd edition). Cambridge: Cambridge University Press.

Kwok, Bit-chee. 2008. Review of *Comparison of Languages in Contact: the Distillation Method and the Case of Bai* by Feng Wang. *Journal of Chinese Linguistics*, Vol. 36(1): 175-193.

Kwok, Bit-chee. 2016. Reconstructing the development of the aspect marker *te* 'to acquire' in Southwestern Yue: a missing link between Yue and Hakka. In *Cahiers de Linguistique Asie Orientale*, 45 (1): 71-104.

Langacker, Ronald W. 1987. *Foundations of Cognitive Grammar.* Standford: Standford University Press.

——. 2008. *Cognitive Grammar: A basic introduction.* Oxford: Oxford University Press.

LaPolla, Randy J. 1994. Parallel grammaticalizations in Tibeto-Burman Languages: Evidence of Sapir's 'Drift'. *Linguistics of the Tibeto-Burman Area*, Volume 17(1):61-80.

——. 2016. On categorization: stick to the facts of the languages. *Linguistic Typology*, 20(2): 365-375.

Lee, Yeon-ju & Sagart Laurent. 2008. No limits to borrowing: the case of Bai and Chinese. *Diachronica*, 25(3): 357-385.

Lehmann, Christian. 1989. Language description and general comparative grammar. In Gottfried Craustein & Gerhard Leitner (eds.), *Reference Grammars and Modern Linguistic Theory*, 133-162. Tübingen: Niemeyer.

Li, Charles. N. & Sandra A. Thompson. 1989. *Mandarin Chinese: A Functional Reference Grammar. Berkeley*, Los Angeles and London: University of California Press.

Li, Fang-Kuei. 1937. Language and Dialects. *The Chinese Yearbook*, Shanghai: Commercial Press, 59-65. Reprinted in *Journal of Chinese Linguistics* 1:1-13 in 1973.

Li, Ping & Yasuhiro Shirai. 2000. *The Acquisition of Lexical and Grammatical Aspect.* New York: Mouton de Gruyter.

Li, Xuan & Wang Feng. 2020. Phonation variation and strategy of tone distinction. *Journal of Chinese Linguistics*, 48:379-401.

Lin, You-Jing. 2011. Perfective and imperfective from the same source. *Diachronica*. 28:1, 54-81.

Maddieson, Ian & Peter Ladefoged. 1985. "Tense" and "lax" in four minority languages of China. *Journal of Phonetics,* 13: 433–454.

Matisoff, James. A. 2000. On the uselessness of glottochronology for subgrouping of Tibeto-Burman. In Colin Renfrew, April McMahon & Larry Trask (eds.), *Time Depth in Historical Linguistics*, Volume 2, Cambridge: The McDonald Institute for Archaeological Research, 333-371.

Michaelis, Laura A. 1998. *Aspectual Grammar and Past-time Reference.* London: Cambridge University Press.

Nedjalkov, P. Vladimir & Sergej Je Jaxontov 1988. The typology of resultative constructions, In Nedjalkov, P. Vladimir & Sergej Je Jaxontov (eds.), *The Typology of Resultative Constructions* (translated by Bernard Comrie), 3-62, Amsterdam: John Benjamins Publishing Company.

Newmeyer, Frederick J. 2007. Linguistic typology requires crosslinguistic formal categories. *Linguistic Typology,* 11: 133–157.

Olsen, Mari Broman. 1997. *A Semantic and Pragmatic Model of Lexical and Grammatical Aspect.* New York & London: Garland Publishing.

Palmer, Frank Robert. 1979. *Modality and the English Modals.* New York: Longman.

——. 2001. *Mood and Modality* (2nd edition). Cambridge: Cambridge University Press. First published in 1986.

Payne, Thomas E. 1997. *Describing Morphosyntax: A Guide for Field Linguists.* Cambridge: Cambridge University Press.

Peck, Jeeyoung, Jingxia Lin, & Cahofen Sun. 2013. Aspectual classification of Mandarin Chinese verbs: a perspective of scale structure. *Language and Linguistics*, 14(4):663-700.

Plungian, Vladimir A. 1999. A typology of phasal meanings. In Werner Abraham & Leonid Kulikov (eds.), *Tense-aspect, transitivity and causativity: Essays in honour of Vladimir Nedjalkov.*, 311-321. Amsterdam: John Benjamins.

Sapir, Edward. 1921. *Language.* New York: Harcourt Brace.

Sasse, Hans-jurgen. 2002. Recent activity in the theory of aspect: accomplishments, achievements, or just non-progressive state? *Journal of Linguistic Typology,* 6: 199-271.

SerŽant, Ilja A. 2015. An approach to syntactic reconstruction. In Carlotta Viti (ed.), *Perspectives on Historical Syntax*, 117-154. Amsterdam and Philadelphia: John Benjamins.

Shirai, Yasuhiro. 1991. *Primacy of Aspect in Language Acquisition: Simplified Input and Prototype*. Los Angeles, CA: University of California, Los Angeles dissertation.

Smith, Carlota S. 1997. *The Parameter of Aspect* (2nd edition). First published in 1991. Dordrecht: Kluwer.

Tenny, Carol L. 1993. Review of Smith. 1991. *Studies in Language,* 17: 486-492.

Thomason, Sarah Grey & Terrence Kaufman. 1988. *Language Contact, Creolization, and Genetic Linguistics.* California: University of California Press.

Trager, George L. & Henry Lee Smith Jr. 1951. *An Outline of English Structure.* Washington: American Council of Learned Societies.

Traugott, Elizabeth Closs. 2003. From subjectification to intersubjectification. In Raymond Hickey (ed.), *Motives for Language Change.* Cambridge: Cambridge University Press.

——. 2010. (Inter)subjectivity and (inter)subjectification: a reassessment. In Kristin Davidse, Lieven Vandelanotte & Hubert Cuyckens (eds.), *Subjectification, Intersubjectification and Grammaticalization.* Berlin: De Gruyter Mounton.

Traugott, Elizabeth Closs & Richard B. Dasher. 2002. *Regularity in Semantic Change.* Cambridge: Cambridge University Press.

van der Auwera, Johan & Vladimir A. Plungian. 1998. Modality's semantic map. *Linguistic Typology,* 2: 79-124.

Vendler, Zeno. 1957. Verbs and times. *The Philosophical Review* 66: 143-166. Also published in 1967. *Linguistics in Philosophy.* Ithaca, N.Y.: Cornell University Press.

Verkuyl, Henk J. 1972. *On the Compositional Nature of the Aspects.* Dordrecht: Reidel.

Wang, Feng. 2004. Language Contact and Language Comparison: The Case of Bai. PhD Thesis. Hong Kong: City University of Hong Kong.

——. 2006. *Comparison on Languages in Contact: The Distillation Method and the Case of Bai.* Taipei: Institute of Linguistics, Academia Sinica.

Wang, W.S-Y. 1969. Competing changes as a cause of residue. *Language* 45: 9–25.

Woisetschlaeger, Erich F. 1977. *A Semantic Theory of the English Auxiliary System.* Massachusetts institute of Technology. Dept. of Linguistics and Philosophy Ph.D Dissertation.

Wu, Yunji. 2001. The development of locative markers in the Changsha Xiang dialects. In Hilary Chappell (ed.), *Sinitic Grammar: A Synchronic and Diachronic Perspective*. 31-55. Oxford: Oxford University Press.

Yue-Hashimoto, Anne. 1993. *Comparative Chinese Dialectal Grammar: Handbook for Investigator*. Paris: Ecole des hautes etudes en sciences sociales, Centre de recherches linguistiques sur l'Asie orientale.

北京语言大学语言研究所（2003）《汉语方言地图集调查手册》，澳门：澳门语言学会。

蔡瑱（2014）《类型学视野下汉语趋向范畴的跨方言比较：基于"起"组趋向词的专题研究》，上海：学林出版社。

曹凯（2012）《壮语方言体标记研究》，博士学位论文，中央民族大学。

曹小丽（2015）《庆阳方言的泛体标记"下"》，硕士学位论文，华东师范大学。

曹志耘（2008）《汉语方言地图集 语法卷》，北京：商务印书馆。

陈保亚（1996）《论语言接触与语言联盟》，北京：语文出版社。

陈前瑞（2008）《汉语体貌研究的类型学视野》，北京：商务印书馆。

陈前瑞（2016）完成体与经历体的类型学思考，《外语教学与研究》第6期，803–814页。

陈前瑞、孙朝奋（2012）时体语法化研究的历史脉络，《汉语史学报》第12辑，98–114页。

陈前瑞、李纯泽（2023）完整体类型的类型学思考，《当代语言学》第1期，56–74页。

陈平（1988）论现代汉语时间系统的三元结构，《中国语文》第6期，401–422页。

陈希（2013）《云南官话音系源流研究》，博士学位论文，南开大学。

陈志国、董印其（2014），新疆汉语方言里的"上、下"，卢小群、李蓝主编《汉语方言时体问题新探索》，北京：中央民族大学出版社，89–99页。

陈泽平（1996）福州方言动词的体和貌，张双庆主编《动词的体》，香港：香港中文大学中国文化研究所吴多泰中国语文研究中心，225–253页。

程珊珊（2018）《洱海地区白语名量词的指称功能研究》，硕士学位论文，北京大学。

程珊珊（2023）洱海地区白语名量词的指称功能，《民族语文》第3期，67–79页。

戴耀晶（1997）《现代汉语时体系统研究》，杭州：浙江教育出版社。

邓思颖（2010）《形式汉语句法学》，上海：上海教育出版社。

邓思颖（2015）《粤语法讲义》，香港：商务印书馆。

邓思颖（2016）制图理论与助词的联合结构说，复旦大学汉语言文字学科《语言研究集刊》编委会编《语言研究集刊》第16辑，上海：上海辞书出版社，1–10页。

杜佳烜、吴长安（2019）国内外满语时体研究回顾，《延边大学学报（社会科学版）》第3期，50–57页。

范晓(1988)吴语"V-脱"中的"脱",复旦大学中国语言文学研究所吴语研究室编《吴语论丛》,上海:上海教育出版社,214–222页。

范晓蕾(2020)《汉语情态词的语义地图研究》,北京:商务印书馆。

范晓蕾(2021)《普通话"了1""了2"的语法异质性》,北京:北京大学出版社。

范晓蕾(2024)谈分析"了"的方法理念,《当代语言学》第1期,116–138页。

房玉清(1992)"起来"的分布和语义特征,《世界汉语教学》第1期,23–28页。

冯胜利(2015)声调、语调与汉语的句末语气,《语言学论丛》第51辑,北京:商务印书馆,52–79页。

傅京起(2008)从白语里三个汉语句式看汉语对白语句法上的影响,《东方语言学》第1期,上海:上海教育出版社,90–101页。

傅京起(2019)白语和云南话的相互影响:以"形容词/动词(+X)+掉"为例,《语言接触与语言变异》,北京:商务印书馆。

高名凯(1986)《汉语语法论》,北京:商务印书馆。初版于1948年,上海:开明书店。

龚希劼(2017)《白语的否定形式及其历史蕴含》,硕士学位论文,北京大学。

龚希劼、李煊、汪锋(2017)大理龙凤村白语概况,《汉藏语学报》第10期,69–97页。

郭锐(1993)汉语动词的过程结构,《中国语文》第6期,410–419页。

郭锐(2015)汉语谓词性成分的时间参照及其句法后果,《世界汉语教学》第4期,435–449页。

郭必之(2014)南宁地区语言"去"义语素的语法化与接触引发的"复制",《语言暨语言学》第15(5)期,663–697页。

郭必之(2019)《语言接触视角下的南宁粤语语法》,北京:中华书局。

何天祥(1987)兰州方言里的"上"与"下",《兰州大学学报(社会科学版)》第4期,119–123页。

贺阳(2004)动趋式"V起来"的语义分化及其句法表现,《语言研究》第3期,23–31页。

胡素华(2001)彝语动词的体貌范畴,《民族语文》第4期,28–35页。

胡伟(2011)上古至近代汉语"上""下"的语法化,《北方论丛》第6期,58–63页。

胡晓慧(2012)《汉语趋向动词语法化问题研究》,桂林:广西师范大学出版社。

黄伯荣(1996)《汉语方言语法类编》,青岛:青岛出版社。

黄成龙(2013)白语名词范畴化——语义与认知探讨,王锋、王双成主编《白语研究论文集》,上海:中西书局,21–39页。

黄冬丽(2007)天水方言中的助词"下[xa^{51}]",《天水师范学院学报》第4期,64–66页。

黄雪霞(2015)《现代汉语"起"、"上"组趋向范畴的认知研究——基于普通话与闽语方言的对比视角》,博士学位论文,上海师范大学。

黄阳、郭必之(2014)壮语方言"完毕"动词的多向语法化模式,《民族语文》第1期,21–32页。

江荻(2005)藏语拉萨话的体貌、示证及自我中心范畴,《语言科学》第1期,70–88页。

金立鑫、谢昆、王晓华、杜家俊(2020)完整体与阶段体的类型学内涵与外延,《当代语言学》第4期,529–551页。

柯理思(2009)论北方方言中位移终点标记的语法化和句位义的作用,吴福祥、崔希亮主编《语法化与语法研究(四)》,北京:商务印书馆。

李蕾、陈前瑞(2018)白语大理方言xɯ⁵⁵的多功能性研究,《民族语文》第4期,60–75页。

李蕾、陈前瑞(2022)大理白语完成体类体标记的多功能性研究,《民族语文》第4期,24–37页。

李敏(2005)论"V起来"结构中"起来"的分化,《烟台师范学院学报(哲学社会科学版)》第3期,74–77页。

李如龙(2001)《汉语方言学》,北京:高等教育出版社。

李绍尼(1992)论白语的"声门混合挤擦音",《民族语文》第4期,68–72页。

李绍尼、艾杰瑞(1990)云南剑川白语音质和音调类型—电脑语音实验报告,《中央民族学院学报》第5期,70–74页。

李思旭、于辉荣(2012)从共时语法化看"V上"与"V下"不对称的实质,《语言教学与研究》第2期,64–72页。

李小芬(2017)《夏县方言的体貌系统》,硕士学位论文,湖南大学。

李煊(2021a)美坝白语的体系统,《民族语文》第5期,58–65页。

李煊(2021b)动词重叠与词重音:从白语的尝试体说起,冯胜利、马秋武主编《韵律语法研究》第七辑,北京:北京语言大学出版社,150–167页。

李煊(2021c)美坝白语的体标记xɯ⁵⁵和语气词lo³²,《百色学院学报》第5期,39–44页。

李煊、汪锋(2016)美坝白语声调的发声变异初探,《语言学论丛》第54辑,57–74页。

李雪巧(2019)《阳和庄白语动词语义句法研究》,博士学位论文,中央民族大学。

李云兵(2019)论洒普山苗语的体貌系统,《百色学院学报》第5期,46–54页。

梁敢(2010)《壮语体貌范畴研究》,博士学位论文,中央民族大学。

梁银峰(2007)《汉语趋向动词的语法化》,上海:学林出版社。

林亦、覃凤余(2008)《广西南宁白话研究》,桂林:广西师范大学出版社。

刘丹青(1996)东南方言的体貌标记,张双庆主编《动词的体》,香港:香港中文大学中国文化研究所吴多泰中国语文研究中心。

刘月华（1988a）动态助词"过₂过₁了₁"用法比较,《语文研究》第1期, 6–16页。
刘月华（1988b）几组意义相关的趋向补语语义分析,《语言研究》第1期, 1–17页。
刘月华（1998）《趋向补语通释》,北京: 北京语言文化大学出版社。
刘芳（2009）《几组趋向动词演变研究》,博士学位论文,福建师范大学。
刘文、汪锋（2019）北五里桥白语初探,《汉藏语学报》,114–144页。
刘晓刚（2014）《山西河津方言时体问题研究》,硕士学位论文,陕西师范大学。
刘焱（2007）"V掉"的语义类型与"掉"的虚化,《中国语文》第2期, 133—143页。
吕玲玲（2014）《宁夏隆德方言的时体研究》,硕士学位论文,陕西师范大学。
陆丙甫、陆致极（1984）某些主要跟语序有关的语法普遍现象,《国外语言学》第2期, 45–60页（译自Greenberg 1963）。
罗仁地（2020）历史语言学、语言类型学和语言接触学,《汉藏语学报》第12期, 1–10页。
罗自群（2003）《现代汉语方言持续标记的比较研究》,博士学位论文,中国社会科学院研究生院。
茅维（2007）云南方言"V掉"的用法与普通话的异同,《云南师范大学学报（对外汉语教学与研究版）》第3期, 64–66页。
蒙丽娜（2015）原州区回族汉语中表示"完成"的体貌助词"下",《佳木斯职业学院学报》第9期, 428–430页。
齐沪扬、曾传禄（2009）"V起来"的语义分化及相关问题,《汉语学习》第2期, 3–11页。
齐卡佳、王德和（2017）甘洛尔苏话动词的体貌范畴,《语言暨语言学》第三期, 355–382页。
覃东生（2012）《对广西三个区域性语法现象的考察》,博士学位论文,河北师范大学。
任鹰、于康（2007）从"V上"和"V下"的对立与非对立看语义扩展中的原型效应,《汉语学习》第4期, 13–20页。
任永辉（2017）宝鸡方言的体貌系统,《宝鸡文理学院学报（社会科学版）》第2期, 94–96+114页。
杉村博文（1983）试论趋向补语"下""下来""下去"的引申用法,《语言教学与研究》第4期, 102–116页。
史秀菊（2014）山西方言体态系统的特点——以盂县方言和临猗方言为例,卢小群、李蓝主编《汉语方言时体问题新探索》,北京: 中央民族大学出版社, 211–228页。
孙宏开、胡增益、黄兴（2007）《中国的语言》,北京: 商务印书馆。
孙景涛（2013）并列连词与远指代词的h-化问题,《中国语言学集刊》第七卷第二期, 149-164页, https://ccl.hkust.edu.hk/publications, 访问时间2024-12-02。

田静(2017)白语性别标记的形式、意义和功能,《民族语文》第3期,76–82页。

汪锋(2012)《语言接触与语言比较——以白语为例》,北京:商务印书馆。

汪锋(2013)《汉藏语言比较的方法与实践——汉、白、彝语比较研究》,北京:北京大学出版社。

汪锋、龚希劼(2016)白语方言中否定变韵的性质和来源,《民族语文》第5期,39–46页。

王锋(2002)白语名量词及其体词结构,《民族语文》第4期,39–45页。

王锋(2005)浅谈白语的名+量结构,李锦芳主编《汉藏语系量词研究》,194–208页,北京:中央民族大学出版社。

王锋(2012)从白语的发展看语言接触的两种形式,寸云激主编《大理民族文化研究论丛》第五辑,北京:民族出版社,516–529页。

王锋(2016)《白语语法标注文本》,北京:社会科学文献出版社。

王红梅、詹伯慧(2007)汉语方言"VXVX"动词重叠式比较研究,《语言研究》第3期,50–54页。

王景荣(2004)乌鲁木齐方言表"完成—已成事实"体貌助词"下"[xa],《语言与翻译》第4期,43–45页。

王玲玲(2014)从方言特征的地理分布看汉语VV式的来源,《中国海洋大学学报(社会科学版)》第3期,118–123页。

王顺巧(2017)云南方言"掉"的语义及其虚化,《现代语文(语言研究版)》第7期,68–72页。

王媛(2011)《事件分解和持续性语义研究》,博士学位论文,北京大学。

万波(1996)现代汉语体范畴研究评述,《江西师范大学学报》第1期,22–26页。

闻宥(1940)民家语中同义字之研究,华西协合大学中国文化研究所集刊社编辑《中国文化研究所集刊》第1期,1–27页。

吴福祥(1996)《敦煌变文语法研究》,长沙:岳麓书社。

吴福祥(1998)重谈"动+了+宾"格式的来源和完成体助词"了"的产生,《中国语文》第6期,452–462页。

吴福祥(2004)也谈持续体标记"着"的来源,《汉语史学报》第四辑,17–26页。

吴福祥(2010)汉语方言里与趋向动词相关的几种语法化模式,《方言》第2期,97–113页。

吴福祥(2013)语法复制与结构演变,吴福祥、邢向东主编《语法化与语法研究(六)》,北京:商务印书馆,329–359页。

吴福祥(2014)结构重组与构式拷贝——语法结构复制的两种机制,《中国语文》第2期,100–109页。

吴福祥（2015）白语no³³的多功能模式及其演化路径，《民族语文》第1期, 3–22页。

吴福祥（2016）复制、型变及语言区域，《民族语文》第2期, 3–22页。

萧佩宜（2009）论汉语趋向动词"上"和"下"的语法化和语义不对称性，《暨南大学华文学院学报（华文教学与研究）》第1期, 51–58页。

邢向东（2006）《陕北晋语语法比较研究》，北京: 商务印书馆。

熊仲儒（2005）时制、时体与完成式，《外国语言文学》第4期, 223–229页。

徐琳（1988）白语话语材料，《民族语文》第8期, 73–80页。

徐琳、赵衍荪（1984）《白语简志》，北京: 民族出版社。

徐通锵（1996）《历史语言学》，北京: 商务印书馆。

杨海潮（2024）《音系复杂性: 以白语的语素音节表为中心》，北京: 北京大学出版社。

杨立权（2007）《白语的发生学研究——白语的历史层次分析和异源层次的同质化机制》，昆明: 云南教育出版社。

杨晓霞（2014）《白语白石话参考语法》，博士学位论文，厦门大学。

杨晓霞、高天俊（2016）从白语发声看白语的紧音，《民族语文》第6期, 90–95页。

杨银梅（2023）白语的否定结构及其标记的类型，《民族语文》第1期, 30–42页。

杨育彬、齐春红（2009）论云南方言体标记"掉"，《云南师范大学学报（哲学社会科学版）》第4期, 125–129页。

杨之帆（2021）巴旺霍尔语时、体、示证、情态范畴的形态句法，博士学位论文，台湾师范大学。

姚亦登、李明敏（2016）潼关方言的体貌系统，《咸阳师范学院学报》第5期, 39–42页。

袁明军（2006）《汉白语言调查研究》，北京: 中国文史出版社。

岳麻腊（2006）景颇语杜连话概况，《民族语文》第4期, 68–81页。

云南省语言学会（1989）《云南省志·卷五十八 汉语方言志》，昆明: 云南人民出版社。

曾晓渝、陈希（2017）云南官话的来源及历史层次，《中国语文》第2期, 182–194页。

张成进（2013）《现代汉语双音介词的词汇化与语法化研究》，博士学位论文，安徽大学。

赵金灿（2009）鹤庆白语量词及其语法特征结构，《康定民族师范高等专科学校学报》第3辑, 23–28页。

赵金灿（2010）《云南鹤庆白语研究》，博士学位论文，中央民族大学。

赵金灿、闫正锐、张钰芳（2012）白族语言使用现状及语言态度调查，《大理学院学报》第8期, 31–35页。

赵绿原（2015）《甘沟方言的动词后附成分——兼论接触背景下的时体系统》，硕士学位论文，中国社会科学院研究生院。

赵燕珍（2005）白语名量词的语义及结构特征，李锦芳主编《汉藏语系量词研究》，北京：中央民族大学出版社，209–226页。

赵燕珍（2009）《赵庄白语参考语法》，博士学位论文，中央民族大学。

赵燕珍（2012）《赵庄白语参考语法》，北京：中国社会科学出版社。

赵燕珍（2013）论白语的话题标记及其语用功能，《中央民族大学学报（哲学社会科学版）》第3期，129–134页。

赵燕珍（2014）论白语处置句和被动句，《中国语言学报》第十六期，223–232页。

中国社会科学院民族学研究所，国家民族事务委员会文化宣传司（1994）《中国少数民族语言使用情况》，北京：中国藏学出版社。

朱艳华（2011）《载瓦语参考语法》，博士学位论文，中央民族大学。

后　记

　　白语是我的母语。从我呱呱落地起，它就承载着爱和关怀萦绕在我身边；等到我学着说话，它又将这个世界的意义呈现给了我；至今它仍是我表达时最熟悉、最自信的语言。我一直自发地讲着白语，二十多年后，因为攻读语言学方向的研究生，从语言学的视角来看待它，才开始自主地、有意识地来认识它。而当我从语言学的角度进行分析时，遇到的第一个困难竟是它是我的母语。这种语言的发音方法、词汇表达、语法规则都已镶嵌在我思维的最底层，身在其中太难看清它的规律。我需要努力跳出来，暂时忘却母语者的身份，才能客观地描写它、研究它。就这样，我以一个"熟悉的陌生人"的身份，开始了对白语的"再认识"之旅。

　　我硕士学位论文的主题是白语的声调。虽然还有很多内容值得深入研究，但出于对语法的好奇，博士入学后，我向导师郭必之教授表达了想要研究白语语法的想法。郭老师同意了并引导我开始描写白语的体标记，因为体（aspect）是一个很好的考察语言接触下语法演变规律的语法范畴。一去描写，我就发现到处是疑问。读博期间我写的课程论文以及讲论会论文都是在尝试解答这些疑惑。这些尝试涓滴成河，最终形成了我的博士学位论文。

　　博士学位论文完成后，我很快注意到其中还存在很多问题，于是又继续修改。本书是目前修改得较为完善的一个版本，解决了我博士入学迄今8年间的大多数疑问。研究还有很多不足，比如没有一一说明测试句法条件的例句的上下文语境，没有结合长篇语料分析语用、韵律等因素对体标记分布的影响，没能分析完所有体标记的历时演变情况。但已有的探索让我对白语语法以及体范畴都有了比较深入的认识，也感受到了语言学研究的乐趣。这些收获离不开诸多师长、亲友对我的帮助。

　　首先要感谢我的导师郭必之教授。郭老师为我确定了研究的方向，并耐心批阅和指导我博士论文的每个章节，从而逐步形成了论文的分析框架。读博期间，郭老师不仅每学期组织我们开读书会、给我们分享前沿文献，还常常带我们去徒步、探索香港的各式美食。松弛有度，让我学会如何平衡学术研究和日常生活，令我受益至今。

我研究前期有大量的田野调查工作，在此感谢所有的线上线下发音人以及帮忙联系发音人的师长、朋友。尤其感谢祥云城北的杨现珍阿姨和杨志孝同学、剑川朱柳的赵万宝叔叔和赵义平学姐、洱源炼铁的朱荣华老师、大理古城的王光林老师、大理北五里桥的付贵芳老师。我去调查时，大家不仅配合我的调查，而且照顾我的生活；调查结束后，还要不时接受我的微信"骚扰"。如果没有各位发音老师的耐心和支持，我的研究将沦为无源之水。

感谢我博士学位论文评审委员会的邓思颖教授、沈培教授、吴福祥教授。邓老师不论在讲论会还是论文口试中，都不断启发我细化对白语体范畴的描写，深入思考白语的材料于普遍语法的意义。沈培老师博学而谦和，在沈老师的课堂上，能深切感受到文字学研究的魅力，也能学到治学方法，感谢沈老师为我指出了论文的一些不足。吴福祥教授治学严谨、著述宏富，我的论文在语法演变、语言接触等很多方面的分析皆受益于吴老师的研究，论文能得到吴老师的意见是我莫大的荣幸，感谢吴老师给我提出了诸多极具价值的意见和思考方向。

研究得以顺利开展，我也感谢香港中文大学的老师和同学，我博士论文的所有内容都在不同课程上和大家讨论过。冯胜利教授学贯中西、思想开阔，强调理论构建在研究中的必要性和重要性。我在读博期间选修冯老师的课最多，受到的启发也最大。语言学系的叶彩燕教授、黄正德教授的课程也丰富了我的学科知识，极大拓宽了我的研究思路。感谢同师门的阿葆、大真、文希和绣薇，也感谢芳荣、家辉等师妹、师弟，每一次和大家交流都让我受益匪浅。感谢丽媛师姐，在学业和生活上都非常照顾我。特别感谢袁愫，我们非常投缘，她不做少数民族语言研究，但对白语很感兴趣，和我去怒江做过很长时间的调查，让我更加相信自己是在做有意义的事情。

我也十分感激北京大学的林幼菁教授，读博时去悉尼参加第52届国际汉藏语言暨语言学会议，林老师在开会之余给我讲了几个小时如何改进论文，毕业后，论文修改中遇到困惑再去求教，林老师每次都仔细地帮我分析材料和梳理思路。感谢北京大学的范晓蕾教授，她常常给我分享她最新的研究成果，她对汉语时体情态等语法范畴的研究对我启发非常大。感谢北京大学的李子鹤教授，虽然他的研究对象主要是纳西语、研究兴趣主要是语音，和我截然不同，但我在修改博士论文时遇到困难也总去找他，他都很耐心地帮我分析、和我讨论。他专注于自己的研究，又能关心并积极了解别人的研究，是我做研究的榜样。

特别感谢北京大学的汪锋教授，我想我之所以能够做一点语言学研究，是因为汪老师当年的用心培养，而我能在这个方向上有所成长，是因为汪老师一直以来都还在指导我。

我的博士学位论文获得了"语言学前沿丛书"2020年度语言学博士论文出版资助以及国家社科基金后期出版资助，感谢评审专家给予的详细的修改意见，感谢北京大学出版社的编辑宋思佳在申请中的帮助以及对本书的仔细校对，让本书得以更完善的面貌呈现给读者。

虽已成书，但我自知还有很多不足，把研究呈现出来，是希望能通过文字和更多老师同学交流。未来我将继续探索，认识白语也是不断认识我自己，更希望借此深入认识人类语言的规律。

最后，感谢我的家人。感谢我父母允许我自私地读书读到三十岁，感谢我妹妹帮我分担赡养父母的责任、并且随叫随到做我的白语发音人，家人的爱是我学术研究路上最坚实的后盾。感谢我的先生孙亚斌，他的陪伴给了我很多力量，他的心理学思考也常常启发我的语言学研究。